2020年国家社科基金青年项目“链主压制、创新驱动与粤港澳大湾区制造业的全球价值链攀升路径研究”（项目编号：20CJL020）
2022年广东技术师范大学有组织科研“博士点建设单位科研能力提升项目”《以中国式现代化深化中华民族共同体建设》（项目编号：22GPNUZDJS01）

Global Value Chains Adjustment and
Regional Value Chains Reconstruction of China's Manufacturing Industry:
Taking RCEP Regional Value Chains Cooperation as an Example

全球价值链调整与中国制造业区域价值链重构：以RCEP区域价值链为例

张 彦　赖映虹◎著

中国财经出版传媒集团
经济科学出版社
Economic Science Press
·北京·

图书在版编目（CIP）数据

全球价值链调整与中国制造业区域价值链重构：以RCEP区域价值链为例／张彦，赖映虹著．--北京：经济科学出版社，2023.9

ISBN 978－7－5218－5237－0

Ⅰ.①全… Ⅱ.①张… ②赖… Ⅲ.①制造工业－工业发展－研究－中国 Ⅳ.①F426.4

中国国家版本馆CIP数据核字（2023）第192526号

责任编辑：杜　鹏　武献杰　常家凤
责任校对：隗立娜
责任印制：邱　天

全球价值链调整与中国制造业区域价值链重构：
以RCEP区域价值链为例
QUANQIU JIAZHILIAN TIAOZHENG YU ZHONGGUO ZHIZAOYE QUYU JIAZHILIAN
CHONGGOU：YI RCEP QUYU JIAZHILIAN WEILI
张　彦　赖映虹◎著
经济科学出版社出版、发行　新华书店经销
社址：北京市海淀区阜成路甲28号　邮编：100142
编辑部电话：010－88191441　发行部电话：010－88191522
网址：www.esp.com.cn
电子邮箱：esp_bj@163.com
天猫网店：经济科学出版社旗舰店
网址：http：//jjkxcbs.tmall.com
固安华明印业有限公司印装
710×1000　16开　13印张　210000字
2023年9月第1版　2023年9月第1次印刷
ISBN 978－7－5218－5237－0　定价：98.00元
（图书出现印装问题，本社负责调换。电话：010－88191545）

前　言

创新驱动发展战略成效显著，引领中国制造业向全球价值链的高端攀升。然而，“链主”重启再工业化战略，使全球生产网络走向“区域孤立”，且导致“守成国”与“攀升国”之间的“攀升与反攀升博弈”成为新常态，全球价值链进入调整期，中国制造业发展的外部环境不确定性风险剧增。为重塑全球价值链的优势地位，阻碍中国的有效攀升，“链主”开展了立体式的战略压制，中国制造业面临来自“战略、规则、产业、科技、市场”的全方位压力，制造业攀升遭遇前所未有的风险。

全球价值链调整背景下，中国制造业的发展遭遇“嵌入被低端锁定、重构还为时尚早、攀升遭围追堵截”的三大理论现实困境，制造业的产业发展困境亟待破解。为此，区域全面经济伙伴关系（Regional Comprehensive Economic Partnership，RCEP）的区域价值链合作既为中国制造业的攀升受阻找到了“替代方案”，又有利于发挥示范效应，探索高质量共建“一带一路”的新路径。作为“一带一路”高质量共建路径的“区域范本”，RCEP 区域价值链的重构具有共识增强、有利于内外环境、价值链内向化发展、高度的经济相互依赖关系四大合作基础，但同时也将面临产业结构竞争、依赖方向调整、外部化特征、区外不确定性因素四大现实困境。

为应对全球价值链的调整，一方面，中国应当在“主动挂钩”和“独立自主”双轨并行的应对思路基础上，通过改善营商环境吸引和留住优质跨国公司，同时应继续扩大开放力度，对制造业的产业布局进行分类调整；另一方面，中国应在“战略、技术、市场、规则”四位一体的重构战略指引下，以 RCEP 合作为契机，推动和引导制造业区域价值链实现重构，为探索“一带一路”高质量共建新路径奠定基础。

本书总共分成五章，分别是问题提出、外部环境、基础与困境、对策与路径、总结与展望。除了理论探讨，本书也开展了案例研究。本书第二章中，以中美关系和东盟制造业为例，重点探讨全球价值链的调整趋势、规律及其带来的负面影响。第三章中，以中国与东盟以及中国、日本、韩国的制造业发展为例，重点探讨中国与 RCEP 成员共建区域价值链的基础、困境与路径。

最后，感谢国家社科基金青年项目“链主压制、创新驱动与粤港澳大湾区制造业的全球价值链攀升路径研究”（项目编号：20CJL020）和 2022 年广师大“博士点建设单位科研能力提升项目”（项目编号：22GPNUZDJS01）的资助。

作　者

2023 年 4 月

目　录

| 第一章 |

问题提出与研究意义

第一节　选题背景与研究框架

一、问题的提出

“要素驱动”（旧模式）负面效应显现，中国制造业在发达经济体主导的全球价值链中面临被“低端锁定”风险。鉴于此，《中华人民共和国国民经济和社会发展第十三个五年规划纲要》（以下简称《“十三五”规划纲要》）和《国家创新驱动发展战略纲要》制定了具体目标：实施创新驱动发展战略，使主要产业进入全球价值链中高端。党的十九大报告更是从战略高度提出“促进我国产业迈向全球价值链中高端，培育若干世界级先进制造业集群”，到 2035 年，中国跻身创新型国家前列的发展目标。近年来，在创新驱动发展战略指引下，中国制造业在全球价值链中的攀升效果显著，主要体现在两个方面：一方面，中国制造业特别是以光电设备制造、机械制造、汽车制造为主的高端制造业，在全球价值链中的分工地位显著提升，国际竞争力水平也不断增强。另一方面，中国制造业与“链主”（全球价值链主导国）间的差距在不断缩小，甚至某些技术已经具备了世界领先水平，如 5G 技术。因此，“创新驱动”（新模式）成为中国制造业向全球价值链高端攀升的重要驱动力。

不过，中国制造业攀升的显著成效也引起了美国等“链主国家”的警惕和担忧。“链主国家”开始提前布局，全面启动了再工业化战略，企图通过重构全球价值链对创新驱动发展战略展开施压。以美国为首的“链主”，利用在全球价值链中的优势地位，通过战略（再工业化）、规则（准入门槛）、产业（产业政策）、科技（技术断供）、市场（贸易霸凌）等手段对中国制造业进行全方位、立体式施压，旨在限制中国制造业的发展，以维护其全球价值链“链主地位”。因此，“链主”重启再工业化战略，主导全球价值链进入调整期。

受全球价值链调整的影响，中国制造业的发展面临的三大困境亟待破解。当前，中国制造业正陷入“嵌入被低端锁定、重构还为时过早、攀升遭围追堵截”的三重发展困境。一是嵌入被低端锁定。“嵌入论”认为中国制造业应当深入嵌入欧美主导的全球价值链体系中，但它无法回避和解释中国制造业在原体系中被“低端锁定”的基本事实。二是重构还为时尚早。“重构论”认为中国应当重构新的价值链，以摆脱链主的“低端束缚”，但就中国制造业的现状来看，还不具备成为“链主”的条件，而且重构制造业全球价值链的成本和代价也难以估量。三是攀升遭围追堵截。“攀升论”主张在原价值链体系中实现升级，通过技术创新和开拓市场渠道来实现制造业在全球价值链中分工地位的有效攀升，但中国制造业的攀升引起了“链主”的担忧和警惕，其在技术和市场领域对中国制造业展开围追堵截。

面对“三重困境”，中国制造业的全球价值链发展战略亟待调整和转型。此背景下，党的二十大报告和《中华人民共和国国民经济和社会发展第十四个五年规划和 2035 年远景目标纲要》为中国制造业的转型发展锚定方向。党的二十大报告从战略角度提出“坚持把发展经济的着力点放在实体经济上，推进新型工业化，加快建设制造强国、质量强国、航天强国、交通强国、网络强国、数字中国”，既要“优化区域开放布局，巩固东部沿海地区开放先导地位”，又要“深度参与全球产业分工和合作，维护多元稳定的国际经济格局和经贸关系”。“十四五”规划制定了具体目标：坚持自主可控、安全高效，推进产业基础高级化、产业链现代化，保持制造业比重基本稳定，增强制造业竞争优势，推动制造业高质量发展。因此，重塑和共建“区域价值链”将成为中国制造业突破链主“围追堵截”的务实选择，因此，“一带一路”与区域价值链构建成为当前研究的热门话题。既有研究普遍认为，通过主动寻求与周边国家的联系，借力“一带一路”平台推动全球要素资源的重新整合，利用比较优势实现优势产业组合，培育“链主”企业等将助力中国重构“一带一路”区域价值链。不过，共建“一带一路”国家众多，与中国的经贸联系也存在“紧疏之分”，是“一蹴而就”推动整体区域价值链建构还是“循序渐进”打造地区合作范本？既有研究并未对该问题进行回答。

当前是 RCEP 合作进程进入高速发展的最佳时期。区域全面经济伙伴关系（Regional Comprehensive Economic Partnership，RCEP）是由东盟十国发起，邀请中国、日本、韩国、澳大利亚、新西兰、印度共同参加（“10 +6”），通过削减关税及非关税壁垒，建立 16 国统一市场的自由贸易协定。2022 年 1 月 1 日，区域全面经济伙伴关系协定（RCEP）正式生效，文莱、柬埔寨、老挝、新加坡、泰国、越南、马来西亚、缅甸、印度尼西亚、菲律宾东盟 10 国和中国、日本、韩国、新西兰、澳大利亚等非东盟 5 国先后被批准参加 RCEP。

综上所述，价值链战略的区域转型系中国制造业发展所亟待研究的理论和现实问题。因此，本研究将重点聚焦区域价值链重构的必要性（提出问题）、区域价值链重构的可行性（分析问题）、区域价值链重构的实践性（解决问题）三个部分内容，系统研究中国制造业价值链战略的区域转型。

二、研究目的和意义

1. 中国制造业高质量发展的必然要求。制造业是立国之本、强国之基，从根本上决定着一个国家的综合实力和国际竞争力。机器代替手工极大提高了制造业的劳动生产力，英国也跃居成为当时的世界第一强国；而电力的广泛使用使德国、美国跃居成为世界头号经济强国；除了老牌工业化强国以外，日本也抓住了第三次工业革命的发展机遇，推动其制造业的高质量发展。

改革开放 40 多年来，我国经济飞速发展，其中制造业的发展是我国经济发展的“助推器”，亦为我国提高国际地位作出了重要贡献。随着全球价值链分工体系的调整和我国经济发展进入新常态，制造业的发展也进入了调整期，过去“以量取胜”的资源驱动模式将被“高质高效”的创新驱动模式取代。党的十九大提出“我国经济已由高速增长阶段转向高质量发展阶段，正处在转变发展方式、优化经济结构、转换增长动力的攻关期”“瞄准国际标准提高水平，促进我国产业迈向全球价值链中高端，培育若干世界级先进制造业集群”。2019 年的中央经济工作会议也将“推动制造业高质量发展”列为重点工作的第一位。党的二十大报告更是提出要坚持以推动高质量发展为主题，把实施扩大内需战略同深化供给侧结构性改革有机结合起来，增强国内大循环内生动力和可靠性，提升国际循环质量和水平，加快建设现代化经济体系，着力提高全要素生产率，着力提升产业链供应链韧性和安全水平，着力推进城乡融合和区域协调发展，推动经济实现质的有效提升和量的合理增长。

我国经济要实现高质量发展，必须有高质量的制造业作为支撑。对于中国来说，打造高质量的制造业，要从“内涵”和“外延”两个方面下功夫。一方面，从打造高质量制造业的内涵来看，就是要将过去“以量取胜”的增长方式转变为“以质取胜”，以“创新驱动”取代“要素驱动”，助推并实现中国从“制造大国”向“制造强国”的蜕变。另一方面，从打造高质量制造业的外延来看，就是要提升制造业的国际竞争力水平，也就是实现制造业的全球价值链攀升。而实现制造业全球价值链高端攀升的关键就在于高端制造业发展。因此，转变动力机制、推动制造业的全球价值链攀升，既是中国制造业高质量发展的必经之路，亦是中国经济高质量发展的必然要求。

2. 突破技术依赖，实现自主创新的必然要求。近年来，随着经济的高速发展，中国制造业的发展举世瞩目，不仅推动中国成为世界制造业第一大国，亦推动中国制造业在全球价值链中的有效攀升。随着中国经济发展进入新常态，“高速”发展俨然已经成为过去时，“高质”成为中国制造业未来发展的新目标。然而，高端制造业核心技术的过度外部依赖问题成为阻碍中国制造业“高质量”发展的关键问题。虽然我国制造业取得了巨大的发展，但是创新能力不强，且“关键技术”“关键部件”“关键工艺”“关键能力”均掌握在全球价值链“链主”的手中。这说明，一方面，中国制造业与“链主”之间的差距还非常大，关键领域对“链主”的依赖程度非常高，制造业的发展仍然受制于人。另一方面，由于无法掌握核心技术和核心部件，中国制造业在全球价值链中的分工地位并不高，增加值获利能力不够强，核心竞争能力还比较弱。因此，降低外部依赖、实现自主创新是中国制造业高质量发展的关键。

虽然外资仍在中国高端制造业领域占据了较高的比重，不过近年来该情况出现了一定的改善，外资占比正在下降。

3. 制造业高端攀升“三重困境”破局的必然要求。当前，中国制造业正在遭遇“嵌入被低端锁定、重构还为时尚早、攀升遭围追堵截”的三重发展困境，无论从理论还是现实来看，“三重困境”都亟待破解。

首先，“嵌入被低端锁定”。虽然嵌入全球价值链系中国制造业发展的必经之路，但不可避免地陷入了“低端锁定”的陷阱中。刘志彪、张杰等学者认为，当前全球价值链四种典型治理模式中的俘获网络型和层级型治理模式不利于发展中国家的功能升级和链条升级，大多数发展中国家被长期锁定在全球价值链低端，而中国就是其中的典型代表之一。比如，来自发达国家大买家的订单的变化，像一个中枢神经指挥系统一样牢牢地控制着中国制造的命运。

其次，“重构还为时尚早”。为彻底摆脱“低端锁定”对中国制造业发展的束缚，有部分观点建议中国应该重构有利于制造业发展的全球价值链。以毛蕴诗为代表的重构论观点持有者认为，拥有世界上数量最多的产业集群、优秀中国企业的升级经验、发达国家先进制造业发展经验等均为中国制造业重构全球价值链提供了有利的条件。不过，笔者认为重构制造业全球价值链的时机还不成熟，中国制造业还不具备重构全球价值链的条件。一方面，从技术条件来看，中国制造业特别是高端制造业的核心技术外部依赖性还很强，并且还未有实现颠覆性技术突破的条件；另一方面，从市场条件来看，中国制造业对外部市场特别是欧美等国家市场的依赖性很强，在市场和渠道领域仍受制于人。

最后，“攀升遭围追堵截”。针对发展中国家参与全球价值链，通过“OEM－ODM－OBM”实现工艺—产品—功能—链条升级是西方经济学家给出的方案。这一方案主张在原有的全球价值链中实现攀升，升级路径主要有两条，即技术端升级路径和市场端升级路径。不过在“链主”强化高端制造业全球治理的背景下，中国制造业的传统二维升级路径被打破，不仅在技术端遭遇“创新扼杀”的风险，而且在市场端也将面临来自链主的“围追堵截”。

另外，除了“围追堵截”以外，近年来由于制造业工资水平的不断提升，中国制造业面临“挤出效应”的威胁，部分发达国家计划调整对中国制造业的投资，向工资水平更低的国家转移制造业的产业链，对中国制造业可能造成“挤出效应”。

三、研究的创新与不足

1. 学术思想特色。本书提出“攀升国”与“链主国”在全球价值链中“攀升与反攀升战略博弈”的思想，拓展了全球价值链研究的“经济”内涵，实现了国际经济与政治战略意义的叠加；建构了“PTITD”跨学科理论分析框架，提出全球价值链“战略、制度、技术、市场”全方位升级的思想。

2. 研究的不足。一方面，本书未能针对 RCEP 经济体展开个体分析。RCEP 每个经济体的经济发展程度不同，与中国开展合作的程度和方式也不尽相同，不过由于篇幅的原因，本书并未针对不同个体展开针对性研究，该不足之处将在后续研究中重点展开。另一方面，本书主要从宏观和中观的视角开展研究，着重研究中国制造业的发展战略等宏观问题和产业政策、产业合作等中观层面问题，对制造业企业实务方面的微观研究较少，这是本书还需要进一步完善的方面。

第二节　国内外研究成果综述

一、中国制造业的全球价值链升级路径研究：从理想“扶梯论”到务实“攀升论”

针对发展中国家参与全球价值链，四种升级流程“工艺—产品—功能—链条升级”（Humphrey，Schmitz and Gereffi，2001）和“OEM－GLC－OBM”“OEM－ODM－OBM”两种价值链升级路径（John A. Mathews and Dong-Sung Cho，2002）是西方经济学家给出的方案，但其解释力明显不足，被称作“诱人的扶梯（Benign Escalator）”（Martin Bell，2005）。

近年来，学界从理想化的“扶梯论”转向现实，就中国制造业的全球价值链升级路径问题形成了“嵌入论”和“重构论”两种主流论调。“嵌入论”（微观）认为，应“深耕”现有价值链，通过技术创新、增加附加值、提高嵌入位置、扩大国际购买等方式来深度嵌入“全球价值链”，实施全球价值链重构战略来突破“低端封锁”（赵龙跃，2017；魏龙，2016；李丹，2019；陈淑梅，2017）。

除主流论调以外，张其仔、张二震、戴翔等学者提出的“攀升论”引起了广泛关注。“攀升论”认为要更务实地看待全球价值链，避免出现“短期逐利”（嵌入）和“高于现实”（重构）而导致的“盲从跟风”或“无法落地”的窘况，应清醒客观地关注发展路径本身。“攀升论”从“产业—制度—市场”中观维度，对出口导向、制度质量、进口技术复杂度、对外投资等影响攀升路径的重要因素进行研究，全面刻画了本土企业的升级路径（戴翔，2019）。

综上所述，务实的“攀升论”更具时代特色，也契合中国实际，为国内全球价值链研究开辟了新方向。

二、中国制造业全球价值链攀升的核心动力：创新驱动

党的十八大提出“创新驱动”后，学界日渐聚焦中国制造业攀升全球价值链的“驱动力”问题。“创新促进说”认为，创新驱动将成为中国制造业全球价值链攀升的“新引擎”，通过创新驱动来实现要素培育（张幼文等，2016），利用“三维动力”（压力、要素、竞争）推动我国产业结构机制优化，实现“由内之外”转型升级（曾繁华等，2015），同时在外部还要实现建构全球创新链战略（刘志彪，2013，2015）。“创新促进说”也认为创新是摆脱“路径依赖”的有效途径。通过打造先进制造业体系实现产业升级从而带动全球价值链升级，摆脱“技术路径依赖”（葛阳琴等，2017）；提前布局战略性新兴产业，提高国内产业竞争力，在全球价值链升级中占得先机，摆脱“发展路径依赖”（贾俐俐，2008）；加强对外直接投资，建立“一带一路”沿线国家产业合作，建立有利于中国的全球价值链体系，最终实现全球价值链治理，摆脱“战略路径依赖”（余娟娟，2014；李建军等，2016）。

不过，有部分学者对“创新促进说”持谨慎态度，其代表学说“创新抑制说”认为，全球价值链本身就具有“创新抑制”作用（林汉川等，2014；吕越，2017），“链主导国”对创新驱动进行全方位冲击，如，通过强化国际购买指向影响下游厂商对中国制造购买，精准打击对本土企业的创新支持（王双厚等，2017）；通过专利丛林策略，提高技术转移门槛和削弱技术扩散（Pietrobelli，2008；王孝松等，2017）。有学者对代表性制造业深入调研后发现，中小企业自主创新资金需求大、风险高、收效慢，全球价值链的“惰性思维”进一步削弱了中小企业家的创新精神（许晖等，2014；俞顺洪等，2016；毛蕴诗等，2016）。

综上所述，虽然“促进说”和“抑制说”的态度迥异，但两者的目的却殊途同归，创新驱动力的优化是中国制造业实现有效攀升的关键动力。

三、中国制造业全球价值链攀升的外部阻力：全球价值链调整与“链主压制”

当前，全球价值链体系出现深度调整，“攀升与反攀升”较量成为调整的主旋律（荆林波，2019；张中元，2019）。虽然对“链主压制”的研究并未成形，但散落的观点认为“链主”主要通过技术和市场两条路径对我国制造业进行压制。①技术路径压制。“链主”对我国的创新驱动进行全方战略压制（吕越，2018），由于“链主”对全球价值链的两端有很强的控制力（程大中；马野青，2017），可通过强化国际购买来精准打击对本土企业的创新支持，亦可通过专利丛林策略削弱中小企业家的创新精神（毛蕴诗，2016；张杰，2017）。②市场路径压制。由于价值链对欧美国家需求增长有很强的“外部依赖”（刘重力，2014；Wang Zhi，2017；唐宜红，2018），且我国多数企业在全球价值链中扮演“执行者”角色，如直接推进国内企业向“研发设计”和“销售品牌”环节拓展，容易受到“链主”和国际买家的打压（王孝松，2017），比如，美国不惜通过制造贸易摩擦来阻止我国制造业的攀升（佘振，2018；梅新育，2019）。

综上所述，全球价值链调整所致的“链主压制”影响深远，中国制造业的全球价值链攀升路径全面受阻。面对“链主”的围追堵截，如何通过建构区域价值链合作实现有效破局成为研究的前沿问题。

四、既有文献的不足

全球价值链升级理论从理想转向现实，务实“攀升论”的视角亦从“关注动力”转向“聚焦阻力”，既有丰富文献可提供借鉴，但也存在不足：未系统研究新问题。全球价值链调整虽成为前沿问题，但其成因、路径和影响等均未得到系统研究；未立足新背景。既有成果多从内部视角探讨制造业在全球价值链中的地位升级问题，较少立足当前全球价值链调整的新背景；单一视角多，交叉视角少。既有成果多从国际经济学视角开展研究，然而随着链主主导全球价值链调整，中国制造业在全球价值链中的发展问题已成为国际经济、国际关系、产业经济、制度经济、国民经济等多个学科关注的前沿话题，运用跨学科视角全面审视全球价值链调整下的中国制造业发展的研究还比较少。因此，在吸纳前人研究成果的基础上，上述不足为本书存留下研究空间。

第三节 理论模型、评估指标与数据来源

一、理论模型

本部分内容中，涉及对一国的制造业在全球价值链中的竞争力进行量化评估，评估体系设计主要包括三个层面。

第一个层面：全球价值链中的位势分析（体系视角）。全球价值链体系中的位势分析，即全球价值链的参与趋势和分工地位，一方面，通过对一国制造业在全球价值链体系中的参与程度、参与趋势、参与方式进行分析，对其在全球价值链的参与程度和影响力变迁情况进行量化评估；另一方面，通过对一国制造业在全球价值链体系中的位置度进行分析，考察一国制造业在全球价值链中的分工地位变迁情况。通过位势分析，可以从总体上把握一国制造业在全球价值链分工体系中的发展情况。

第二个层面：全球价值链中的优劣分析（内部视角）。全球价值链体系中的优劣分析，即利用显性比较优势指数（RCA）对一国制造业优劣势进行量化评估。通过 RCA 指数，可以对一国整体制造业进行评估，同时，可与关联的经济体进行 RCA 指数的国际比较。通过 RCA 指数对一国制造业的产业结构、产业竞争力、产业优劣势等进行全景展示。

第三个层面：全球价值链中的关联分析（外部视角）。全球价值链中的关联分析，即对一国制造业的生产网络和市场网络进行分析。通过中间产品（全球价值链生产）和最终产品（全球价值链消费）两个方面对一国制造业的生产网络和市场网络进行全景勾勒，同时，通过对比生产和市场网络的前

后变化判断一国制造业网络的变迁和发展情况。

二、评估指标

本书采用王直（Wang，2017）对世界投入产出数据的分解方法，将WIOD数据和ADB－MRIO投入产出数据按照中间产品（生产）和最终产品（消费）进行分解后，剔除掉纯国内生产消费以及李嘉图贸易数据，仅保留全球价值链生产和全球价值链消费数据，这种分解方法有利于考察一国某行业参与全球价值链生产以及消费情况。

学界普遍使用卡普曼（Koopman，2010）的全球价值链参与度公式计算一国的全球价值链参与和位置情况，但王直（Wang，2017）指出，由于卡普曼的方法是基于出口贸易总额来进行计算的，其结果可能受一国出口总额大小的影响，如果一国出口总额大，则该指数可能被低估；如果一国出口总额小，则该指数可能被高估，这是因为，使用一国总出口数据时无法区分哪些是中间品出口，哪些是最终品出口。因此，应该将出口总值替换成出口增加值，这样便能较为客观地考察一国的全球价值链参与情况。本书支持WWYZ的观点和思路，并在该环节中使用其计算公式。下面对WWYZ的增加值分解方法及步骤进行简要阐述。

第一步，从世界投入产出表（WIOT）（见表1.1）中分解出V^{sr}矩阵，它是一个由s国流向r国的N×N的中间品矩阵；分解出Y^{sr}矩阵，它是一个由s国流向r国并被r国完全吸收的最终品矩阵，其形式为N×1。另外，把中间品和最终品进行横向加总，得到了总产出矩阵E^{sr}矩阵，其形式为N×1。通过增加值V和总产出E，可以计算出直接消费系数A，式子表达为：$A = V\hat{E}^{-1}$，同时可以得出以上矩阵的关系式：$E = AE + Y = (1 + A)^{-1}Y = BY$，$(1 + A)^{-1}$或B即为里昂惕夫逆矩阵。

第二步，将V^{sr}矩阵分解成三项：纯国内生产增加值（VD）；李嘉图贸易增加值（VR）；参与全球价值链的增加值（VG），其中，等式右边第一项为VD，第二项为VR，第三项为VG，其计算公式分别为：

表 1.1　　　　世界投入产出矩阵表（模型）

投入		产出								
		中间产品使用				最终产品吸收				总产出
		1	2	………	G	1	2	………	G	
中间产品投入	1	V^{11}	V^{12}	………	V^{1g}	Y^{11}	Y^{12}	………	Y^{1g}	E^1
	2	V^{21}	V^{22}	………	V^{2g}	Y^{21}	Y^{22}	………	Y^{2g}	E^2
	⋮	⋮	⋮	⋮	⋮	⋮	⋮	⋮	⋮	⋮
	G	V^{g1}	V^{g2}	………	V^{gg}	Y^{g1}	Y^{g2}	………	Y^{gg}	E^g
增加值		VA^1	VA^2	………	VA^g					
总产出		E^1	E^2	………	E^g					

$$V^{sr} = \hat{V}^s(1-A^{ss})^{-1}Y^{ss} + \hat{V}^s(1-A^{ss})^{-1}\sum_{r\neq s}^{G}Y^{sr} + \hat{V}^s(1-A^{ss})^{-1}\sum_{r\neq s}^{G}Y^{sr}\sum_{u}^{G}B^{ru}\sum_{t}^{G}Y^{ut}$$

第三步，将 Y^{sr} 矩阵分解成三项：国内直接消耗的国内增加值（YD）；最终产品的增加值出口（YR）；中间产品出口的国内和外国增加值（YG），其中，等式右边第一项为 YD，第二项为 YR，第三、四、五项之和为 YG。其计算公式分别为：

$$Y^{sr} = V^s(1-A^{ss})^{-1}\hat{Y}^{ss} + V^s(1-A^{ss})^{-1}\sum_{r\neq s}^{G}\hat{Y}^{sr} + \sum_{r\neq s}^{G}V^r(1-A^{rr})^{-1}A^{rs}(1-A^{ss})\hat{Y}^{ss} + V^s\sum_{s\neq r}^{G}B^{sr}A^{rs}(1-A^{ss})^{-1}\sum_{t}^{G}Y^{st} + \left\{\sum_{r\neq s}^{G}V^r\sum_{u\neq r}^{G}B^{ru}A^{us}(1-A^{ss})\hat{Y}^{st} - \sum_{r\neq s}^{G}V^r(1-A^{rr})^{-1}A^{rs}(1-A^{ss})\hat{Y}^{ss}\right\}$$

以亚洲发展银行多地区投入产出表数据 ADB－MRIO（ADB Multi-Region Input-Output Database）为例，根据贸易增加值的分解方法，将评估指标量化如下：

1. 全球价值链的位势分析。

①全球价值链的参与程度。从投入产出数据库数据中分解出 V^{sr} 矩阵（前项参与）、Y^{sr} 矩阵（后项参与）和 E 矩阵（总产出），通过计算直接消费系数 A，得到：$E = AE + Y = (1+A)^{-1}Y = BY$，其中，$(1+A)^{-1}$ 或 B 即为

里昂惕夫逆矩阵。

将 V^{sr}矩阵分解成三项：纯国内生产增加值（VD）；李嘉图贸易增加值（VR）；参与全球价值链的增加值（VG），其计算公式为：

$$V^{sr} = \hat{V}^{S}(1 - A^{ss})^{-1} Y^{ss} + \hat{V}^{S}(1 - A^{ss})^{-1} \sum_{r \neq s}^{G} Y^{sr} + \hat{V}^{S}(1 - A^{ss})^{-1} \sum_{r \neq s}^{G} Y^{sr} \sum_{u}^{G} B^{ru} \sum_{t}^{G} Y^{ut}$$

等式右边的第三项为参与全球价值链的增加值（VG）。

将 Y^{sr}矩阵分解成三项：国内直接消耗的国内增加值（YD）；最终产品的增加值出口（YR）；中间产品出口的国内和外国增加值（YG）。其计算公式为：

$$Y^{sr} = V^{s}(1 - A^{ss})^{-1} \hat{Y}^{ss} + V^{S}(1 - A^{ss})^{-1} \sum_{r \neq s}^{G} \hat{Y}^{sr} + \sum_{r \neq s}^{G} V^{r}(1 - A^{rr})^{-1} A^{rs}(1 - A^{ss}) \hat{Y}^{ss} + V^{s} \sum_{s \neq r}^{G} B^{sr} A^{rs}(1 - A^{ss})^{-1} \sum_{t}^{G} Y^{st} + \left\{ \sum_{r \neq s}^{G} V^{r} \sum_{u \neq r}^{G} B^{ru} A^{us}(1 - A^{ss}) \hat{Y}^{st} - \sum_{r \neq s}^{G} V^{r}(1 - A^{rr})^{-1} A^{rs}(1 - A^{ss}) \hat{Y}^{ss} \right\}$$

然后，计算 S 国某行业的前项参与度 Vpf，公式：$Vpf^{s} = \frac{VG^{s}}{\hat{V}^{s}E^{s}}$，计算 S 国某行业的后项参与度 Vpb，公式：$Vpb^{s} = \frac{YG^{s}}{Y^{s}}$。

②全球价值链的位置度。根据全球价值链的前后向参与度来计算 S 国的位置度指标 Gpos，计算公式为：$Gpos = \frac{VG^{s}}{\hat{V}^{s}E^{s}} / \frac{YG^{s}}{Y^{s}}$，该指标中，如果 $Gpos > 1$，那么说明 S 国在全球价值链中的分工地位比较高，如果 $Gpos < 1$，那么说明 S 国在全球价值链中的分工地位比较低。

2. 全球价值链的优劣分析。根据全球价值链的前项参与度来计算 S 国的行业增加值显性比较优势指数 RCAf，公式为：$RCAf_{i}^{s} = \frac{dva\_f_{i}^{s} / \sum_{i}^{n} dva\_f_{i}^{s}}{\sum_{s}^{G} dva\_f_{i}^{s} / \sum_{s}^{G} \sum_{i}^{n} dva\_f_{i}^{s}}$，$RCAf_{i}^{s}$指数代表 S 国 i 行业在全球价值链分工体系中的竞争力。

3. 全球价值链的关联分析。从投入产出数据库数据中分解出两个 2205 × 504 的矩阵，分别是中间产品矩阵和最终产品矩阵，其中 2205 为矩阵的第一维，代表中间品或最终品的出口国和行业，包括 63 个国家的 35 种商品，即总共为 2205 项；504 为矩阵的第二维，代表中间品或最终品的进口国，包括 63 个国家 8 年（2010～2017 年）的数据，即总共为 504 项。为方便计算，将矩阵第二维进行横向加总，仅保留年度数据，即形成 2205×8 的矩阵，然后剔除第一维数据中的非制造业数据，形成 882×8 的制造业中间产品矩阵。用同样的方法，将全部产品的投入产出矩阵简化成 882×8 的出口产品总矩阵。根据制造业中间产品矩阵和出口产品总矩阵，可以计算出一国的中间产品世界贸易份额、中间产品国别份额（出口贸易结构）。最后，将 882×8 的中间产品矩阵简化并转置为 8×63 的矩阵，将第二维中 63 个国家按照地域分成欧洲、亚洲、美洲、其他四个类型，同时将亚洲细化为东亚、东南亚、南亚等区域。根据以上步骤，我们可以对中间产品的区域流向和国别流向进行精准追踪，亦可从中观察出东盟生产网络的变迁情况。最终产品的分解方法与中间产品类似，此处不再赘述。

三、数据来源

本书所用数据来源于 WIOD 数据库（2000～2014 年）、亚洲发展银行多地区投入产出表数据 ADB－MRIO（ADB Multi-Region Input-Output Database）、对外经贸大学全球价值链研究院数据库（UIBE GVC index）。

一是 WIOD 数据库（2000～2014 年）提供了 44 个国家的数据，56 个行业（C1－C56）的投入产出数据。二是亚洲发展银行多地区投入产出表数据 ADB－MRIO 有世界上 63 个经济体 35 个行业的投入产出数据。①经济体的选择。ADB－MRIO 中的经济体包括了 9 个东盟国家，分别是印度尼西亚、马来西亚、菲律宾、泰国、越南、老挝、文莱、柬埔寨、新加坡。由于数据库中未有东盟（ASEAN）的数据，所以东盟的数据则是将这 9 个东盟国家的数据进行加总后重新计算得出。②制造业的选择。ADB－MRIO 中包括了全部 35 个行业，使用 C1－C35 作为标记，由于本书的研究对象为制造业，因此选取数据范围在 C3－C16，即 C3（食品、饮料、烟草）、C4（纺织品）、C5（皮革和鞋类）、C6（木材制品）、C7（纸与印刷）、C8（精炼石油）、

C9（化工产品）、C10（橡胶和塑料）、C11（其他非金属制造）、C12（金属制造业）、C13（机械制造）、C14（光电设备制造业）、C15（交通运输）、C16（回收再利用）。其中，制造业行业可以分成中高端、中低端、低端三个类型，中高端行业包括 C9、C13、C14、C15；中低端行业包括 C8、C10、C11、C12；低端行业包括 C3、C4、C5、C6、C7、C16。

| 第二章 |

中国制造业区域价值链重构的外部环境：全球价值链调整

“要素驱动”（旧模式）负面效应显现，中国制造业在发达经济体主导的全球价值链中面临被“低端锁定”风险。鉴于此，《中华人民共和国国民经济和社会发展第十三个五年规划纲要》和《国家创新驱动发展战略纲要》制定了具体目标：实施创新驱动发展战略，使主要产业进入全球价值链中高端，党的十九大报告更是从战略高度提出“促进我国产业迈向全球价值链中高端，培育若干世界级先进制造业集群”，到2035年，中国跻身创新型国家前列的发展目标。近年来，在创新驱动发展战略指引下，中国制造业在全球价值链中的攀升效果显著，主要体现在两个方面：一方面，中国制造业特别是以光电设备制造、机械制造、汽车制造为主的高端制造业，在全球价值链中的分工地位显著提升，国际竞争力水平也不断增强。另一方面，中国制造业与“链主”（全球价值链主导国）间的差距在不断缩小，甚至某些技术已经具备了世界领先水平，如5G技术。因此，“创新驱动”（新模式）成为中国制造业向全球价值链高端攀升的重要驱动力。

不过，中国制造业攀升的显著成效也引起了美国等“链主国家”的警惕和担忧。“链主国家”开始提前布局，全面启动了再工业化战略，企图通过重构全球价值链对创新驱动发展战略展开施压。以美国为首的“链主”，利用在全球价值链中的优势地位，通过“战略（再工业化）、规则（准入门槛）、产业（产业政策）、科技（技术断供）、市场（贸易霸凌）”等手段对中国制造业进行全方位、立体式施压，旨在限制中国制造业的发展，以维护其全球价值链“链主地位”。因此，“链主”重启再工业化战略，主导全球价值链进入调整期，中国制造业发展的外部环境发生变化，不确定性因素在增加。

第一节　全球价值链调整：趋势、表现与特点

过度“去工业化”的发达经济体在国际金融危机中尝到恶果，痛定思痛后纷纷开启了“再工业化”道路，主导全球价值链进入调整期。从调整趋势来看，全球生产网络“三足鼎立”之势确立，但网络间却正在走向“区域孤立”；从调整表现来看，“链主”通过再工业化战略主导全球价值链调整，创新能力培育、优势地位重塑、国家安全保护等系其强化全球价值链治理的重要目标；从调整特点来看，“守成国”与“攀升国”之间的“攀升与反攀升”博弈加剧，全球价值链中的“竞合关系”出现调整，“竞争 > 合作”成为新常态。

一、调整趋势：全球生产网络的“三足鼎立”和“区域孤立”

（一）以“美—德—中”为中心的全球制造业“三足鼎立”生产网络形成

20 世纪 90 年代以来，全球制造业生产网络最显著的变迁特征就是亚洲生产网络的发展和崛起。木村（Kimura，2017）等认为，以中间品和零部件贸易为主的东亚生产网络的重要性在显著提升，这是有别于其他生产网络的显著特征。而近 20 年来，这种趋势更加明显，亚洲在世界制造业中间产品和最终产品贸易中的份额比重增加非常明显，而欧洲和美洲的生产网络重要性出现了下降的趋势（见表 2.1）。相较于 2000 年，2017 年亚洲在制造业总贸易中的份额上升了 10%，达到 36%，在全球生产网络中的重要性凸显，其根本原因是中国制造业的不断崛起。2000～2017 年，中国制造业中间产品贸易在全球贸易中的份额从 2.8% 上升至 11.78%，而日本的份额从 8.27%

下降至5.69%，这意味着亚洲生产网络崛起的主要原因在于中国制造业的发展，而且中国已经取代日本成为亚洲生产网络的重要节点。与欧洲、美洲并驾齐驱，亚洲生产网络在全球制造业生产网络中的重要性凸显，以美国、德国、中国为中心的全球制造业三大网络逐渐成形。

表 2.1　　制造业中间产品和最终产品的区域流向情况　　单位：%

地区	总贸易份额			中间品贸易份额			最终品贸易份额		
	2000 年	2010 年	2017 年	2000 年	2010 年	2017 年	2000 年	2010 年	2017 年
亚洲	26	33	36	26	31	34	26	35	37
美洲	22	15	15	22	15	15	22	15	15
欧洲	41	39	37	41	39	37	41	39	37

资料来源：笔者根据亚洲开发银行多地区投入产出表 ADB – MRIO 和对外经贸大学全球价值链研究院数据库 UIBE – GVC index 数据计算后绘制。

（二）全球生产网络间的区域内向化和“孤立”趋势明显

区域一体化提速和“逆全球化”的趋势对全球生产网络造成了负面冲击，全球生产网络之间的联系变弱，独立性增强。卡普曼（2014）等认为，亚洲、欧洲、美洲生产网络正在走向孤立，克里斯托夫·德根（Christophe Degain，2017）等学者对“复杂全球价值链中跨境生产分工演变”的研究发现，2005～2011 年世界全球价值链分工网络愈发紧密，特别是以中国、美国、德国为三大核心的分工网络联系强度增大。不过，到了 2015 年，以美国为核心的北美生产网络与以中国为核心的“东亚＋东盟”生产网络渐行渐远，甚至有回到2000 年以前“再度孤立”的局面。我们通过对制造业中间品和最终品的流向进行追踪后发现，全球三大网络的内向化发展趋势是根本原因。以亚洲生产网络为例，其重要组成经济体如日本、韩国、新加坡、马来西亚、泰国、越南、印度尼西亚以及中国台湾等的中间品和最终品流入亚洲的份额显著提升，而流入美洲的份额却在显著下降，其中以日本为例，2000 年其中间品流入美国的比重达到 21.67%，2017 年的比重下降至 14.29%，而其中间品流入中国的比重从 2000 年的 8.82% 上升至 2017 年的 19.31%。因此，由于内向化发展趋势的明显增强，全球制造业生产网络也愈发孤立。

综上所述，全球制造业生产网络进入调整期，以“美—德—中”为核心的三大制造业网络体系“三足鼎立”。与此同时，生产网络的区内化发展趋势导致网络体系走向“孤立”。

二、调整表现：“链主”实施再工业化战略，旨在重构全球价值链

发达经济体意识到“制造业空心化”给经济发展带来的负面冲击，并寄希望于通过再工业化战略来实现全球价值链重构，重塑制造业的领先优势。

（一）创新能力和颠覆性技术系“链主”再工业化战略的目标

纵观历次的工业革命，都是以颠覆性技术的出现和运用作为标志的，而观察发达经济体的再工业战略时发现，创新能力和颠覆性技术是他们争夺的重点领域。高科技产业是决定国家在全球分工体系中地位的基础性条件，也决定了国家在全球价值链中的主导地位和贸易利得分配，因此以创新能力为内涵的颠覆性技术成为发达经济体争先抢占的重点领域。从《欧盟 2030 工业展望报告》《德国工业战略 2030》《先进制造业美国领导力战略》《日本制造业竞争战略》等再工业化战略纲领性文件中均可以发现，发达经济体明确把人工智能、无人驾驶、区块链、移动互联网和物联网技术、工业机器人、新能源和新材料、新一代生物技术等作为重点技术创新培育领域，以期通过颠覆性技术实现创新能力的飞跃。

（二）巩固优势产业地位系“链主”再工业化战略的基础

为重塑制造业的竞争优势，发达经济体利用其“链主地位”，通过强化制造业全球价值链的治理，重点维护和巩固其原本的优势产业。发达经济体的再工业化战略中，对现行的产业政策进行了调整和重塑。以美国的产业政策为例，从奥巴马政府到特朗普政府，其产业政策调整的核心原则都是“重塑制造业优势”，即以“恢复基础制造业、保护中端制造业、强化高端制造

业”为目标。又比如德国，在《德国工业战略 2030》中明确指出，维护和确保在工业、技术和经济方面的世界领先地位是德国产业政策的根本目标，并且将目标明确锁定在汽车产业、光学产业、医学仪器产业等十个处于全球领先地位的高端制造业领域。

（三）维护国家安全系“链主”再工业化战略的显著特征

近年来，发达经济体将维护国家制造业的产业安全提到了前所未有的高度，认为产业安全关乎国家经济命脉，政府应通过“看得见的手”来维护国家产业安全。从 2018 年开始，在特朗普政府“美国优先”原则下，美国认为制造业受到中国的“经济胁迫”，并以国家安全为由制造发起并逐渐升级贸易摩擦。德国也非常重视国家经济安全问题，《德国工业战略 2030》规定在涉及国家安全的重要领域，阻止和限制非欧盟经济体对德国相关领域开展的并购活动，这也反映了近年来德国国内对高科技领域企业被中国和美国企业并购而产生的担忧。除此之外，2019 年底，日本也紧跟欧美的步伐，收紧了外资投资的限制，抬高了外资的准入门槛。日本修订了《外汇与外国贸易法》，规定涉及“国家安全”的战略敏感行业要抬高外资审核门槛，以防止尖端技术外流。

综上所述，“链主”通过再工业化战略主导全球价值链调整，创新能力培育、优势地位重塑、国家安全保护等系其强化全球价值链治理的重要目标。

三、调整特征：“链主”与“攀升国”的攀升与反攀升博弈竞争加剧

（一）“攀升国”与“链主国”之间的差距在缩小

“此消彼长”系全球价值链分工体系调整的重要特征之一。在现有全球价值链分工体系中，部分“链主国家”的制造业增加值获利能力减弱，而部分“攀升国”的制造业增加值获利能力增强，这使“链主国家”的制造业总体分工地位处于下降趋势，而“攀升国”的制造业总体分工地位在不断提升。我们从中国、美国、德国、日本四个国家制造业在全球价值链中的位置

度变化情况可以发现（见图 2.1），“链主国家”中除了德国的制造业位置度较为稳定以外，美国和日本制造业的分工地位都出现了较为明显的下降趋势。以日本为例，其制造业在 2000 年的分工位置度达到 1.40，但是在 2010 年和 2017 年，该位置度下降至 1.20 和 1.18，呈现明显的下降趋势。相较于“链主国家”的地位下降，中国制造业的分工地位显著上升。中国制造业的位置度从 2000 年的 0.70 上升至 2010 年的 0.78，并且在随后的 2017 年上升至 0.96。这一方面说明中国制造业在全球价值链中的地位显著“攀升”，在该体系中的增加值获利能力明显增加；另一方面，“此消彼长”的制造业全球价值链发展特征说明“攀升国”与“链主国家”之间的差距正在缩小。

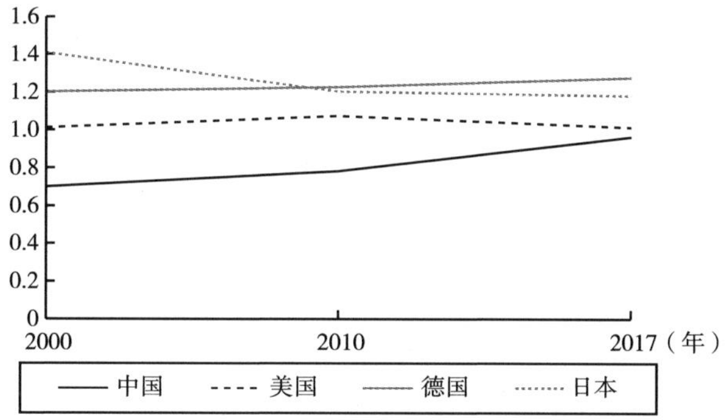

图 2.1　中美德日制造业的全球价值链位置度变化情况

资料来源：笔者根据 ADB – MRIO 和 UIBE – GVC index 数据计算后绘制。

（二）“攀升国”与“链主国”之间的攀升与反攀升博弈加剧

“攀升国”与“链主国”之间差距的缩小，导致了“链主国”对“攀升国”的警惕和焦虑，这也导致了全球价值链的参与动机和利得分配性质发生改变：从“绝对利益”转向“相对利益”。过去，全球价值链体系参与者的参与动机主要以“绝对利益”为主，即参与全球价值链能够获益；但当前的全球价值链体系中，“链主国”更加关注的是“相对利益”，即是否能够获得更高的利益，保持与“攀升国”之间的差距。在“相对利益”参与动机的影响下，“链主国”在强化自身优势的同时，也在对“攀升国”的优势产业进行反攀升压制。我们通过近年来中国、美国、德国、日本的制造业分类行业竞争优势结构图（RCA，显性比较优势指数）可以看出（见图 2.2），一方面，“链主国”优势产业的国际竞争力显著增强。美国的化工制造业（C9）、德国的机械制造业（C13）和交通运输制造业（C15）、日本的交通运输制造业（C15）的国际竞争力均有较为显著的提升，这说明近年来“链主国”强化了价值链治理，使全球价值链朝着“强者恒强”的趋势发展。另一方面，“攀升国”优势产业被作为重点打压的对象。近二十年来，中国制造业的国际竞争力优势发生了显著变化，低端制造业竞争优势下降，而高端制造业的竞争优势突出，特别是以光电设备制造业（C14）为主的高端制造业的国际竞争力显著增强。无独有偶，光电设备制造业恰好成为了“链主国”实施打压的重点行业。

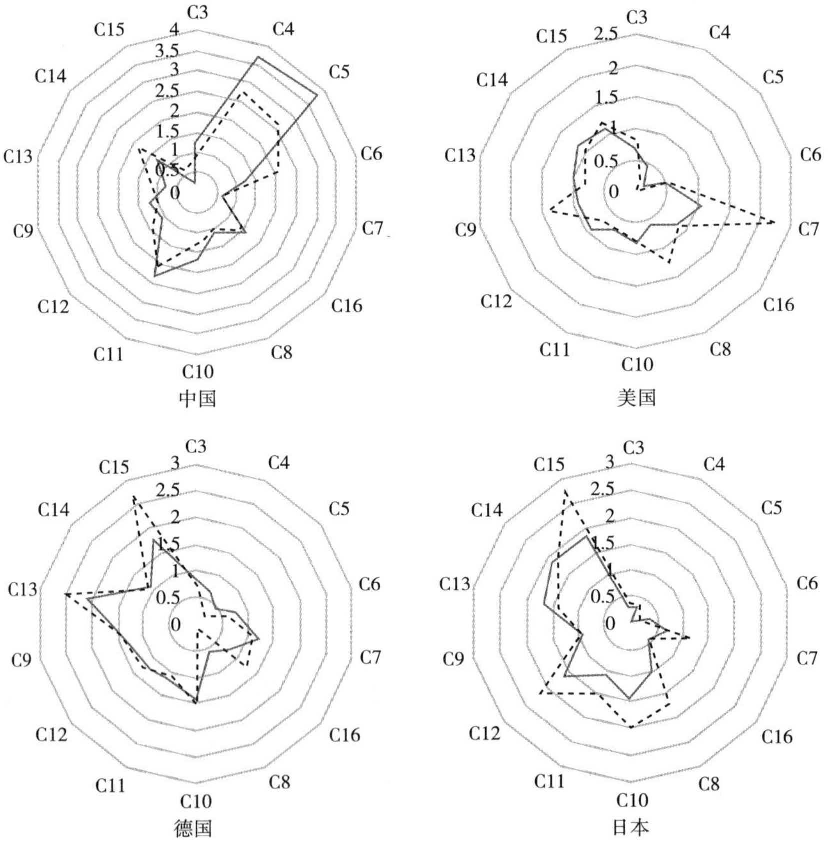

图 2.2　中美德日制造业的分类行业竞争优势结构（RCA）

资料来源：笔者根据 ADB－MRIO 和 UIBE－GVC index 数据计算后绘制。

综上所述，制造业差距的缩小引发了“链主国”的警惕和担忧，“链主国”和“攀升国”之间的攀升与反攀升博弈成为全球价值链调整的主旋律。

第二节　全球价值链调整对中国制造业的影响：攀升风险

在全球价值链升级理论中，格里芬和汉弗莱等西方经济学家提出“要素驱动、链内升级”的方案，认为后发国家实现全球价值链升级的驱动力来源于两个方面：技术驱动和市场驱动，即在“微笑曲线”的两端实现价值链的攀升。虽然从理论角度来看，在传统二维驱动路径下，实施创新驱动发展战略（技术驱动）和拓展外部市场（市场驱动）确实是中国制造业全球价值链攀升的有效驱动力，但在“链主”主导的全球价值链调整背景下，中国制造业将面临来自“战略、规则、产业、科技、市场”的全方位压力，制造业攀升遭遇前所未有的风险，如图 2. 3 所示。

当前，为了调整全球价值链，阻碍中国制造业的攀升，“链主”开展了有针对性、全方位的压制。“链主”对中国制造业进行施压的路径主要包括：一是战略端施压。针对中国的全球价值链攀升战略，“链主”通过再工业化战略和制度话语权优势，对中国制造业开展全方位战略施压，对中国的发展战略和文化安全（理论困境）造成负面冲击。二是规则端施压。“链主国家”强化合作基础，通过重构经贸合作规则来巩固其优势地位，对中国制造业展开规则施压，对总体国家安全中“内求发展、外求合作”的原则造成负面冲击。三是产业端施压。“链主国家”通过调整产业政策和重构产业价值链，着力于对中国制造业的产业政策展开施压，对中国的产业安全产生了负面影响。四是科技端施压。“链主国家”扩大反华技术同盟，阻碍中国对外科技合作，围绕中国的科技创新能力展开施压，冲击了中国的科技安全。五是市场端施压。“链主国家”利用经济地位优势，在市场端对中国制造业的发展进行施压，对中国的经济安全产生了负面影响。

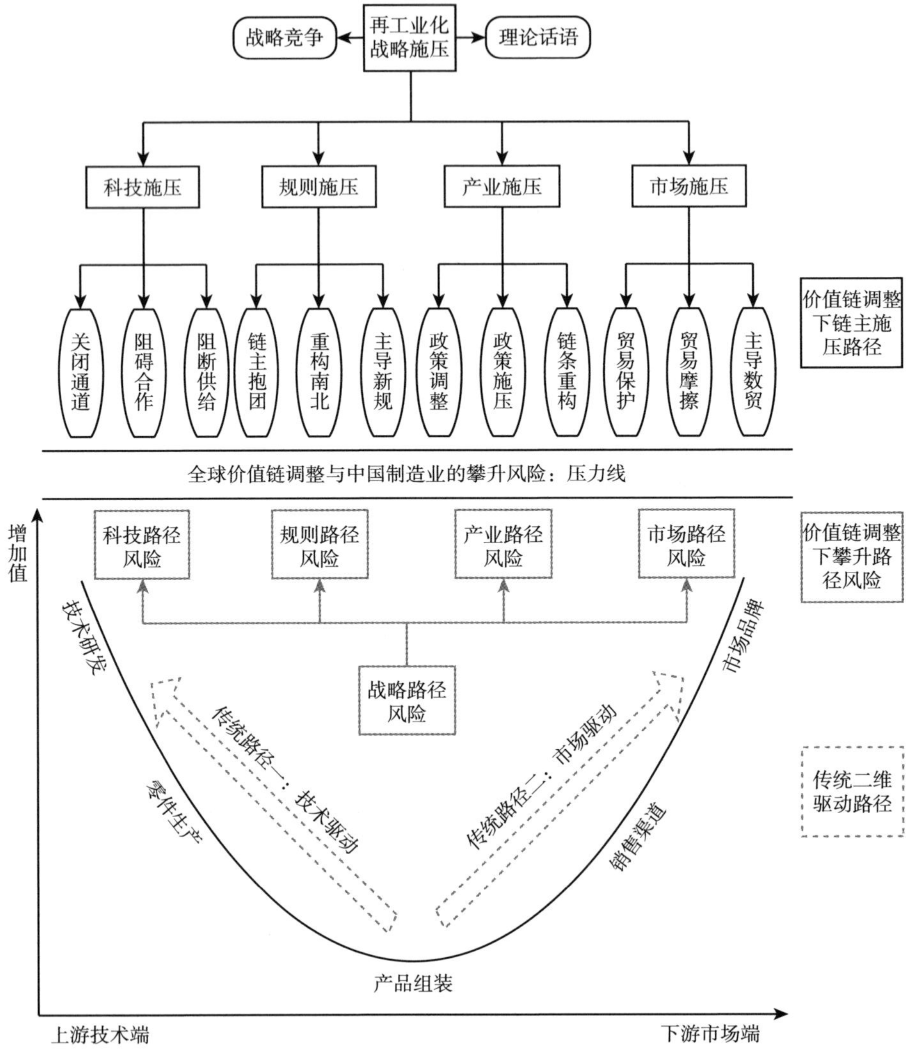

图 2.3　全球价值链调整下的“链主”施压路径与中国制造业的攀升风险

资料来源：笔者自绘。

链主通过“战略—规则—产业—科技—市场”对中国制造业的崛起进行全方位、立体式施压，加剧了中国制造业攀升的外部风险，既影响中国的经济发展战略，又加剧了全球经济的不确定性风险；既对中国的经济安全造成冲击，也在科技安全、产业安全、文化安全等领域造成负面影响。

一、战略施压下的攀升风险

总体国家安全观指出“既要重视发展问题，又要重视安全问题”。创新驱动发展战略成为中国制造业全球价值链攀升的重要驱动力，为中国实现第四次工业革命奠定基础。然而，“链主”通过再工业化战略进行“战略—理论”联合施压，不仅对中国的发展战略造成负面冲击。

创新驱动是中国制造业实现全球价值链攀升的重要战略基石，对中国制造业进入全球价值链中高端有积极的推动作用。不过，正值攀升的中国制造业无法回避“全球价值链本身进入升级通道”的现实。因此，我们应当对此保持谨慎态度，要防范和应对中国“创新驱动”与西方“再工业化”间出现的战略竞争问题。

当前西方国家仍在“政治、经济、科技、意识形态”等领域掌控着国际权力结构，随着中国全球价值链升级和影响力、竞争力的不断提升，中国与西方国家之间会有直接的利益冲突。从国际关系结构现实主义的观点来看，全球价值链体系满足“国际社会无政府状态”的前提假设，国际分工地位的高低决定了体系中的权力结构大小，从而形成了这一特殊的经济相互依赖关系。在这个权力结构体系中，价值链参与国的升级战略实际上挑战了价值链主导国的“权威”，为了维护国家利益，“链主国家”通过让全球价值链进入升级通道来实现体系内权力分配的均衡，从而维持全球价值链体系的“均势”。当前，以美国为首的全球价值链主导国都在抢占“高端制造业”的先机，其本质是全球价值链的主导权之争，即参与者与“链主”之间的攀升与反攀升之争，客观上促使全球价值链本身进入升级通道，对中国的创新驱动造成“战略对冲”，创新驱动发展战略可能陷入“战略路径依赖”，即如果链主导国率先完成新一轮工业革命，全球价值链分工体系将被重构，影响中国在全球价值链中的攀升效率的同时，其在新的全球价值链体系中的分工地位可能被“低端锁定”。

二、规则施压下的攀升风险

总体国家安全观指出“既要重视外部安全，又要重视内部安全”，因此，

“和谐、合作、和平”的外部环境是中国制造业发展的重要条件。然而，全球价值链调整下外部环境的不确定风险增大，“链主”意图通过全球价值链来重构国际经贸规则的意图已昭然若揭，其策划主导的“以规则重构经济新秩序”的戏码正式拉开序幕，“竞争与压制”的外部环境不利于中国制造业的发展。

（一）“链主抱团”趋势明显，强化合作进行规则施压

国际合作规则主导权一直掌握在欧美发达国家手中，这对作为后发国家的中国来说是不利的。早在奥巴马时期的跨太平洋伙伴关系协定（TPP）就已经暴露了美国对中国开展规则施压的企图，而特朗普政府更热衷于联合欧盟、日本等发达经济体对中国开展规则压制。在美国的影响下，发达国家间的区域合作进程不断加速，以经济伙伴关系协定（EPA）、美国与日本的新贸易协定、全面与进步跨太平洋伙伴关系协定（CPTPP）为基础的美国、日本、欧盟区域合作框架已逐步成型，这将对未来的全球生产网络造成割裂和重组，“链主”的优势地位将不断增强，这种趋势对中国主导的“东亚生产网络”造成巨大的压力，在全球价值链中的规则话语权也将被严重削弱。

（二）“南北合作”模式重构，扩大阵营进行规则施压

除了强化“链主”合作以外，美国等发达国家也调整了与新兴经济体以及发展中国家的合作模式，扩大了其全球经济治理的范围，强化了全球价值链规则治理的基础。以美国为例，一方面，美国推动《美墨加三国协议》（USMCA）的签订，其中的部分条款与多边贸易体系的非歧视原则背道而驰，比如说其中的“国有企业约束规定”，就很明显是针对中国等新兴发展中国家而设置的。而且，美国积极与 CPTPP 一些主要国家进行修订贸易协定谈判（韩国、日本等均已完成），如果美国未来选择加入 CPTPP，一个以美国为中心、排斥中国的多边贸易体系就将成型，这可能对中国制造业的发展造成严重冲击。另一方面，美国政府推动世界经济治理框架从“G7”变成“G11”，试图将俄罗斯、澳大利亚、印度和韩国拉入国际治理框架，亦显示其尝试在规则领域排除中国的企图。除此之外，欧盟与发展中国家间的合作

进程也在加速，其与越南的经贸合作值得关注。《欧盟越南自由贸易协定》（EVFTA）和《投资保护协定》（EVIPA）的签订，可能会导致越南乃至东南亚国家的制造业产业价值链出现调整，也可能对中国在东南亚国家的投资和产业价值链布局造成负面的冲击。

（三）“链主”争夺“新规”主导权，强化价值链规则治理

为强化全球价值链治理，“链主”积极主导并推动全球价值链的规则发展，制定符合他们偏好的新规则，这种规则变迁强化了“链主”的领导力，但弱化了中国等发展中国家的制度话语权。随着第四次工业革命时代的到来，人工智能、新一代信息技术、数字贸易等领域成为“链主”争夺的重点领域，与之相关的技术标准和规则制定权成为竞相争夺的重中之重。近年来美国、欧盟、日本等国家继续绕开 WTO，在制定符合它们利益的“高标准贸易规则”方面展开了实质性合作。2017～2019 年，它们就“高标准贸易规则”发表过 6 次三方宣言，主要规则内容涉及“产业政策、国有企业、行业补贴、强制技术转让”等，这显然抬高了中国与之合作的门槛。

综上所述，技术标准和规则体系建构是复杂且影响深远的，发达经济体“抢滩登陆”旨在强化其全球价值链规则主导权的同时，对中国在国际规则话语权领域造成压力。“链主”奉行“零和博弈”思维，在国际规则上排除中国的企图，成为中国制造业向高端攀升时将面临的重要风险点。

三、产业施压下的攀升风险

“链主”对中国制造业的产业施压，冲击了中国的经济安全。一方面，“链主”对中国的产业政策进行联合施压，要求中国进行结构性调整；另一方面，“链主”调整产业政策和重构产业链的行为，对中国制造业的产业链、价值链、供应链均造成一定的冲击，对经济安全造成威胁。

（一）“链主”产业政策调整，竞争力内涵发生变化

发达经济体积极调整产业政策，产业竞争的内涵发生深刻变化。随着“再工业化战略”的实施，以德国和美国为首的发达经济体开始积极调整产

业政策。对中国角色定位的变化成为德国和美国等国家调整产业政策的重要动因，它们认为中国不再是“有利可图的市场和物美价廉的供应商”，而是“强有力的竞争对手”，产业安全和产业创新是发达经济体产业政策调整的重要支柱。另外，产业政策调整也导致产业竞争力的内涵发生深刻变化。在传统国际贸易理论中，提高产业竞争力的关键在于比较优势的培育。然而，全球价值链下产业竞争力的内涵发生了深刻变化，对产业增值价值链的控制是其新内涵。当前，全球价值链打破了产业发展的国别独立性和完整性，最终产品已经不足以完全显示一国的产业竞争力，产业竞争力更多地内显在对产业高增值价值链环节的控制上，这对于最终产品供给大国的中国来说，产业竞争力将被削弱。

（二）“链主”产业政策施压，要求中国对产业政策进行“结构性调整”

除了调整产业政策以外，发达经济体对中国的产业政策展开联合施压，“要求”中国改变和调整产业政策亦是发达经济体的重要施压手段。由于认为中国产业政策违反“公平性原则”，美国、欧盟和日本等经济体发布《美欧日贸易部长三方会议联合声明》，矛头直指中国的“非市场主导经济政策”“产业补贴政策”“国有企业政策”等，要求中国对产业政策进行“结构性调整”。发达经济体意图通过 CPTPP、USMCA 等协定来约束中国的产业政策，对中国施压，要求调整现有的产业政策。发达经济体的产业政策施压，实际上给中国和发达经济体在未来的高科技领域合作筑起一道围墙，阻碍了中国制造业向全球价值链高端攀升的步伐。

（三）“链主”产业价值链重塑，遏制联盟在扩大

随着世界经济“逆全球化”趋势不断深入，发达经济体正在逐步进行制造业产业价值链的重塑，“排他的区域价值链”开始逐步取代“包容的全球价值链”，成为中国制造业攀升的又一道门槛。世界三大制造生产网络逐渐走向孤立，这并不是危言耸听。一是以德国为核心的欧洲制造业产业价值链正在走向“区域闭环”。2019 年，德国和法国共同签署《面向 21 世纪的欧洲产业政策》，这代表德国的产业政策正在走向欧盟，这也意味着建构“排

他的”“闭环的”高端制造业区域价值链正在成为欧盟国家的共识，未来欧盟与非欧盟国家之间的高科技合作将受到限制。二是美国推动以美国为核心的美洲区域价值链重构。美国在推动产业价值链转移和重塑方面更为积极，一方面通过多种举措吸引高端制造业回流美国本土，另一方面也在推动产业价值链网络的转移和重构。美国推动“NAFTA”转型为“USMCA”的本质目的也是为推动产业价值链向美国转移做准备，而且美国还通过 USMCA 扩大了遏制中国产业发展的同盟国。三是日本也在积极推动东亚产业价值链的转型和重构。早在 2015 年，日本政府的《制造白皮书》就指出，要紧跟美国和德国的步伐，逐步实现低端和高端制造业产业链的重新布局。而 2020 年伊始，日本政府加速了该进程，提出计划支付 22 亿美元的资金，协助部分高端制造业从中国撤回日本，协助部分低端制造业向东南亚国家转移。

综上所述，面对发达经济体产业政策调整、政策施压、产业链重构三重压力，中国制造业产业结构调整面临的外部不确定因素干扰的风险在增大，中国的经济安全将面临负面冲击。

四、科技施压下的攀升风险

科技安全系总体国家安全的重要组成部分，也是中国制造业实现全球价值链攀升的关键环节，亦是“链主”强化全球价值链治理的重中之重。中国与“链主”在高科技领域的“攀升与反攀升”博弈加剧，中国制造业的攀升成效引发“链主”的担忧和警惕，其通过扩大技术同盟、提高技术门槛、制裁龙头企业等手段对中国的科技发展进行全方位施压，中国的科技安全将遭受前所未有的压力。

（一）扩大技术同盟，关闭创新通道

强化高科技行业领域的全球价值链治理成为发达经济体的共识，这也是美国企图扩大反华技术同盟的重要基础。美国政府除了发动对中国的科技霸凌以外，还通过扩大反华技术同盟，全面限制和阻碍中国的科技发展，关闭中国制造业的创新发展通道。早在 2017 年，美国政府智库就发布了《如何

确保美国在半导体行业的长期领导地位》的报告，建议美国政府与同盟联手，阻挠中国产业创新政策。

（二）提高技术门槛，阻碍科技合作

为追求国家安全和技术优势双重目标，提高高科技领域的准入门槛、阻断核心技术的供给成为发达经济体“再工业化战略”的重要手段。近年来，美国、欧盟、日本等经济体都以“维护国家安全”为由，提高了本国高科技行业的准入门槛，来自中国的投资并购成为了重点审核对象，这些法案包括英国的《国家安全和基础设施投资审查》、美国的《外国投资风险评估现代化法案》、欧盟的《外商直接投资国家安全审查规则》、日本的《外汇与外国贸易法》等。以德国为例，有分析认为德国产业政策的调整与国内部分集团对外国（主要指中国）对其国内高科技行业的收购表示担忧有关。无独有偶，日本也紧跟欧美国家的步伐，近期调整了《外汇与外国贸易法》，对涉及“国家安全”产业领域的战略敏感产业进行设限，防止尖端技术外流。新修订的《外汇与外国贸易法》将外国投资日本“重点保护产业”的持股比重从 10% 降至 1%，而且还将涉及 5G 的电子信息技术领域也纳入了重点保护范围，具有明显针对中国的意味。另外，亚洲开发银行的研究报告也关注到中国制造业崛起对日本技术创新领域的影响，报告认为“（面对中国技术发展）近年来，日本公司增加了专利的防御性质，以保护其核心发明”。这说明日本和欧美国家一样，并没有用“平和心态”看待中国的发展。

（三）制裁龙头企业，阻断技术供给

制裁和打击中国高端制造业的“龙头企业”，成为以美国为首的发达经济体进行科技施压的重要手段之一。2018 ~ 2020 年，美国政府制裁中国企业和机构情况如表 2.2 所示，这些被列入所谓“实体清单”的企业和机构，均为中国高科技行业领域的龙头企业和机构，行业主要涉及 5G 通信科技、人工智能、军工安防、芯片开发、超级计算机、网络安全、机器人等颠覆性技术领域，其目的昭然若揭，旨在打压这些中国高科技企业和机构，限制其与美国高科技行业领域的合作，从而遏制中国的科技创新和技术发展。不仅如此，美国还以各种名义干扰中国正常的科技交流活动，企图全方位阻断中国对外科技交流。比如，美国将中国13所高校列入了“实体清单”、限制所谓重点领域中国留学生签证、限制所谓重点领域的中美学术交流合作等。在美国的影响下，欧盟开始对中国香港地区“实施敏感技术出口限制”，这意味着发达经济体在“阻断对中国技术供给”方面存在一定的共识，这将对未来中国的国际高科技合作产生负面影响，成为中国制造业向全球价值链高端攀升的又一重大阻碍。

表2.2　　美国政府制裁中国企业和机构情况（2018～2020）

时间		制裁事件	涉及领域
2018年	8月1日	美国商务部公布44家中国军工类企业制裁名单	大多是中国航天及军工领域相关企业
2019年	5月15日	特朗普签署《保障信息与通信技术及服务供应链安全》行政令，要求美国进入紧急状态，华为及70家与华为相关联的企业被美国商务部列入所谓的“实体清单”	通信科技、5G等领域
	6月21日	限制5家中国科技相关企业和机构	芯片开发、超级计算机
	8月15日	中广核集团及其关联公司共4家实体被美国商务部列入所谓的“实体清单”	核电领域
	10月7日	28家中国实体企业被美国商务部加入“实体管制清单”，禁止这些实体购买美国产品	安防摄像头、人工智能等领域
2020年	5月23日	美国以从事违反美国国家安全或外交政策利益的活动为由，将33家中国企业和机构列入“实体清单”	安防、网络安全、网络通信、人工智能和机器人领域

资料来源：笔者根据美国商务部网站信息整理。

综上所述，以美国为首的发达经济体通过关闭创新通道、阻碍科技合作、阻断技术供给等手段对中国科技创新能力进行全方位压制，这是中国制造业实现全球价值链攀升的重大风险点。

五、市场施压下的攀升风险

作为“经济安全”的重要组成部分，市场在“需求端”起到了不可或缺的重要作用，稳定的出口渠道为中国制造业向全球价值链高端攀升提供强大动力。然而，中国制造业也面临贸易保护主义盛行、数字贸易主导权博弈加剧等不利因素的干扰。

（一）保护主义蔓延，自由贸易受限

近年来，受到“逆全球化”和“经济民粹主义思潮”的影响，贸易保护主义开始在发达国家中盛行并逐步向外蔓延。特别是在发达经济体中，对“攀升国”实施“预防性打击”成为“链主”施压的新特征。以日本和韩国之间的贸易争端为例，由于近年来韩国高端制造业的崛起，日韩制造业竞争力之间也出现了“此消彼长”的变化趋势，日本也开始“武器化使用贸易工具”，利用经济相互依赖的不对称性，对韩国的支柱产业（芯片制造）进行战略压制。另外，虽然德国没有加入贸易战阵营，但其《工业战略 2030》也具有浓重的贸易保护主义色彩，纲领性文件指出，未来要建立“闭环”的价值链体系，即重构“闭环”的制造业价值链分工体系，对“设计—研发—加工—销售—渠道”加以控制，从而提升德国制造业的增加值获利能力。发达国家是中国制造业最重要的出口市场，从数据来看，中国制造业最终产品中有超过 60% 流向发达国家，其中有超过 30% 的最终产品流入美国（20.41%）、日本（9.61%）、德国（4.21%）三个国家。因此，贸易保护主义在发达经济体中蔓延，对以最终产品为主的中国制造业来说是有负面影响的。

（二）争夺数字贸易主导权，冲击中国制造业出口

近年来，作为数字贸易基础的跨境电子商务在中国蓬勃发展，有利于在“需求端”促进中国制造业的全球价值链攀升。虽然中国在全球数字贸易领域具有巨大潜力，但由于数字贸易在全球价值链“需求端”的重要地位，美国、欧盟、日本等经济体开始就数字贸易规则的制定展开合作，以期在全球数字贸易领域获得主动权，强化其经济利益。当前全球数字贸易并未形成统一体系，但“美式模式”和“欧式模式”已经逐渐成形。随着与贸易伙伴间贸易协议谈判进程的加快，美国成功将数字贸易“美式模式”写入了

USMCA 和《美日数字贸易协定》中，并且正积极向外拓展，以期利用优势地位获得全球数字贸易的主导权。与“美式模式”不同，传统文化影响下的“欧洲模式”更为保守，欧盟国家认为跨境流通的数据不能作为公共产品在全球流通，而应该是具有地域性的。无论是“美式模式”还是“欧式模式”都可能对中国在数字贸易领域的发展造成一定冲击。一方面，美国和欧盟对数字贸易的利益诉求与中国有较大的差距，而“中国模式”的基础还比较薄弱。另一方面，全球数字贸易体系不统一所衍生的“数字贸易壁垒”，可能对中国制造业的出口造成阻碍。

综上所述，面对发达经济体在市场领域的围追堵截，中国制造业外部市场的发展面临的不确定性风险在增加。

第三节　案例研究 1：全球价值链调整下美国缘何对华战略施压？

一直以来，中美关系都呈现“曲折向上”的发展趋势，虽然在各个方面都存在着一定的竞争关系，但由于受益于双边经贸合作的深化发展，双边关系一直也处于“斗而不破、竞而不破”的稳定状态，经济相互依赖这一中美关系的“压舱石”功不可没。

然而，深受国际金融危机影响的美国开始“痛定思痛”，在后危机时代重启了以产业转移、税收优惠、吸引外资、贸易保护为核心的“再工业化战略”，旨在通过调整产业政策来重振其在全球制造业中的优势。在美国重构制造业全球价值链霸权的企图心作祟下，中国在全球价值链中的影响力提升以及制造业向价值链高端攀升的现实引起了美国的不安和警惕。此背景下，原本作为中美关系“压舱石”的经济相互依赖被美国以“工具化”使用，中美关系中的战略竞争成分剧增。

为此，我们不禁提出疑问：不断加深的中美经济相互依赖关系，缘何出现调整？其背后反映了中美经济相互依赖关系怎样的转型机理？美国对华战略施压会产生什么负面后果？

一、全球价值链下中美经济相互依赖关系的调整

当前的全球价值链体系中，虽然中美经济相互依赖关系的本质仍然是不对称的，但由于近年来中国在全球价值链中的影响力显著提升，双边经济相互依赖的不对称度出现了调整，而美国为“扭转劣势、重塑优势”而出现的战略决策变化、“工具化”使用经济相互依赖工具，导致经济相互依赖关系出现转型。

（一）不对称性不变：全球价值链下中美经济相互依赖的不对称性本质未变

根据全球价值链理论，技术和市场比较优势是“链主”维持比较优势的关键，也是重构价值链体系的两条关键路径①。从中美制造业在全球价值链的发展情况来看（见图 2.4），中国在技术和市场上仍处于“相对劣势”局面，而美国在技术和市场上仍然保持“相对优势”局面。

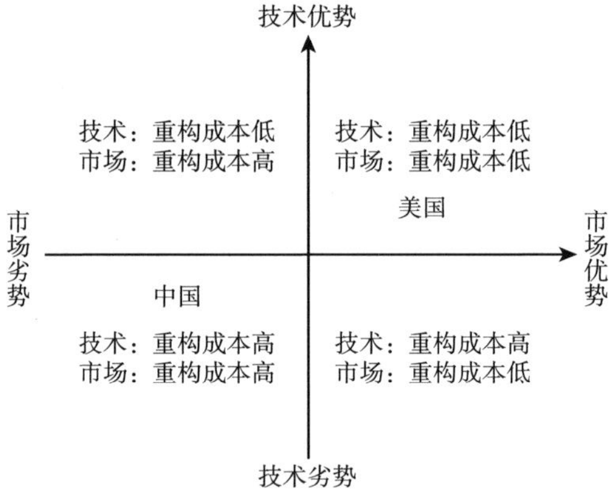

图 2.4　中美全球价值链技术和市场优劣比较

资料来源：笔者自制。

---

① 全球价值链创始人格里芬（Gereffi）认为，全球价值链的内在驱动力来源于价值链的两端，即生产端和市场端，因此建构全球价值链的驱动力类型可以分成两类，即生产者驱动和消费者驱动，也就是本书所指的“技术”和“市场”。参考：Gereffi，G.，Humphrey，J，Sturgeon，T. The Governance of Global Value Chains. Review of International Political Economy，2005，12（1）：78 – 104.

首先，从技术端来看，美国保持“相对优势”，中国处于“相对劣势”。虽然美国制造业的影响力相对下降，但是其制造业特别是中高端制造业处于优势地位这一本质并未发生根本性的变化，中美制造业间仍存在较为明显的差距。

一是中国“低端强、高端弱”和美国“低端弱、高端强”的制造业竞争力结构并未发生根本性变化。通过对中美制造业在全球价值链中的竞争力①发展变迁进行研究后发现（见图2.5），2000~2017年，中国的中低端和中高端制造业竞争力水平都有一定的提升，但是制造业的整体竞争力水平并未发生根本性变化，仍然保持“低端强、高端弱”的结构。相对于中国来说，美国制造业的竞争力水平主要体现在中高端制造业领域，制造业发展始终保持“低端弱、高端强”的发展特征。

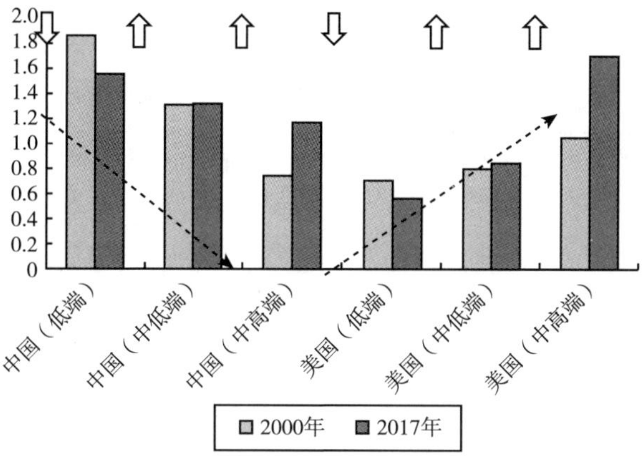

图2.5　中美制造业层次结构比较及竞争力变化情况表

资料来源：笔者根据ADB-MRIO和UIBE-GVC index数据计算后绘制。

二是美国与中国在高端制造业领域的竞争力差距在扩大。虽然中国和美国在中高端制造业领域的竞争力水平都有较为明显的提升，但美国在中高端

---

① 制造业的全球价值链竞争力使用增加值的显性比较优势指数（RCA）进行判断，显性比较优势指数的计算方法是：根据全球价值链的前项参与度来计算S国的行业增加值显性比较优势指数RCAf，公式为：$RCAf_i^s = \frac{dva\_f_i^s / \sum_i^n dva\_f_i^s}{\sum_s^G dva\_f_i^s / \sum_s^G \sum_i^n dva\_f_i^s}$，$RCAf_i^s$ 指数代表S国i行业在全球价值链分工体系中的竞争力。

制造业领域的竞争力水平提升更加显著，双方在该领域的差距被拉大。2000年，中国在该领域的 RCA 指数为 0.75，美国的 RCA 指数为 1.05，双方的差距为 0.3；2017 年中国在该领域的 RCA 指数为 1.16，美国的 RCA 指数为 1.69，双方的差距达到 0.53。这说明美国在后危机时代推动“再工业化战略”促进高端制造业回流具有较为显著的效果。

其次，从市场端来看，美国保持“相对优势”，中国处于“相对劣势”。通过对中美间的制造业贸易、生产、市场三个指标进行比较后发现，中国对美国的依赖程度相对高，而美国对中国的依赖程度相对低。

一是中美贸易对美国的经济贡献度（贸易/GDP）低于对中国的贡献度（见表 2.3）。2017 年中美贸易占美国 GDP 的比重为 3.36%，占中国 GDP 的比重为 5.4%，这意味着中美贸易对美国的经济贡献度要比对中国的低。

表 2.3　　中美贸易相互依赖关系变动情况

年份	中美贸易额（亿美元）	中国对外贸易总额（亿美元）	美国对外贸易总额（亿美元）	中国 GDP（亿美元）	美国 GDP（亿美元）
	A	B	C	D	E
2000	1162	4743	19998	12113	102523
2010	4749	29738	32464	60872	149921
2017	6556	41072	39511	121435	194854
年份	贸易相互依赖度（%）	中美贸易额占中国对外贸易总额比重（%）	中美贸易额占美国对外贸易额比重（%）	占中国 GDP 比重（%）	占美国 GDP 比重（%）
	A/(D+E)	A/B	A/C	A/D	A/E
2000	1.01	24.50	5.81	9.59	1.13
2010	2.25	15.97	14.63	7.80	3.17
2017	2.07	15.96	16.59	5.40	3.36

资料来源：笔者根据 UN Comtrade Database 数据计算。

二是中国制造业中间产品对美国市场的依赖度高于美国制造业中间产品对中国市场的依赖度（见表 2.4）。2017 年流向美国的中国中间产品份额达到13.14%，流向中国的美国中间产品份额仅为 4.62%；2017 年美国市场进口中国中间产品的比重达到了 13.99%，中国市场进口美国中间产品的比重仅为 3.92%。

表 2.4　　　　　　中美制造业生产相互依赖关系变动情况表

年份	流向美国的制造业产品比重（%）（中国）	流向美国的中间品份额（%）（中国）	流向美国的最终品份额（%）（中国）	美国进口中间品比重（%）（中国）	美国进口最终品比重（%）（中国）
2000	24.10	16.38	28.66	2.94	6.62
2010	18.12	11.00	23.19	10.73	24.76
2017	17.05	13.14	20.41	13.99	23.23
年份	流向中国的制造业产品比重（%）（美国）	流向中国的中间品份额（%）（美国）	流向中国的最终品份额（%）（美国）	中国进口中间品比重（%）（美国）	中国进口最终品比重（%）（美国）
2000	1.71	1.46	2.10	4.36	9.28
2010	6.03	5.03	7.79	4.42	8.50
2017	6.38	4.62	9.32	3.92	10.06

资料来源：笔者根据 ADB – MRIO 和 UIBE – GVC index 数据计算。

三是中国制造业最终产品对美国市场的依赖度高于美国制造业最终产品对中国市场的依赖度。2017 年流向美国的中国最终产品份额达到 20.41%，流向中国的美国最终产品份额仅为 9.32%；2017 年美国进口中国最终产品的比重达到了 23.23%，中国进口美国最终产品的比重仅为 10.06%。

综上所述，虽然制造业全球价值链出现调整，但中国和美国经济相互依赖关系的本质特征仍然系“不对称相互依赖”。

（二）不对称度调整：全球价值链下中美经济相互依赖的“不对称性”此消彼长

虽然中美经济相互依赖关系的本质是“不对称性”，但随着中国制造业在全球价值链的发展，双边的“不对称度”也出现了明显的调整。简单来说，当前的中美经济相互依赖关系的“不对称性”较之前要小了。

首先，中美制造业在全球价值链中的影响力出现“此消彼长”的变化。无论从制造业在全球价值链中的重要性程度，还是从制造业在全球生产网络中的影响力来看，中美制造业都出现了“此消彼长”的变化。

一是中美制造业中间产品的世界份额出现了“倒转”（见表 2.3）。2000 年，中国制造业中间品的世界贸易份额仅占 2.80%，2017 年该份额上升至

11.78%；2000 年，美国制造业中间品的世界贸易份额占 13.95%，2017 年该份额下降至8.59%，中美制造业中间品世界份额出现明显“倒转”，中国和美国制造业在全球价值链中的重要性出现“此消彼长”的变化。

二是中美制造业在全球生产网络中的影响力出现了“消长”。(1) 中国成为世界制造业生产网络三大中心的一员。通过对后危机时代世界制造业中间产品的地区流向进行分析后发现（见表 2.5），流向欧洲和美洲的制造业中间产品份额在减少，亚洲在世界制造业生产网络中的重要性凸显。这主要是因为中国在亚洲制造业生产网络中的地位越发重要。克里斯托弗·德根(Christophe Degain，2017) 等认为，世界制造业三大生产网络已经形成，即以德国为中心的欧洲网络、以美国为中心的美洲网络、以中国为中心的亚洲网络，这既说明亚洲生产网络的重要性凸显，亦说明中国在亚洲生产网络中的地位重要性。(2) 中美制造业生产网络间的距离在扩大。以中国为“中心”的亚洲制造业生产网络在全球价值链中的重要性越来越强，其制造业流向的“集中化”趋势让中国和美国间的制造业生产网络走向“疏远”，这主要体现在两个方面：一方面，中国和美国的生产联系在疏远。卡普曼等学者认为，“东亚 + 东盟”亚洲生产网络与欧洲、北美生产网络正在走向孤立，这实际上与制造业生产网络向亚洲和中国集中有密切的关系。我们对中国和美国的制造业生产网络进行研究后发现①，地缘因素仍然是影响制造业生产网络布局和分工的主要原因（见图2.6 和图2.7)。中国大陆制造业生产网络主要以东亚为主，其中与韩国、中国台湾地区的生产联系更为紧密，虽然美国也是中国大陆制造业生产网络的重要组成部分（排名第五），但其重要性

① 制造业生产网络数据来源与计算方法：从亚洲发展银行多地区投入产出表中分解出 2205 × 504 的中间产品矩阵，其中 2205 为行，即矩阵的第一维，代表中间品出口国和行业，包括 63 个国家（或地区）的 35 种商品，即总共为 2205 项；504 为列，即矩阵的第二维，代表中间品的进口国，包括 63 个国家（或地区）8 年（2010 ~ 2017）的数据，即总共为 504 项。为方便计算，将矩阵第二维进行横向加总，仅保留年度数据，即形成 2205 × 8 的矩阵，然后剔除第一维数据中的非制造业数据，形成 882 × 8 的制造业中间产品矩阵。用同样的方法，将全部产品的投入产出矩阵简化成 882 × 8 的出口产品总矩阵。根据制造业中间产品矩阵和出口产品总矩阵，可以计算出一国（或地区）的中间产品世界贸易份额、中间产品国别份额（出口贸易结构）。最后，将 882 × 8 的中间产品矩阵简化并转置为 8 × 63 的矩阵，将第二维中 63 个国家（或地区）按照地域分成欧洲、亚洲、美洲、其他四个类型。根据以上步骤，我们可以对中间产品的区域流向进行精准追踪，亦可从中观察出中国和美国生产网络的变迁情况。

在下降；美国制造业的生产网络以北美洲为主，加拿大和墨西哥是其制造业生产网络的重要组成部分，其中墨西哥的重要性在不断增加，虽然中国是美国制造业中间产品第三大出口国，但近年来的重要性也出现了下降的趋势。这说明中美制造业生产网络正在走向“疏远”和“独立”。另一方面，亚洲国家与美国的生产联系也在疏远。在中国“核心作用”的影响下，亚洲生产网络中的主要经济体对中国的依赖程度在上升，对美国的依赖程度在下降。亚洲生产网络的主要经济体包括日本、韩国、东盟（马来西亚、越南、泰国、菲律宾、老挝、文莱、柬埔寨、新加坡）以及中国台湾地区，这些经济体的生产网络都呈现“向中国大陆集中、对美国疏远”的发展趋势，即对

表 2.5　　世界制造业中间品流向和中国制造业中间品来源变动情况

项目	年份	流向欧洲的份额（%）	流向亚洲的份额（%）	流向美洲的份额（%）	流向其他区域的份额（%）
世界制造业中间品流向	2010	38.70	32.16	15.75	13.40
	2017	36.63	35.03	14.62	13.73
中国制造业中间品来源	2010	13.01	46.23	6.78	33.98
	2017	12.45	47.76	6.07	33.73

资料来源：笔者根据 ADB – MRIO 和 UIBE – GVC index 数据计算。

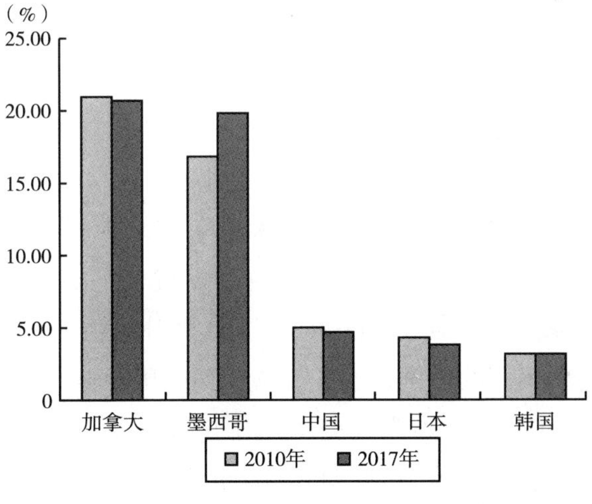

图 2.6　中国的生产网络变迁情况

资料来源：笔者根据 ADB – MRIO 和 UIBE – GVC index 数据计算。

中国大陆的依赖程度在上升，对美国的依赖程度在下降。比如，中国台湾地区制造业中间品出口份额中，对大陆的份额从2000年的17.93%上升至2017年的38.09%，而对美国的出口份额从2000年的17.72%下降至2017年的8.57%；韩国制造业中间品出口份额中，对中国的出口份额从15.26%上升至29.02%，对美国的出口份额从16.45%下降至9.61%。另外，日本和东盟国家都呈现同样的发展趋势。

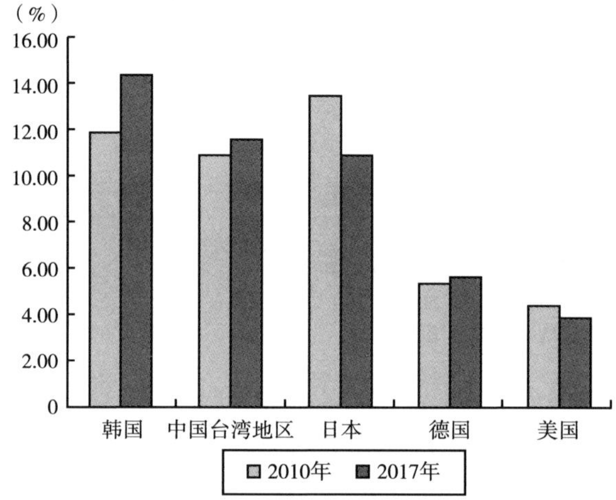

图 2.7　美国的生产网络变迁情况

资料来源：笔者根据 ADB - MRIO 和 UIBE - GVC index 数据计算。

其次，中美制造业在全球价值链中的差距不断缩小。随着中国制造业在全球价值链中地位的显著攀升，双边相互依赖的“不对称度”减少和位置度差距减少，中国和美国制造业的差距不断缩小。

一是中美制造业相互依赖的“不对称度”在减少。从出口国视角来看，通过对中美制造业间的生产联系进行研究后发现（见表 2.4），中美制造业间的相互依赖关系从“不对称相互依赖”向“对称相互依赖”发展。2000年中国制造业流向美国的比重超过了24%，而美国制造业流向中国的比重仅为1.71%，但是中国制造业流向美国的比重逐年下降，到2017年下降至17.05%，美国制造业流向中国的比重却逐年上升，到2017年上升至6.38%，这说明中美制造业间原本的“不对称相互依赖关系”被逐渐打破，换句话说，中国制造业对美国的依赖程度在下降，美国制造业对中国的依赖程度在上升。对制造业结构进行分解后发现，导致这种变化的主要根源是制造业最终产品的比重变化，其中中国制造业最终产品流向美国的比重在减少，从 2000 年的 28.66% 下降至 2017 年的 20.41%，美国流向中国的最终产品份额在上升，从 2000 年的 2.10% 上升至 9.32%，这意味着美国市场的重要性在下降，中国市场的重要性在上升。另外，从进口国视角也可以发现同样的趋势，中国进口的中间产品和最终产品中，来自美国制造业的产品比重下降或持平，美国进口的中间产品中来自中国的比重在不断增大。这意味着，中国对美国制造业的依赖程度在下降，而美国对中国制造业的依赖程度在上升。因此，全球价值链中中美经济相互依赖的“不对称程度”出现调整。

二是中美制造业的全球价值链中的分工地位（位置度）差距缩小。从制造业的全球价值链分工位置度[①]来看，中国制造业的位置度相对提升，美国位置度相对下降（见图 2.8 ~ 图 2.11）。从总体来看，中国制造业在全球价值链分工体系中分工地位呈现出较为明显的攀升趋势，其位置度从 2000 年的 0.7 逐渐攀升至 2017 年的 0.96；美国制造业的位置度保持稳定，始终保

---

① 全球价值链位置度计算方法：本书采用王直（Wang，2017）对世界投入产出数据的分解方法，计算出行业的全球价值链前项和后项参与度。从亚洲发展银行多地区投入产出表中分解出 V^{sr} 矩阵（前项参与）、Y^{sr} 矩阵（后项参与）和 E 矩阵（总产出），通过计算直接消费系数 A，得到：$E = AE + Y = (1 + A)^{-1}Y = BY$，其中，$(1 + A)^{-1}$ 或 B 即为里昂惕夫逆矩阵。将 V^{sr} 矩阵分解成三项：纯国内生产增加值（VD）；李嘉图贸易增加值（VR）；参与全球价值链的增加值（VG），其计算公式为：$V^{sr} = \hat{V}^{S}(1 - A^{ss})^{-1}Y^{ss} + \hat{V}^{S}(1 - A^{ss})^{-1}\sum_{r\neq s}^{G}Y^{sr} + \hat{V}^{S}(1 - A^{ss})^{-1}\sum_{r\neq s}^{G}Y^{sr}\sum_{u}^{G}B^{ru}\sum_{t}^{G}Y^{ut}$，以上等式右边的第三项为参与全球价值链的增加值（VG）；将 Y^{sr} 矩阵分解成三项：国内直接消耗的国内增加值（YD）；最终产品的增加值出口（YR）；中间产品出口的国内和外国增加值（YG）。其计算公式为：$Y^{s} = V^{s}(1 - A^{ss})^{-1}\hat{Y}^{ss} + V^{S}(1 - A^{ss})^{-1}\sum_{r\neq s}^{G}\hat{Y}^{sr} + \sum_{r\neq s}^{G}V^{r}(1 - A^{rr})^{-1}A^{rs}(1 - A^{ss})\hat{Y}^{ss} + V^{s}\sum_{s\neq r}^{G}B^{sr}A^{rs}(1 - A^{ss})^{-1}\sum_{t}^{G}Y^{st} + \left\{\sum_{r\neq s}^{G}V^{r}\sum_{u\neq r}^{G}B^{ru}A^{us}(1 - A^{ss})\hat{Y}^{st} - \sum_{r\neq s}^{G}V^{r}(1 - A^{rr})^{-1}A^{rs}(1 - A^{ss})\hat{Y}^{ss}\right\}$。然后，计算 S 国某行业的前项参与度 Vpf，公式：$Vpf^{s} = \frac{VG^{s}}{\hat{V}^{s}E^{s}}$，计算 S 国某行业的后项参与度 Vpb，公式：$Vpb^{s} = \frac{YG^{s}}{Y^{s}}$。根据全球价值链的前后向参与度来计算出 S 国的位置度指标 Gpos，计算公式为：$Gpos = \frac{VG^{s}}{\hat{V}^{s}E^{s}} / \frac{YG^{s}}{Y^{s}}$，该指标中，如果 $G - pos > 1$，那么说明 S 国在全球价值链中的分工地位比较高；如果 $G - pos < 1$，那么说明 S 国在全球价值链中的分工地位比较低。

持在 1 以上的水平。因此，虽然美国制造业的位置度基本保持稳定，但实际上两者之间的差距在缩小，这就意味着中国制造业分工地位的“相对提升”和美国制造业分工地位的“相对下降”。而且，中国制造业的攀升主要得益于低端制造业和中高端制造业。目前，中国的低端制造业分工地位已经全面超过美国，占据分工的优势地位，其位置度从 2000 年的 0. 64 上升至 2017 年的 1. 14；中国的中高端制造业分工地位也出现了明显的攀升趋势，中美中高端制造业分工地位之间的差距在缩小，其位置度从 2000 年的 0. 62 上升至 2017 年的 0. 89。从根源来看，中国制造业的位置度之所以呈现显著的攀升趋

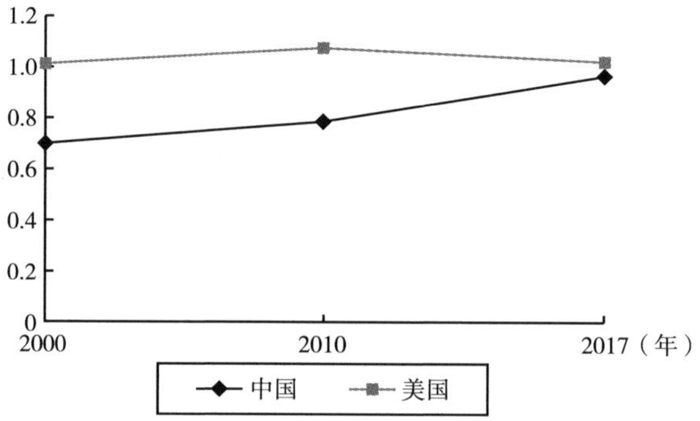

图 2. 8　中美制造业的位置度变化

资料来源：笔者根据 ADB – MRIO 和 UIBE – GVC index 数据计算。

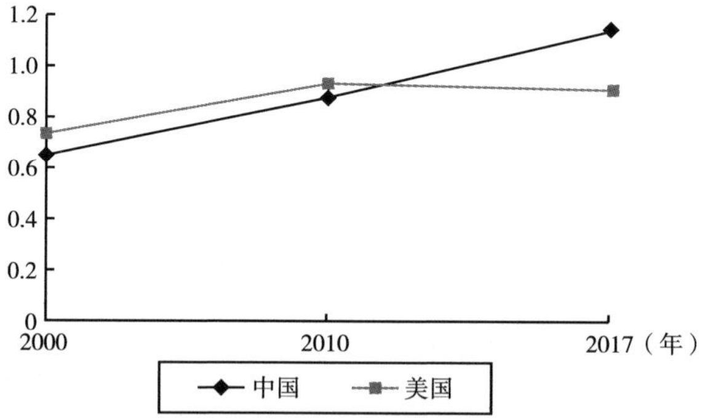

图 2. 9　中美低端制造业的位置度变化

资料来源：笔者根据 ADB – MRIO 和 UIBE – GVC index 数据计算。

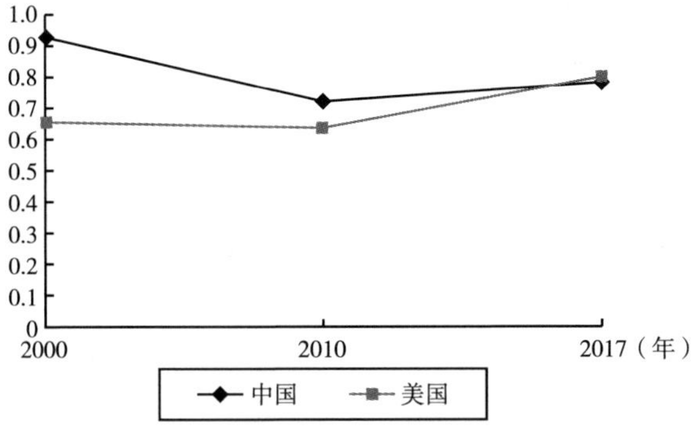

图 2.10　中美中低端制造业的位置度变化

资料来源：笔者根据 ADB - MRIO 和 UIBE - GVC index 数据计算。

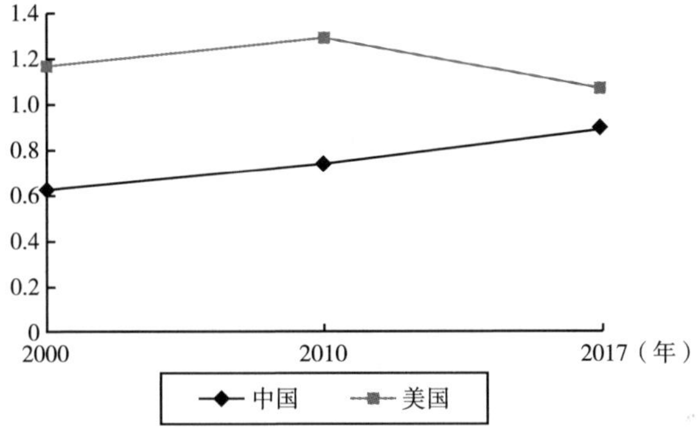

图 2.11　中美中高端制造业的位置度变化

资料来源：笔者根据 ADB - MRIO 和 UIBE - GVC index 数据计算。

势，其根源主要是中国制造业的自主创新能力在增强。后危机时代中，中国制造业的国内增加值（DVA）增速比国外增加值（FVA）要高，这一特征主要体现在低端制造业和中高端制造业领域，这代表了中国低端和中高端制造业的国内增加值获利能力增强，对国外增加值的依赖在减弱，意味着中国制造业的自主创新能力在提升。

（三）工具化：美国“扭转劣势、重塑优势”的决心和被“工具化”的不对称经济相互依赖，促使全球价值链进入调整期

后危机时代，美国“再工业化战略”和中国“创新驱动发展战略”的

博弈加剧，这实际上反映了美国作为“链主”的“守成心态”与作为“攀升国”中国的“升级诉求”之间的战略分歧。美国开始将“不对称经济相互依赖”作为“工具”使用，有针对性地对中国制造业发展实施全面压制，旨在“扭转劣势、重塑优势”。

首先，“高附加值”的高端制造业成为美国发动对华贸易摩擦的新方向。2008 年以前中美经贸争端主要集中在纺织品、玩具等低附加值的劳动密集型商品，而 2008 年以后中美经贸争端多集中在高技术含量和高附加值的产品，如电子设备、交通运输、新能源等。世界贸易组织提供的数据资料显示，2005～2017 年美国挑起的中美经贸争端共 22 起①，2008 年之前有 6 起，而 2008 年之后有 16 起，其中 2008 年以前美国挑起贸易争端主要缘由是“中国对高附加值产品的进口限制”，案件包括 DS309（电子产品进口限制）、DS340（汽车行业进口限制）、DS362（出版行业进口限制）、DS373（金融信息行业进口限制）；2008 年以后美国挑起的贸易争端多涉及中国高附加值产品的出口，案件包括 DS387（涉及中国世界顶级品牌计划行业的出口补贴）、DS413（电子支付行业准入）、DS419（风电出口补贴）、DS450（汽车行业出口补贴）、DS489（多个涉及高端制造业行业的出口补贴）、DS501（飞机制造业出口补贴）②。我们发现在后危机时代中，美国对华挑起的贸易争端逐渐集中在高附加值行业，这实际上与美国制造的对华贸易摩擦目标一致。因此，中美贸易争端聚焦高附加值产品，单纯的“贸易竞争”转向复杂的“产业竞争”，中美竞合关系中的竞争因素剧增。

其次，以政治手段为主的“遏制性摩擦”正在被美国“工具化”使用。从以往的中美经贸争端来看，均为美国以各种借口并运用各种手段挑起争端。根据经贸摩擦的目的进行分类，以往的中美经贸摩擦主要可以分成四类：政策性摩擦、技术性摩擦、歧视性摩擦和保护性摩擦。2008 年以前美国

---

① 22 起案件编号为：DS309、DS340、DS358、DS362、DS363、DS373、DS387、DS394、DS413、DS414、DS419、DS427、DS431、DS440、DS450、DS489、DS501、DS508、DS511、DS517、DS519、DS542。

② 资料来源：WTO [EB/OL]. [2019-06-05]. https://www.wto.org/english/tratop_e/dispu_e/find_dispu_cases_e.htm。

对华发动经贸摩擦的目的主要是扩大中国对美国产品的进口以及减少中国出口产品对美国市场的冲击，因此更多涉及技术、歧视以及保护性贸易摩擦，这部分摩擦基本上都属于结构性摩擦的范畴，即其根源在于贸易产品结构本身，而且贸易摩擦的动机多为经济动机。但是，从后危机时代开始，遏制性摩擦成为中美经贸摩擦的主要类型。美国除了常规地对中国商品进行“双反”调查以外，通过“301 调查”（保护美国利益）、“337 调查”（知识产权侵害）、“232 调查”（美国国家安全审查）等手段来遏制中国企业向全球价值链中高端攀升。美国对华贸易战的根源并非特朗普提出的“贸易逆差问题”，因为美中贸易逆差主要集中在中国具有优势的低附加值产品（劳动、资源密集型产品）上，而美国却将打击目标锁定在高附加值的高端制造业领域，而且其进一步通过技术出口管制、打压中国高新科技行业等手段，将贸易战升级成为科技战、战略战的做法，实际上就是利用国家机器来对中国科技发展进行遏制。

最后，美国“重塑优势”的决心与对中国进行的“精准遏制”。通过对中美制造业的细分行业进行竞争力对比发现，2017 年美国中高端制造业 RCA 指数为 1.69，中国中高端制造业 RCA 指数为 1.16，差距达到 0.53，双方 RCA 指数差距在 2000 年为 0.3，因此，美国中高端制造业的国际竞争力水平优势在扩大，这主要得益于美国“再工业化战略”，亦可以看出美国重整高端制造业的决心。另外，在中高端制造业（C9、C13、C14、C15）的 RCA 指数结构变化中（见图 2.12），中国和美国 C14（光电设备制造业）的 RCA 指数出现了“此消彼长”的变化，这意味着在该行业领域中国的国际竞争力增强而美国的国际竞争力减弱，这也就解释了为什么该行业成为美国进行针对性、重点打击的行业。

综上所述，虽然不对称的本质未变，但中美经济相互依赖的不对称度发生了调整，而且美国为“扭转劣势，重塑优势”将经济相互依赖“工具化使用”后双边战略博弈加剧，从“压舱石”到“武器化”，中美经济相互依赖关系出现了调整和转型。

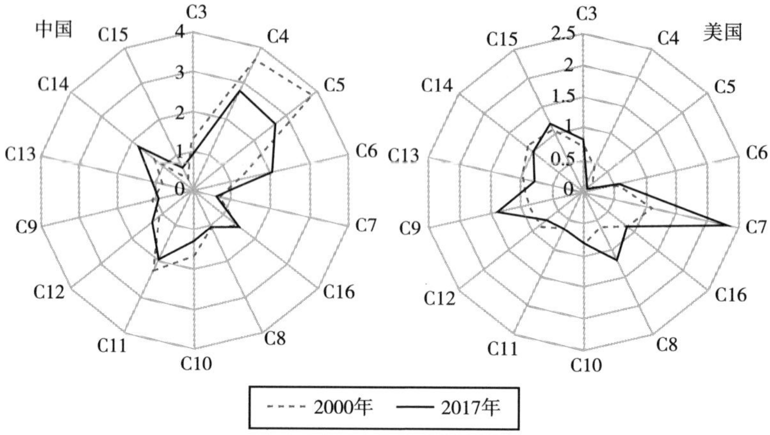

图 2.12　中美制造业细分行业的国际竞争力结构变化情况

资料来源：笔者根据 ADB－MRIO 和 UIBE－GVC index 数据计算。

二、全球价值链下中美经济相互依赖关系的转型：规律、内涵与后果——基于“L－C”模型的规律推演

全球价值链体系中，中美经济相互依赖关系呈现“不对称性”“不对称度缩小”“扭转劣势，重塑优势”和“工具化”的调整特征，这反映出双边经济相互依赖关系处于转型期。根据调整特征，建构不对称经济相互依赖关系变动对两国战略抉择影响的理论模型（L－C 模型），对转型规律、转型内涵、转型后果进行探讨，有助于我们厘清中美经济相互依赖“武器化”转向的内在逻辑和深层根源。

（一）转型规律：L－C 模型下“敏感脆弱”的规律推演

首先，L－C 模型的设计思路如下。既有研究割裂了“敏感性”和“脆弱性”之间的关系，这也是导致经济相互依赖的国际关系溢出效应（和平还是冲突）争论的根源。笔者认为，对“敏感性”和“脆弱性”的割裂分析会产生相左的结论，那么其理论的适用性和解释力将大打折扣，如果打破“敏感性”和“脆弱性”之间的界限，是否能够让理论更具有解释力呢？因此，本部分引入“敏感性”和“脆弱性”两个概念，并推演它们对双边相

互依赖关系调整的交互影响规律，这既有助于我们深入理解中美经济相互依赖关系转型的内涵和影响，又能够对新自由制度主义相互依赖分析框架进行拓展和完善。

虽然新自由制度主义以及后来的学者并未就“敏感性”和“脆弱性”的关系和规律进行进一步探究，但基欧汉（Robert Keohan）和约瑟夫·奈（Joseph Nye）对于两者关系的描述给笔者提供了思路，一是脆弱性与战略选择相关。他们认为“脆弱性相互依赖包含战略意义，而敏感性相互依赖恰恰缺少这一点，但这并不意味着敏感性在政治上是不重要的”，这就意味着脆弱性在一国的战略抉择上具有关键作用，换句话说，脆弱性是不对称相互依赖中权力产生的根源，强势一方的战略选择权力较大。二是敏感性与战略感知相关。他们认为“敏感性的迅速上升往往导致对相互依赖的抱怨以及改变相互依赖现状的努力”，这说明敏感性变强的一方可能会对相互依赖关系的调整产生“不适”或“被动”，亦可能激发其改变现状的动力。因此，“敏感性”和“脆弱性”之间是有迹可循的，其规律是探究“经济相互依赖关系变动对两国关系影响”的关键。

为探寻这一规律，结合中国和美国制造业在全球价值链中经济相互依赖关系变化的现实情况，本部分设计了 L－C 模型。L－C 模型中，L 代表全球价值链的主导国 L 国（链主国家，Leading Country，美国），C 代表全球价值链攀升国 C 国（攀升国家，Climbing Country，中国）。本部分假设经济相互依赖关系不对称性的变化将会对两国的战略抉择造成影响，其影响传导路径主要有两条[①]（见图 2. 13）：一是“敏感性—感知”路径。由于不对称经济相互依赖关系的变化会导致两国间的“相对收益”出现“此消彼长”的变化，“相对收益”减少的一方要维持原合作模式的成本变大（维持成本），

① 全球价值链本身就是一个“收益”和“权力”比较体系。一方面，全球价值链的基础实际上就是约翰·穆勒（John Stuart Mill）所提出的“贸易利得分配”，只不过全球价值链强调的是贸易增加值（附加值）的利得分配，因此，全球价值链体系本身就是一个收益比较体系。在全球价值链体系中，如果一国的分工地位高，那么其获得增加值的能力就越强，即收益高；如果一国的分工地位低，则证明其增加值获利能力弱，即收益低。另一方面，全球价值链体系也是一个权力地位比较体系，如果一个国家占据“链主地位”，那么该国的权力就大，即全球价值链的重构成本相对低；如果一国是“参与国”，那么该国的权力就小，即全球价值链的重构成本相对高。

因此，其对双边关系变化更加敏感，其战略感知相对“被动”，而另一方则相对“主动”。二是“脆弱性—权力”路径。不对称经济相互依赖关系的变化同样会导致两国间“机会成本”的变化，“机会成本”小的一方选择退出合作的成本小（退出成本），脆弱性更强也就意味着其战略选择权力更大。最后，在“感知”和“权力”的交互影响下，两国将会做出相应的战略抉择（维持合作或者退出合作）。模型分析中，涉及的主要变量包括：（1）敏感性指标：绝对收益（absolute return，AR）、相对收益（relative return，RR）①、维持成本（maintenance cost，MC）②；（2）脆弱性指标：机会成本（opportunity cost，OC）、退出成本（exit cost，EC）③。

---

① 绝对收益，即只要我们做得好，别人即使做得更好，也没有多大的关系；相对收益，即我们会尽最大的努力，但需要考虑的是不要让别人超过我们。绝对收益和相对收益是自由制度主义和新现实主义争论的焦点，自由制度主义认为，两个国家间只有共同利益存在（合作中能够获得收益），那么双方就有合作的基础。但新现实主义对此提出了批评，他们认为“相对收益”才是国家间关注的主要问题。笔者认为，在全球价值链体系下的不对称经济相互依赖关系中，这两个概念的关系是可以打通的，即获得绝对利益是国家参加全球价值链分工体系的基础，以 L 国和 C 国为例，双方都能够从全球价值链中获益，我们将这种获益定义为“绝对收益”；随着时间的推移，L 国和 C 国在全球价值链体系中的“绝对收益”出现了变化，这将会导致两个国家之间的“相对收益”出现变化（变多或者变小），比如，假定 L 国的绝对收益不变，那么 C 国绝对利益上升就会让 L 国和 C 国之间的“相对收益”变小。简单来说，本部分定义的“绝对收益”和“相对收益”之间的关系是，相对收益 = L 国绝对收益 - C 国绝对收益。

② 维持成本，即维持原合作关系的成本，或者说是维持原来相对收益差距所付出的代价。在 L - C 模型中，如果 L 国的相对收益减少，则意味着其要维持与 C 国原来的相对收益差距需要付出更多的努力或者更大的代价，这个时候 L 国的维持成本增加。另外，绝对收益、相对收益、维持成本等均为敏感性指标，因为它只涉及双方对不对称经济相互依赖关系变化的感知，即基欧汉和奈所说的“（导致）对相互依赖的抱怨以及改变相互依赖现状的努力”。

③ 机会成本，也称为选择成本，即为了得到某种东西所放弃掉的另一些东西的最大价值。在本部分中，机会成本具体指的是重构全球价值链的成本，换句话说，就是选择“原体系”还是选择“新体系”的成本。比如，L - C 模型中，由于 L 国是“链主”，因此其机会成本小，而 C 国的机会成本大，也就是说 L 国选择“原体系”还是“新体系”的权力更大一些。退出成本，即退出合作的成本，本部分的退出成本指的是，退出当前全球价值链体系合作的成本。实际上，退出成本与机会成本成正比，即机会成本越高，退出成本就越高，退出合作的可能性就越低，如果机会成本低，退出成本就低，那么退出合作的可能性就增加。因此，机会成本、退出成本都属于脆弱性指标，它们是不对称经济相互依赖关系中的权力来源，即基欧汉和奈所说的“脆弱性相互依赖包含战略意义”。

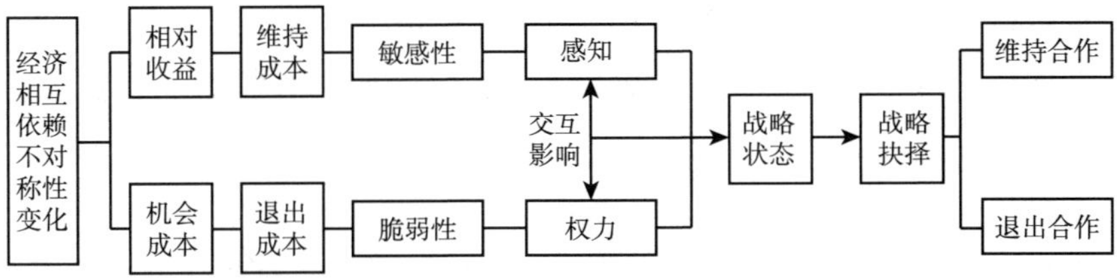

图 2.13 L – C 模型下国家战略抉择变动的“敏感—脆弱交互影响”路径

资料来源：笔者自制。

其次，L – C 模型下“敏感性”和“脆弱性”对战略抉择的影响规律推演如下。

1. 相对收益、维持成本、敏感性与战略感知的关系推演。

根据 L 国和 C 国在全球价值链中的绝对收益变化情况设计了模型Ⅰ和模型Ⅱ（见图 2. 14）。为方便推演，我们假定“链主国家”L 国的绝对收益不变（即 l = l′），则 L 国的相对收益等于 L 国与 C 国绝对收益之差。其中，纵轴 AR 代表绝对收益，横轴 T 代表时间，L 代表 L 国的绝对收益曲线，C 表示 C 国的绝对收益曲线，RR 为 t_0 时刻的相对收益、RR′为 t_1 时刻的相对收益。

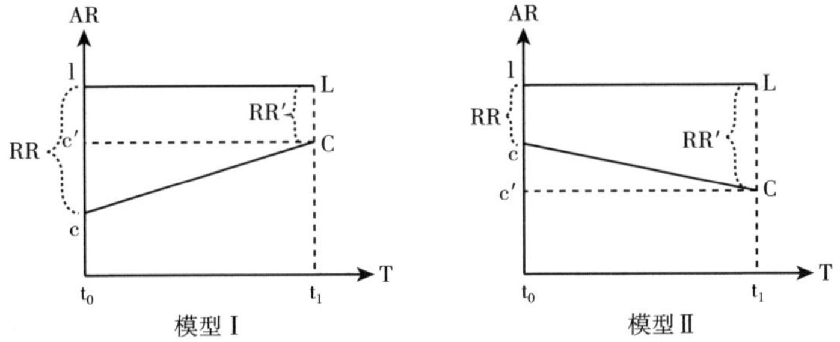

图 2.14 L – C 条件下敏感性对战略感知变化规律推演模型

资料来源：笔者自制。

根据模型Ⅰ，我们发现在 t_0 时刻，L 国的绝对收益为 l，C 国的绝对收益为 c，因此 L 国的相对收益 RR = l – c；随着时间的推移，在 t_1 时刻，L 国的绝对收益为 l，C 国的绝对收益为 c′，L 国的相对收益 RR′ = l – c′。通过对两个时间点 L 国相对收益变化的分析可以发现，L 国的绝对收益虽然没有发生变化，但相对收益却在减少（RR – RR′ >0），其主要原因是 C 国在体系中的绝对收益在增加。模型Ⅱ中的情况与模型Ⅰ相反，通过对比 t_1 和 t_0 两个时间点 L 国、C 国的绝对收益情况可以发现，L 国的绝对收益没有发生变化，但相对收益却在增加（$RR - RR' < 0$），其中的主要原因是 C 国的绝对收益出现了下降的情况。因此，在假定 L 国的绝对收益不变的情况下，L 国的相对收益变化主要是由 C 国绝对收益的变化所致，模型的变化情况可以分成两种：一种是“不对称度减少”（模型Ⅰ）；另外一种是“不对称度增加”（模型Ⅱ）。

实际上，在不对称经济相互依赖关系中，模型Ⅰ代表了两国不对称度在下降或者从“不对称”向“对称”发展的趋势，这种趋势对两国间的关系造成以下影响（见表 2.6）：（1）维持成本：L 国的维持成本变大，C 国的维持成本变小。由于相对收益减少，如果 L 国想要在 t_1 时刻与 C 国保持 t_0 时刻的相对收益差距（不对称度或优势），那么将要付出更高的代价，所以 L 国的维持成本在增加。相反，C 国的维持成本在减少，即 C 国的劣势减少，优势增加。（2）敏感性：L 国的敏感性变大，C 国的敏感性变小。在 t_0 时刻，由于 L 国的相对收益高且占据绝对优势地位，所以 C 国对 L 国的依赖性强，C 国对双边关系的变动更为敏感，即 C 国的敏感性强，L 国的敏感性弱。不过，到了 t_1 时刻，L 国的相对收益减少，其优势地位在下降，C 国对双边关系变动的敏感性下降，而 L 国的敏感性上升，即 L 国的敏感性上升、C 国的敏感性下降。（3）战略感知：L 国相对“被动”，C 国相对“主动”。在 t_0 时刻，由于地位悬殊，L 国在 L – C 相互依赖关系中处于“优势”，即相对主动；而 t_1 时刻，由于优势地位下降，L 国在 L – C 相互依赖关系中的主动性也在下降，即相对被动。与之相反，C 国的主动性增加，即相对主动。模型Ⅱ中的相对收益、维持成本、敏感性和战略感知间的变动规律与模型Ⅰ相同，因此不再赘述。

综上所述，通过模型Ⅰ和模型Ⅱ的推演，相对收益、维持成本、敏感性和战略感知之间存在一定的规律（见表 2.6）：相对收益与维持成本成反比，维持成本与敏感性成正比，敏感性大则战略感知“主动”，敏感性小则战略感知“被动”。因此，如果一国的相对收益变小（如模型Ⅰ中的 L 国），则其维持成本变大、敏感性增加导致战略感知变“被动”。

表 2.6　L－C 模型下相对收益、维持成本、敏感性与战略感知的关系变动规律①

		相对收益	维持成本	敏感性	战略感知
模型 I 不对称度减少	L 国	↓	↑	↑	被动
	C 国	↑	↓	↓	主动
模型 II 不对称度增加	L 国	↑	↓	↓	主动
	C 国	↓	↑	↑	被动

资料来源：笔者自制。

2. 机会成本、退出成本、脆弱性与权力大小的关系推演。

根据 L 国和 C 国在全球价值链中的机会成本变化设计模型Ⅲ和模型Ⅳ（见图 2.15）。这里的机会成本指的是重构全球价值链的机会成本，或者说退出当前全球价值链体系所付出的代价。根据机会成本的大小，L 国与 C 国机会成本的变化主要有四种情况：L 国机会成本变大，C 国机会成本变大；L 国机会成本变小，C 国机会成本变大；L 国机会成本变大，C 国机会成本变小（模型Ⅲ）；L 国机会成本变小、C 国机会成本变小（模型Ⅳ），为方便推演和分析，本部分仅选取具有代表性的后两种情况进行分析②。其中，纵轴代表机会成本，横轴代表时间，L 代表 L 国的机会成本曲线，C 代表 C 国的机会成本曲线，模型Ⅲ中的 X 代表两国机会成本曲线的交集点，即 $c = l$，模型Ⅳ中的 x 代表 L 国的机会成本为 0，即 $l = x = 0$。

根据模型Ⅲ，在 t_0 时刻，L 国的机会成本为 l，C 国的机会成本为 c，此时 C 国的机会成本大于 L 国，即 $c > l$，但随着时间的推移，L 国的机会成本增加，而 C 国的机会成本减少，在 t_1 时刻，L 与 C 相交于 X 点，代表 L 国与 C 国的机会成本相等，即 $l = c = x$，这意味着从 t_1 点开始，L 国与 C 国的机

① “敏感性—战略感知”模型中，全球价值链下中美经济相互依赖关系的调整属于模型 I，即不对称度减少。

② 笔者认为③、④两种情况具有代表性的原因是：第①种情况中，L 国和 C 国在全球价值链体系中的机会成本都在增加，这既说明两国的相互依赖关系在加深，又意味着两国退出合作的成本增加，因此这种趋势是一种稳定的良性趋势，不符合当前中美关系的实际情况，所以此种情况不在考虑范围内；而第②种情况中，C 国的机会成本增加，L 国的机会成本减少，这实际上与第④种情况是重复的，因为第②和第④种情况中，L 国和 C 国的机会成本曲线都不可能相交，即 C 国的机会成本始终大于 L 国的机会成本，其带来的退出成本、脆弱性、权力大小等变化规律都是相同的，因此，本部分选用第④种情况作为代表。

会成本发生了逆转，L 国的机会成本比 C 国的机会成本大，即 l > c。根据模型Ⅳ，虽然 L 国和 C 国的机会成本都在下降，但是由于 L 国的机会成本曲线下降速率要大一些，因此 L 和 C 两条曲线不会出现相交的情况，换句话说，C 国的机会成本始终大于 L 国的机会成本，即 c > l。因此，L 国和 C 国在全球价值链中的机会成本变化情况主要有两种，一种是机会成本逆转（模型Ⅲ），另一种是机会成本保持（模型Ⅳ）。

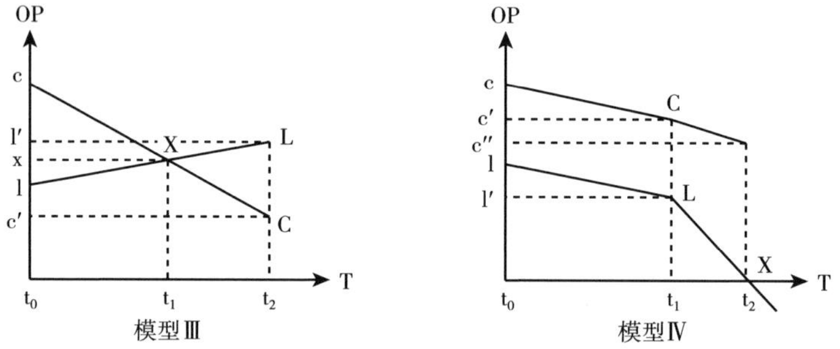

图 2.15　L – C 条件下脆弱性对战略选择变化规律推演模型

资料来源：笔者自制。

在模型Ⅲ中，L 国和 C 国的机会成本出现了逆转，这意味着两国的经济相互依赖关系出现了根本性变化，即从“不对称相互依赖”变成“对称相互依赖”。而模型Ⅳ中，L 国和 C 国的机会成本并未出现根本性变化，这说明 C 国的机会成本始终大于 L 国的机会成本，即保持“不对称经济相互依赖”。两种模式给两国带来的影响是不同的，主要体现在（见表 2.7）：（1）在模型Ⅳ模式中，由于 L – C 相互依赖的本质仍然是“不对称相互依赖”，因此，C 国的机会成本大意味着 C 国的权力小，而 L 国的机会成本小意味着 L 国的权力大，换句话说，C 国退出合作的成本（退出成本）大，而 L 国退出合作的成本小，脆弱性大；在模型Ⅲ中，由于 L – C 相互依赖的本质出现了变化，因此，C 国的机会成本变小，意味着 C 国的权力大，而 L 国的机会成本变大，意味着 L 国的权力小，即 C 国的退出成本变小，而 L 国的退出成本变大。（2）在模型Ⅳ中，L 国由于机会成本小、退出成本小、权力大，因此，L 国对“退出合作”还是“维持合作”的战略选择权大；在模型Ⅲ中，C 国由于机会成本小、退出成本小、权力大，因此，C 国对“退出合作”还是“维持合作”的战略选择权大。

综上所述，通过对模型Ⅲ和模型Ⅳ的推演，机会成本、退出成本、脆弱性和战略选择权之间也存在一定的规律（见表2.7）：机会成本与退出成本成正比，退出成本与脆弱性成反比，脆弱性大则战略选择权大，脆弱性小则战略选择权小。因此，如果一国的机会成本小（如模型Ⅳ中的L国），则其退出成本小，脆弱性大导致其在“维持合作”还是“退出合作”时的战略选择权大。

表2.7　机会成本、退出成本、脆弱性与战略选择权的关系变动规律[①]

类型		机会成本	退出成本	脆弱性	战略选择权（退出/维持）
模型Ⅲ 不对称性逆转	L国	↑	↑	↓	小
	C国	↓	↓	↑	大
模型Ⅳ 不对称性保持	L国	↓	↓	↓	大
	C国	↑	↑	↑	小

资料来源：笔者自制。

（二）转型内涵：中美经济相互依赖关系的转型（交换型→威胁型）

一是L–C模型下国家战略抉择的“敏感—脆弱交互影响机理”探讨。通过L–C模型可以发现，在全球价值链下的不对称经济相互依赖关系中，敏感性和脆弱性通过“战略感知”和“战略选择”对国家在相互依赖关系中的现状[②]产生交互影响，最终影响国家的战略抉择（见表2.8）。

---

① “脆弱性—战略选择权”模型中，全球价值链下中美经济相互依赖关系的调整属于模型Ⅳ，即不对称性保持。

② 根据敏感性和脆弱性组合变化，在“战略感知”和“战略选择”交互影响下，一个国家在经济相互依赖关系中的现状可以分成四种类型：承受现状、享受现状、维持现状、改变现状。承受现状（模式①）：刚进入全球价值链体系的中国，只能参与低附加值的产业分工，无力改变，所以只能承受现状；享受现状（模式③）：中国在全球价值链中影响力增大，制造业正处于向高端攀升的状态，处于全球价值链体系有利于中国，因此享受现状；维持现状（模式④）：过去，美国对中国制造业的依赖程度较低，中国加入全球价值链分工体系对美国并无威胁，而且还有利于美国生产分工结构的优化，此时的美国处于维持现状状态；改变现状（模式②）：美国对中国制造业的依赖程度变高，且中国的影响力增大，引起了美国的不安和警惕，此时的美国对现状不满且采取行动改变现状。

表 2.8　L－C 模型下国家战略抉择的“敏感（感知）—脆弱（权力）交互影响”机理

<table>
<tr><th rowspan="2">模式</th><th colspan="4">感知</th><th colspan="4">权力</th><th>状态</th><th colspan="2">抉择</th></tr>
<tr><th>相对收益</th><th>维持成本</th><th>敏感性</th><th>战略感知</th><th>机会成本</th><th>退出成本</th><th>脆弱性</th><th>战略选择权</th><th>敏感脆弱交互作用</th><th colspan="2">战略抉择</th></tr>
<tr><td rowspan="2">①</td><td rowspan="2">↓</td><td rowspan="2">↑</td><td rowspan="2">↑</td><td rowspan="2">被动</td><td rowspan="2">↑</td><td rowspan="2">↑</td><td rowspan="2">↓</td><td rowspan="2">小</td><td rowspan="2">承受现状</td><td>√</td><td>维持合作</td></tr>
<tr><td></td><td>退出合作</td></tr>
<tr><td rowspan="2">②</td><td rowspan="2">↓</td><td rowspan="2">↑</td><td rowspan="2">↑</td><td rowspan="2">被动</td><td rowspan="2">↓</td><td rowspan="2">↓</td><td rowspan="2">↑</td><td rowspan="2">大</td><td rowspan="2">改变现状</td><td></td><td>维持合作</td></tr>
<tr><td>√</td><td>退出合作</td></tr>
<tr><td rowspan="2">③</td><td rowspan="2">↑</td><td rowspan="2">↓</td><td rowspan="2">↓</td><td rowspan="2">主动</td><td rowspan="2">↑</td><td rowspan="2">↑</td><td rowspan="2">↓</td><td rowspan="2">小</td><td rowspan="2">享受现状</td><td>√</td><td>维持合作</td></tr>
<tr><td></td><td>退出合作</td></tr>
<tr><td rowspan="2">④</td><td rowspan="2">↑</td><td rowspan="2">↓</td><td rowspan="2">↓</td><td rowspan="2">主动</td><td rowspan="2">↓</td><td rowspan="2">↓</td><td rowspan="2">↑</td><td rowspan="2">大</td><td rowspan="2">维持现状</td><td>√</td><td>维持合作</td></tr>
<tr><td></td><td>退出合作</td></tr>
</table>

资料来源：笔者自制。

一方面，模式①和③属于“弱势方模式”，即 C 国的模式（代表“攀升国”中国）。这两种模式的权力项内容相同，即退出成本大、脆弱性小、战略选择权小，因此“维持合作”是其最佳战略抉择。不过，两种模式最大的区别就在于“战略感知”不同，由于模式①的敏感性强，因此 C 国在“L－C”关系中“相对被动”，其状态是“承受相互依赖现状”，由于模式③的敏感性弱，因此 C 国在“L－C”关系中“相对主动”，其状态是“享受相互依赖现状”。综上，在“敏感—脆弱交互影响”下，模式①的 C 国的战略抉择是“被动维持合作”（承受相互依赖现状），而模式③的 C 国的战略抉择是“主动维持合作”（享受相互依赖现状）。

另一方面，模式②和④属于“强势方模式”，即 L 国的模式（“链主”美国）。两者的权力项内容相同，即退出成本小，脆弱性大，其对“维持合作”还是“退出合作”的战略选择权大。由于有较大的战略选择权力，“维持合作”和“退出合作”都成为了 L 国的备选项，这时 L 国的战略抉择受到敏感性（战略感知）的影响就很强烈。模式④中，由于 L 国敏感性弱且在两国关系中保持“主动”，L 国会选择“维持相互依赖的现状”，所以“维持合作”是最佳的战略抉择；而在模式②中，L 国的敏感性变强，其在两国关系中变得“被动”，这个时候 L 国将为了“改变相互依赖现状”而选择“退出合作”。

二是“敏感—脆弱交互影响机理”下的中美经济相互依赖关系模式转型。从图 2.16 可以发现，中美的经济相互依赖关系模式出现了转型，从模式①④组合转型成模式③②组合。模式①④组合和模型③②组合分别反映了过去（原模式）和现在（现模式）中美在全球价值链体系中的相互依赖关系。实际上，原模式和现模式的关系相当于鲍尔丁（Kenneth E. Boulding）提出的“交换体系”和“威胁体系”之间的关系。山本吉宣继承了鲍尔丁国际体系的分类，认为经济相互依赖关系也可以分成两种类型，即“交换型”和“威胁型”。简单来说，“交换型”以“正和博弈”为基础，即关注绝对收益，而“威胁型”则以“零和博弈”为基础，即关注相对收益。

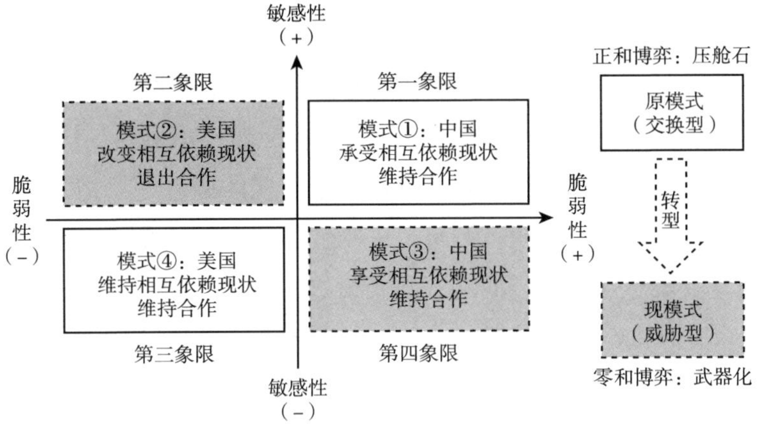

图 2.16　“敏感—脆弱交互影响”下的中美经济相互依赖关系模式转型

资料来源：笔者自制。

一方面，中美经济相互依赖的原模式属于“交换型”模式。在原模式中，中国以劳动、资源密集型比较优势嵌入全球价值链分工体系，虽然在体系中“分羹一杯”，但处于价值链的底端，容易被“低端锁定”，而作为“链主”的美国在全球价值链的“技术”和“市场”两端都具有较强的比较优势，此时中国加入其主导的生产分工体系是对其有利的选择。因此，在这一阶段中，中国的相对收益低、维持成本高、敏感性高、战略感知为“被动”，其机会成本高、退出成本高、脆弱性低、战略选择权“小”，因此，中国在 L－C 模型中处于“承受相互依赖现状”的状态（图 2. 16 中第一象限，模式①），“维持合作”是其最佳战略抉择。相对来说，美国的相对收益高、维持成本低、敏感性低、战略感知能力为“主动”，且其机会成本低、退出成本低、脆弱性高、战略选择权“大”，因此，美国在 L－C 模型中处于“维持相互依赖现状”的状态（图 2. 16 中第三象限，模式④），“维持合作”也是其最佳战略抉择。这说明原模式中，中美都更为关注的是“绝对收益”，原模式的性质属于“交换型”，因此，双方都“维持合作”的原模式是“正和博弈”的，这也就是经济相互依赖“压舱石”作用的内涵和根源。

另一方面，中美经济相互依赖的现模式属于“威胁型”模式。在现模式中，随着中美制造业在全球价值链的发展，中国制造业在全球价值链分工体系中处于“攀升状态”，虽然仍然无法撼动美国的“链主地位”，但中美影响力“此消彼长”、中美差距在缩小等事实均表明双边经济相互依赖关系出现了调整。同时，美国利用再工业化战略提高中高端制造业国际竞争力、利用优势地位打压中国高附加值产品、“武器化”使用不对称经济相互依赖等现实也表明，美国对双边经济相互依赖关系出现的调整是“抱怨的”，并且已经为改变现状采取了行动。因此，在现模式中，中国的相对收益增加、维持成本降低、敏感性降低，战略感知变为“主动”，其机会成本高、退出成本高、脆弱性低、战略选择权“小”，所以中国在 L－C 模型中处于“享受相互依赖现状”状态（图 2. 16 中第四象限，模式③）。与之相反，美国的相对收益减少、维持成本增加、敏感性高，战略感知变为“被动”，其机会成本低、退出成本低、脆弱性高、战略选择权“大”，所以美国在 L－C 模型中处于“改变相互依赖现状”状态（图 2. 16 中第二象限，模式②）。这说明在现模式中，“绝对收益”已经不是美国关注的重要问题，“相对收益”成为其战略决策的关键，引发经济相互依赖转型为“威胁型”，双方战略抉择出现了冲突，导致现模式进入“零和博弈”状态，这也就是经济相互依赖“工具化”使用的内涵和根源。

综上所述，国家战略抉择的敏感—脆弱交互影响机理已经厘清。在敏感脆弱交互影响下，“正和博弈：交换型”的原模式是经济相互依赖“压舱石”功效得以发挥的根源；在“零和博弈：威胁型”的现模式中，经济相互依赖的“压舱石”作用消减，美国为了改变现状将其“工具化”使用。因此，从“压舱石”到“工具化”的背后反映了中美经济相互依赖关系的转型。

（三）转型后果：中国和美国的新安全困境（经济安全困境）

现模式（模式③②组合）的“稳定性”不如原模式（模式①④），这是因为在原模式中，由于经济相互依赖不对称性的悬殊差距，“维持合作”是中美两国的最佳战略抉择，换句话说，“正和博弈”是原模式中美合作的基础。在现模式中，受到敏感—脆弱交互影响，中美战略抉择出现了偏差，中国因“享受相互依赖现状”而选择“维持合作”，而美国因“改变相互依赖现状”而选择“退出合作”，中美战略抉择的偏差不仅导致了双边经济相互依赖关系的稳定性下降，而且还导致了中美新安全困境的产生。

我们可在 L－C 模型下探讨中美新安全困境产生的逻辑（见图 2. 17）。

（1）中国在全球价值链中攀升导致中美不对称经济相互依赖关系出现调整（L－C 关系调整）。原模式中，中国制造业在全球价值链体系中陷入了

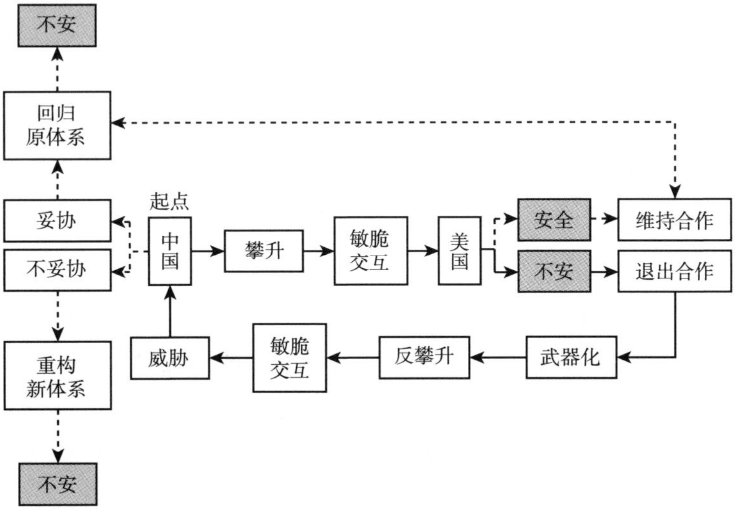

图 2. 17　L－C 模型下中美新安全困境产生的逻辑

资料来源：笔者自制。

“两难局面”，即继续嵌入原来的全球价值链体系可能难逃被“低端锁定”的命运，而重构全球价值链又“为时尚早”，因此，在原价值链体系中实现“攀升”是务实选择。中国制造业的“攀升”必然会带来中美不对称经济相互依赖关系的调整，即从模式①④组合调整为模式③②组合。

（2）L－C 关系调整通过“敏感—脆弱交互影响机理”对美国的战略抉择造成影响。当前，美国的战略具有明显的进攻性现实主义特征，即以攻代守，对中国的崛起进行全方位遏制（反攀升压制），其中科技遏制是其对华遏制战略的核心。进攻性现实主义认为，国家通过获得比对手更大的实力来寻求安全，国家的战略越接近进攻性现实主义理论，安全困境的问题就越突出。受进攻性现实主义的影响，美国开始关注“相对收益”，认为中国在 L－C 关系中变“主动”且“享受经济相互依赖现状”，因此，为了“改变经济相互依赖现状”，美国选择“退出合作”。

（3）美国的“反攀升压制”旨在通过敏感—脆弱交互影响机制对中国的战略抉择造成影响。从表 2.8 可以发现，美国“武器化”使用经济相互依赖的目的是改变经济相互依赖现状，从现模式（模式③②组合）回到原模式（模式①④组合），即美国“脆高敏降”（脆弱性高、敏感性下降）和中国“脆低敏升”（脆弱性低、敏感性升高）。实际上，再工业化战略和贸易科技遏制战略就是美国的“脆高敏降”组合拳，其根本目的在于遏制中国科技发展和攀升（敏降），扩大美国的技术比较优势（脆高），改变经济相互依赖现状。美国的战略抉择将通过敏感—脆弱交互影响机制对中国的战略抉择造成影响，美国的战略意图是让中国从模型③重新回到模型①，即“脆低敏升”。

（4）面对美国的威胁，中国战略抉择“陷入两难”。美国使用再工业化战略和贸易科技遏制战略组合拳后，中国将面临两难选择：一是妥协，回归原价值链体系（原模式）。如果中国接受“脆低敏升”，双方可能重新回到“维持合作”的路径，但是这可能会导致中国制造业的发展遭受致命打击，重新回到被“低端锁定”的状态中。二是不妥协，重构新价值链体系。如果中国不接受“脆低敏升”，那么就必须选择重构新的价值链体系。

综上所述，中国制造业攀升引起美国的不安，美国“工具化”使用经济相互依赖工具又让中国战略抉择“陷入两难”，妥协与不妥协都将威胁中国的产业安全，“工具化”源于不安，而“工具化”的后果则更加不安，中美新型安全困境正在产生。

第四节　案例研究 2：全球价值链调整对东盟制造业的影响

2008 年的国际金融危机给过度依赖金融创新而导致制造业“空心化”的发达国家当头一棒，痛定思痛后发达国家纷纷开启了再工业化之路，比如，美国的“再工业化战略”、德国的“工业 4.0 战略”、日本的制造业“重生战略”等。基于此背景，后危机时代的发达经济体为重塑其制造业比较优势，利用全球价值链中的“链主地位”，强化全球价值链治理，促使全球价值链本身进入升级通道（刘志彪，2015）。全球价值链分工体系进入深度调整期，其特点主要体现在以下几个方面：一是制造业创新能力成为全球价值链调整的核心目标。制造业在整合国家创新能力和维持创新的可持续性方面发挥举足轻重的作用，因此，重塑制造业创新优势成为发达国家再工业化战略的核心目标（贾根良和楚珊珊，2019）。二是全球价值链中的竞争因素增加。竞合关系调整是当前全球价值链体系发展的新特征，新一轮生产技术变革压缩了发展中国家价值链攀升的传统路径，加剧了发达国家和发展中国家的竞争（张彦，2019）。三是“再工业化”和“贸易保护”成为发达国家调整全球价值链的“组合拳”。一方面，以美国为首的发达国家通过制造业的“双转移”，调整低端制造业产业链，保持高端制造业的竞争力（苏立君，2017）；另一方面，通过“贸易保护战略”对发展中国家的制造业实施技术进步压制，以期维持其全球价值链“链主”地位，重塑全球价值链霸权（张鸿韬，2019）。

这种调整给深度嵌入全球价值链生产网络的东盟制造业造成了巨大的影响。全球价值链的调整给东盟制造业带来的到底是正效应还是负效应？学者们众说纷纭。部分学者对此持乐观的态度，认为东南亚国家具有地缘、资源和人力比较优势，成了新一轮国际分工和产业转移的重点承接国，其在低端制造业领域的竞争优势不断增强（季剑军，2013）；印度尼西亚、马来西亚、菲律宾、新加坡、泰国、越南等国家在电子、石化、汽车、纺织、生物医药等产业集群有较好的发展前景（林丽钦和王勤，2015）。不过，也有部分学者谨慎地指出，东盟国家新兴产业发展空间不大，前景不容乐观（吴崇伯和姚云贵，2019）。东盟制造业结构与中国制造业结构趋同，竞争大于合作的发展趋势不利于东盟制造业的发展（陆建人，2016）。而且，东盟制造业的技术水平、创新能力等都相对比较低下，获得的附加值也比较低，面临着“低端锁定”的风险（屠年松和朱光亚，2019）；同时，东盟制造业最终产品高度依赖欧美发达国家市场，这种高度的外部依赖性让东盟容易受到国际经济波动的影响（周英、张宇馨、刘智丽，2019）。

虽然相关研究成果较为丰富，但是由于数据获取时限问题，既有成果多采用 2011 年以前的数据①，对全球价值链调整期内东盟制造业发展状态的研究较少。另外，既有对东盟制造业的研究并未使用最新的贸易增加值分析方法进行定量研究，这给本书提供了一定的研究空间。

综上所述，立足既有研究中的争论，本书提出疑问：全球价值链调整到底对东盟制造业的发展造成了“利大于弊”还是“弊大于利”的影响？为回答这一问题，本书将利用亚洲发展银行多地区投入产出数据库②，采用较

---

① 既有研究较多使用世界投入产出数据库的数据，该数据库主要提供 1995 ~ 2011 年以及 2000 ~ 2014 年两套世界投入产出数据，而现有的研究使用数据较为陈旧，以使用 1995 ~ 2011 年数据居多，比如，熊琦．东盟国家在全球生产网络中的分工与地位：基于 TIVA 数据与全球价值链指数的实证分析［J］．亚太经济，2016（5）．

② 本书所用数据来源于亚洲发展银行多地区投入产出数据库，该数据库有世界上 63 个经济体 35 个行业的投入产出数据。本书对该数据库的利用主要有：一是经济体的选择。ADB – MRIO 中的经济体包括 9 个东盟国家，分别是印度尼西亚、马来西亚、菲律宾、泰国、越南、老挝、文莱、柬埔寨、新加坡，由于数据库中未有东盟的数据，所以东盟数据则是将这 9 个东盟国家数据进行加总后重新计算得出。二是制造业的选择。ADB – MRIO 中包括全部 35 个行业，使用 C1 ~ C35 作为标记，由于本书的研究对象为制造业，因此选取数据范围在 C3 ~ C16，即 C3（食品、饮料、烟草）、C4（纺织品）、C5（皮革和鞋类）、C6（木材制品）、C7（纸与印刷）、C8（精炼石油）、C9（化工产品）、C10（橡胶和塑料）、C11（其他非金属制造）、C12（金属制造业）、C13（机械制造）、C14（光电设备）、C15（交通运输）、C16（回收再利用）。其中，制造业行业可以分成中高端、中低端、低端三个类型，中高端行业包括 C9、C13、C14、C15；中低端行业包括 C8、C10、C11、C12；低端行业包括 C3、C4、C5、C6、C7、C16。三是数据时间范围。考虑到本书研究的是后危机时代东盟制造业的竞争力，因此在数据的时间范围上选取 2010 ~ 2017 年的数据。

流行的全球价值链增加值分析方法（WWYZ，2017）[①]，对全球价值链调整期，即后危机时代（2010～2017 年）的东盟及东盟国家制造业在全球价值链分工体系中的发展特征、发展趋势和发展动力进行量化分析，旨在对全球价值链调整对东盟制造业发展的影响进行综合评估。

一、全球价值链调整下东盟制造业的发展特征

经过对全球价值链调整期内东盟制造业的参与程度、位置度、国别发展情况进行评估后发现，“势增、位减、分化”是东盟制造业在全球价值链分工体系中的基本特征。虽然东盟制造业的全球价值链参与程度增加，但其分工地位出现了下降，而且东盟国家的制造业发展出现了分化，只有部分国家的制造业发展明显得益于全球价值链调整。

（一）东盟制造业的全球价值链参与程度发展特征：势增

1. 东盟制造业在全球价值链的影响力增大。从制造业产品出口的世界贸易份额来看，东盟在全球价值链体系中的影响力是不断增大的。无论是从中间产品还是最终产品来看，东盟制造业出口在世界贸易中的份额都在不断增大。比如，东盟制造业中间产品的世界贸易份额从 2010 年的 5.99% 上升至 2017 年的 6.46%（见图 2.18），最终产品的世界贸易份额从 2010 年的 4.33% 上升至 2017 年的 5.41%（见图 2.19），这表明东盟制造业无论是中间产品还是最终产品的贸易份额都在增大，说明东盟制造业在全球价值链体系中的重要性在不断增大。其中，从国别角度来看，印度尼西亚、泰国、越南等国家的制造业贡献较大，印度尼西亚和越南制造业无论是中间产品还是最终产品的贸易份额都上升明显，泰国制造业在中间产品贸易份额上有明显

---

① WWYZ 方法，系王直等四位学者在 KPWW（2010）和 KWW（2014）方法的基础上建构的一种新的增加值分解方法，该方法将一国的总出口分解为 16 项，从“中间品出口”和“最终品出口”两维视角，建构了一国某行业的全球价值链前项参与程度和后项参与程度，能更为全面地考察一国某行业在全球价值链中的发展情况。参见 Zhi Wang，Shang-Jin Wei，Xinding Yu，et al. Characterizing Global Value Chains：Production Length and Upstreamness [R]. NBER Working Paper，No. 23261，2017.

的增长。这说明在后危机时代，印度尼西亚、泰国、越南制造业的发展是显著的，共同推动了东盟制造业的发展。

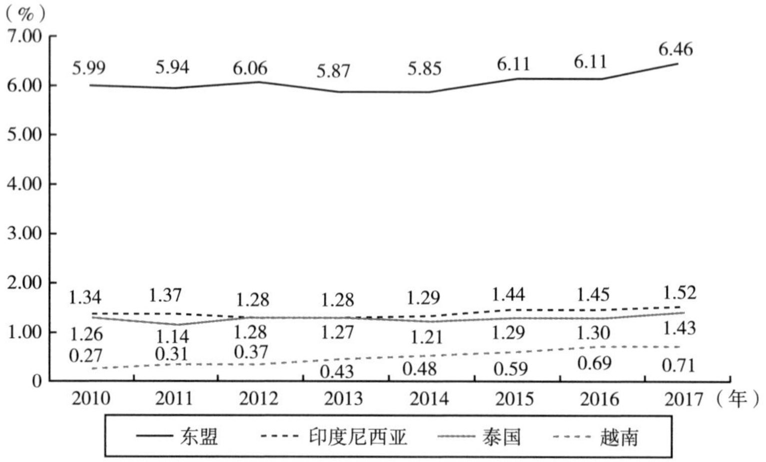

图 2.18　东盟国家制造业中间产品在世界贸易份额（2010～2017 年）

资料来源：笔者根据 ADB－MRIO 和 UIBE－GVC index 数据计算。

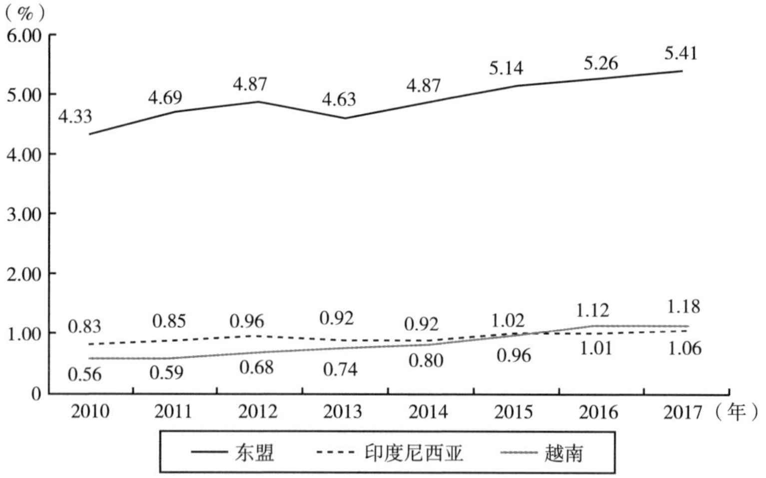

图 2.19　东盟国家制造业最终产品世界贸易份额（2010～2017 年）

资料来源：笔者根据 ADB－MRIO 和 UIBE－GVC index 数据计算。

2. 东盟制造业深度嵌入全球价值链分工体系。从全球价值链的参与程度来看，东盟制造业高度嵌入全球价值链分工体系。

一方面，中间产品是东盟制造业出口的主要产品。中间产品比重是判断一国制造业全球价值链参与程度的重要指标，从东盟制造业的出口结构来看，东盟国家的出口产品以中间产品为主。从 2017 年数据来看，东盟出口产品中超过六成是中间产品，其中文莱、马来西亚、泰国、印度尼西亚、菲律宾、新加坡等国家以中间产品为参与全球价值链的主要产品，而越南、老挝、柬埔寨三个国家则主要以最终产品参与全球价值链体系（见图 2.20）。

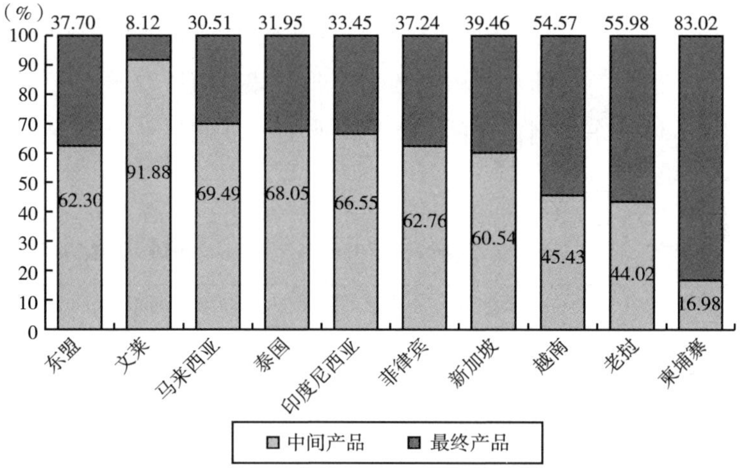

图 2.20 东盟国家制造业出口的中间和最终产品结构（2017 年）

资料来源：笔者根据 ADB - MRIO 和 UIBE - GVC index 数据计算。

另一方面，东盟制造业的全球价值链前后项参与程度①都比较高。从数据来看（见表 2.9），无论从前项参与程度还是后项参与程度来看，东盟制造

① 本文采用 WWYZ 方法，对世界投入产出数据的分解方法，将 ADB - MRIO 投入产出数据按照中间产品（生产）和最终产品（消费）进行分解后，可以计算出全球价值链的前项参与程度（中间产品）和后项参与程度（最终产品）。以前项参与程度为例，通过 WWYZ 方法，一国的总贸易增加值可以分解成三个部分：纯国内生产（被国内吸收的国内增加值）、李嘉图模式（被国外直接吸收的国内增加值）、全球价值链生产（参与跨国生产的国内增加值）。因为前两个部分的附加值不涉及跨国流动，因此我们只需要考察全球价值链生产这部分的国内增加值即可，这样有利于考察一国制造业的全球价值链参与情况。一般认为，全球价值链参与程度超过 20%，则属于参与程度比较高。另外，除了对参与程度的判断以外，前项参与和后项参与也是一种参与方式的指标。如果一国的前项参与程度 > 后项参与程度，说明该国的国内增加值获利能力较强；如果一国后项参与程度 > 前项参与程度，说明该国的国内增加值获利能力较弱，外国在该国制造业发展中的获利能力较强。

业的全球价值链参与程度是比较高的，2010～2017 年的平均前项参与程度达到 29.10%，平均后项参与程度达到 30.70%。其中，新加坡、文莱、泰国、越南、马来西亚等国家制造业的全球价值链参与程度最高，新加坡 2010～2017 年的平均前项参与程度达到 51.5%，平均后项参与程度达到 62.85%；文莱的平均前项参与程度为 73.27%；泰国的平均前项参与程度达到 32.51%，平均后项参与程度达到 33.77%；越南的平均后项参与程度为 40.39%；马来西亚的平均前项参与程度为 38.11%，平均后项参与程度为 34.55%。虽然受制于经济发展水平、产业结构和经济开放程度等因素影响，印度尼西亚、菲律宾、老挝、柬埔寨等国家的制造业全球价值链参与水平相对来说会稍微低一点，但从东盟制造业的整体情况来看，其制造业已经深度嵌入全球价值链分工体系。

表 2.9　东盟及部分东盟国家的全球价值链参与程度表（2010～2017 年） 单位：%

年份	东盟		马来西亚		泰国		越南		文莱	
	前项参与程度	后项参与程度	前项参与程度	后项参与程度	前项参与程度	后项参与程度	前项参与程度	后项参与程度	前项参与程度	后项参与程度
2010	29.79	30.97	42.15	36.83	30.60	35.21	19.66	38.84	75.15	81.69
2011	30.68	32.04	40.77	33.71	32.47	38.51	22.66	39.59	74.91	80.99
2012	28.94	32.12	37.83	34.72	32.12	37.19	23.69	38.06	73.02	78.51
2013	29.18	31.62	37.77	34.57	32.30	35.53	25.72	39.81	71.88	76.47
2014	29.52	31.54	37.36	34.26	32.34	33.34	26.53	40.61	77.39	82.33
2015	28.48	29.49	36.36	34.08	33.01	29.32	27.63	41.40	71.64	75.41
2016	27.51	27.75	34.66	32.94	32.60	28.26	28.53	42.00	72.39	76.20
2017	28.72	30.10	37.98	35.29	34.60	32.80	28.32	42.78	69.77	72.68
均值	29.10	30.70	38.11	34.55	32.51	33.77	25.34	40.39	73.27	78.03
年份	印度尼西亚		菲律宾		老挝		柬埔寨		新加坡	
	前项参与程度	后项参与程度	前项参与程度	后项参与程度	前项参与程度	后项参与程度	前项参与程度	后项参与程度	前项参与程度	后项参与程度
2010	22.61	16.02	19.03	19.56	9.53	16.26	12.23	33.11	54.01	63.11
2011	23.68	17.06	16.81	18.94	12.96	15.83	10.55	32.05	57.80	67.78

续表

年份	印度尼西亚		菲律宾		老挝		柬埔寨		新加坡	
	前项参与程度	后项参与程度	前项参与程度	后项参与程度	前项参与程度	后项参与程度	前项参与程度	后项参与程度	前项参与程度	后项参与程度
2012	21.30	17.54	18.45	18.54	10.12	15.71	10.51	32.81	51.98	65.64
2013	21.99	18.00	16.77	17.99	11.70	15.75	10.01	34.33	52.81	65.58
2014	23.30	18.50	16.06	18.24	16.44	18.94	12.43	35.02	50.42	62.76
2015	21.98	15.96	15.44	19.02	20.03	14.27	13.53	34.37	49.06	60.73
2016	20.91	11.69	14.53	20.45	19.22	15.98	14.97	34.15	48.31	58.88
2017	21.84	14.91	16.15	22.24	18.63	15.86	12.52	33.91	47.59	58.36
均值	22.20	16.21	16.65	19.37	14.83	16.07	12.09	33.72	51.50	62.85

资料来源：笔者根据 ADB - MRIO 和 UIBE - GVC index 数据计算。

（二）东盟制造业的全球价值链位置度发展特征：位低

1. 东盟制造业在全球价值链中的整体分工地位较低。东盟制造业主要以低端和中低端制造业作为比较优势参与全球价值链分工体系，因此，其制造业在全球价值链的位置度①处于中下游，分工地位比较低。从图 2.21 可以看出，东盟制造业在 2010～2017 年的平均位置度为 0.87，这一方面说明东盟制造业在全球价值链中的增加值获取能力不强，区域外国家在东盟生产网络中的获利能力较强；另一方面，说明东盟制造业在全球价值链分工体系中的地位不高。另外，将制造业细分成低端、中低端、中高端制造业后发现，东盟低端制造业的位置度最高，2010～2017 年的平均位置度为 0.90；中低端制造业的位置度其次，2010～2017 年的平均位置度为 0.86；中高端制造业的位置度最低，2010～2017 年的平均位置度为 0.84，这说明东盟制造业的优势主要体现在低端制造业领域。

① 全球价值链的位置度，即通过增加值的获取能力判断产业在全球价值链中的分工地位。根据全球价值链的前、后项参与程度来计算 S 国的位置度指标 Gpos，计算公式为：$Gpos = \frac{VG^S}{\hat{V}^S E^S} / \frac{YG^S}{Y^S}$ 在该指标中，如果 Gpos > 1，说明 S 国在全球价值链中的分工地位比较高；如果 Gpos < 1，则说明 S 国在全球价值链中的分工地位比较低。

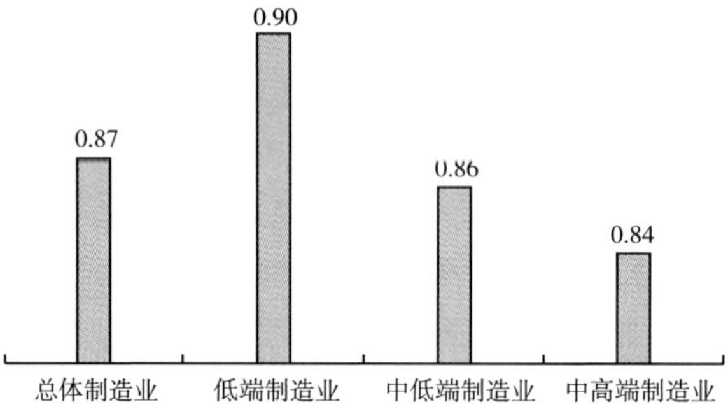

图 2.21　东盟制造业的全球价值链平均位置度（2010～2017 年）

资料来源：笔者根据 ADB－MRIO 和 UIBE－GVC index 数据计算。

2. 东盟国家的全球价值链位置度主要由低端制造业决定。从东盟国家层面来看，东盟国家制造业的位置度水平大致可以分成三个梯队（见图 2.22）。第一梯队中，印度尼西亚和马来西亚制造业的位置度比较高，2010～2017 年印度尼西亚总体制造业的平均位置度达到了 1.41，马来西亚的平均位置度达到 1.17，两个国家制造业的位置度均超过了东盟整体水平；制造业位置度排在第二梯队的国家包括泰国、文莱、老挝、菲律宾、新加坡；越南和柬埔寨的制造业位置度水平最低，属于东盟国家的第三梯队，其中越南的平均位置

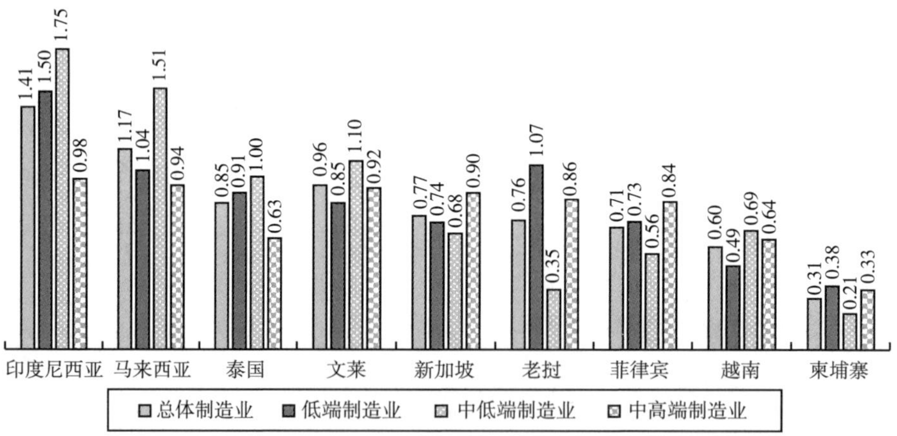

图 2.22　东盟国家的全球价值链平均位置度（2010～2017 年）

资料来源：笔者根据 ADB－MRIO 和 UIBE－GVC index 数据计算。

度水平为 0.60，柬埔寨的平均位置度水平仅为 0.31。不过，从数据来看，东盟国家制造业的优势主要以低端和中低端制造业为主，中高端制造业不占据优势地位。比如，第一梯队中的印度尼西亚和马来西亚的优势产业为中低端和低端制造业，其中又以中低端制造业的优势最为明显，这种情况同样出现在泰国、越南、文莱、老挝等国家。因此，以低端制造业为主的产业结构决定了东盟制造业在全球价值链中的分工地位较低。

（三）东盟制造业的全球价值链国别发展特征：分化

从东盟国家的视角来看，各国制造业在全球价值链中的发展情况各有不同，这说明东盟制造业的发展出现了一定程度的分化，“弱变强、强变弱”成为重要的发展特征。

首先，全球价值链的参与程度发展趋势分化（见表 2.10）。东盟国家中，制造业的全球价值链参与趋势发生了一定程度的分化，泰国、越南、老挝、柬埔寨等国家的参与程度明显上升，马来西亚、印度尼西亚、菲律宾、文莱、新加坡等国家的参与程度无明显变化甚至下降。比如，泰国和越南的参与程度上升了。泰国制造业的全球价值链的前项参与程度持续增加，从 2010 年的 30.6% 上升至 2017 年的 34.6%，这说明泰国制造业的国内增加值增多，即生产端受益于全球价值链调整；而越南制造业的前项和后项参与程度都显著提升，分别从 2010 年的 19.66% 和 38.84% 提升至 2017 年的 28.32% 和 42.78%，这说明越南制造业在生产端和市场端都受益于全球价值链调整。另外，以参与程度下降的马来西亚为例，其在 2010 年的全球价值链参与程度高，前后项参与程度分别达到 42.15% 和 36.83%，但随后其参与程度下降，2017 年的前后项参与程度分别下降至 37.98% 和 35.29%，这意味着马来西亚等原本制造业较强的国家，在此次全球价值链调整中的受益并不明显。

其次，全球价值链的分工地位发展趋势分化。从制造业的发展趋势来看（见图 2.23），部分东盟国家的全球价值链位置度出现了上升趋势。印度尼西亚、泰国、越南、老挝、文莱等部分东盟国家的分工地位在提高，马来西亚、菲律宾、新加坡等国家的分工地位在下降，柬埔寨的分工地位基本保持不变。与参与程度的发展趋势类似，原本制造业较强的国家（如马来西亚、新加坡）等并未明显受益，而印度尼西亚、泰国、越南、老挝、文莱等依靠低端、中低端制造业发展的国家在全球价值链调整中受益。另外，菲律宾制造业分工地位下降的原因在于其“重服务业，轻制造业”的发展战略；柬埔寨制造业分工地位无明显变化的原因在于其制造业均集中在原本分工地位较低的服装制造业。

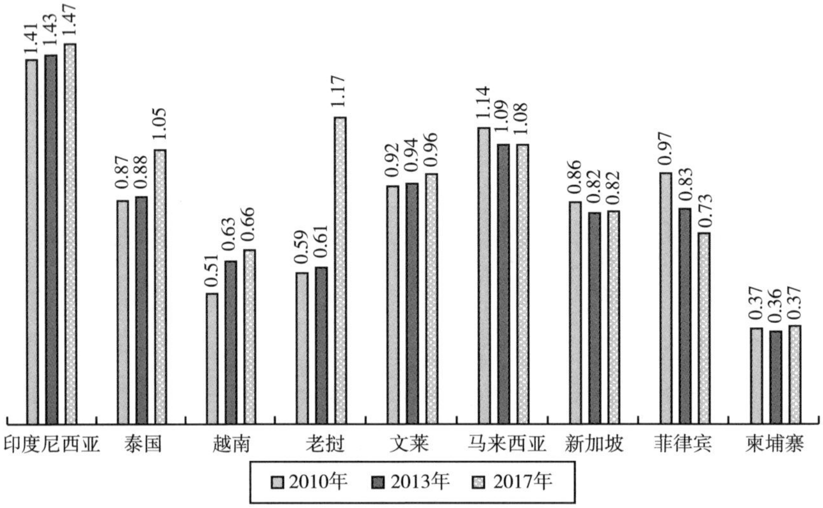

图 2.23　东盟国家制造业的位置度发展情况

资料来源：笔者根据 ADB – MRIO 和 UIBE – GVC index 数据计算。

综上所述，在全球价值链调整下，东盟制造业总体上呈现“势增、位低”的发展特点，但东盟国家的发展也出现了一定程度的分化，其中，泰国、越南、老挝、文莱、印度尼西亚等国制造业在全球价值链中发展势头良好且具有较强的发展潜力。

二、全球价值链调整下东盟制造业的发展趋势

经过对全球价值链调整期内东盟制造业的竞争力结构、贸易利得发展、层次方向发展进行评估后发现，“单一低端化、区外化、边缘化”是东盟制造业在全球价值链中的发展趋势。通过对全球价值链调整期的东盟制造业发

展趋势进行量化研究后发现，其制造业产业结构单一，朝着“低端化”的方向发展，且其增加值来源出现了区外化的发展趋势，全球价值链调整下的东盟制造业愈发被“边缘化”。

（一）全球价值链调整下东盟制造业竞争力结构发展趋势：单一低端化

运用全球价值链增加值显性比较优势指数①，本研究对东盟国家制造业的竞争力结构进行比较后可以发现，东盟制造业的产业结构呈现单一化的发展趋势。为更加直观地了解东盟国家制造业各行业的国际竞争力，本部分计算出东盟国家制造业各行业（C3 ~ C16）的 RCA 指数，选取每个国家具有国际竞争力的行业（数值越高说明该行业的国际竞争力水平越高）。更进一步，对数据做可视化处理，形成东盟国家制造业竞争力结构图（见图 2.24）。通过图 2.24 我们能够清晰地看到东盟国家各自的国际竞争力优势所在，有利于我们对东盟国家间制造业的竞争力进行比较。

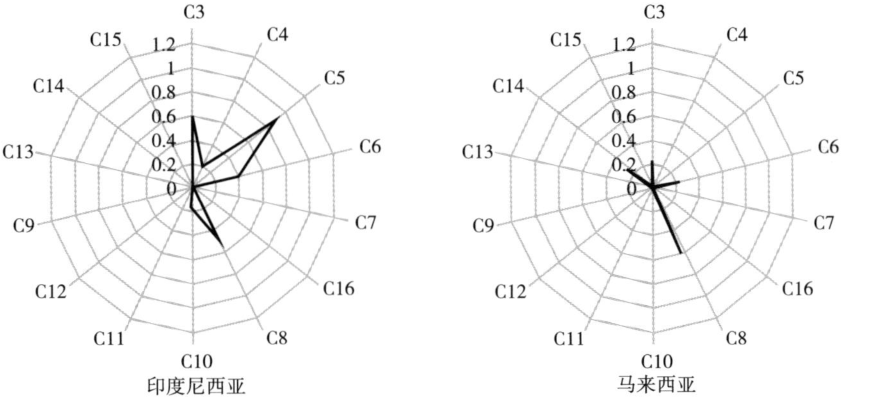

① 显性比较优势指数主要反映一国产业在全球价值链中的竞争力水平。根据全球价值链的前项参与程度来计算 S 国的行业增加值显性比较优势指数 $RCAf_i^s$，公式为：$RCAf_i^s = \frac{dva - f_i^s / \sum_i^n dva - f_i^s}{\sum_s^G dva - f_i^s / \sum_s^G \sum_i^n dva - f_i^s}$。RCAf 指数代表 S 国 i 行业在全球价值链分工体系中的竞争力。为更直观地观察，本部分对 RCAf 指数进行对数处理，某行业的 RCAf > 0 则说明该行业具有国际竞争力，数值越大，竞争力越大。

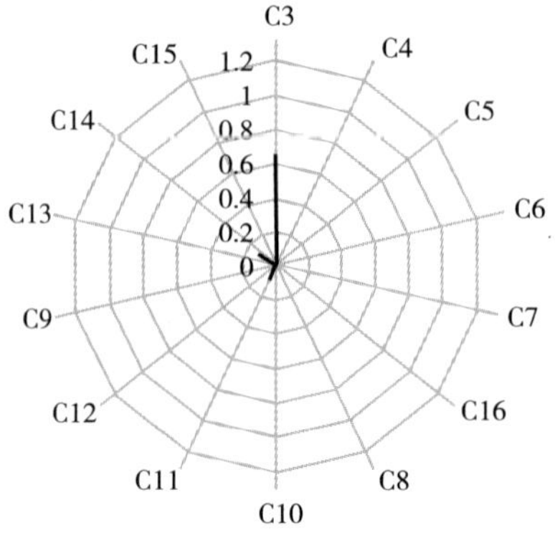

菲律宾

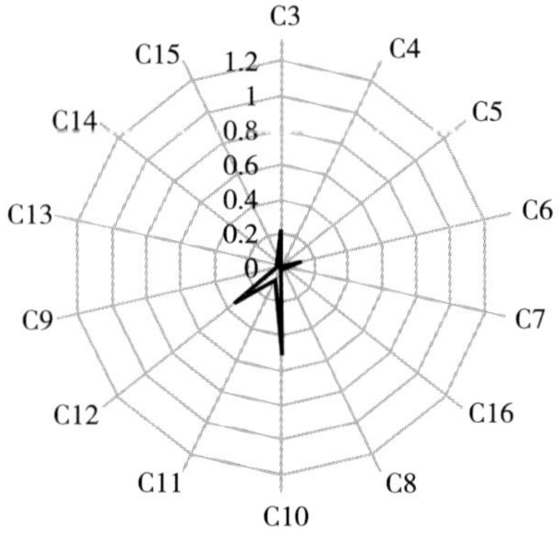

泰国

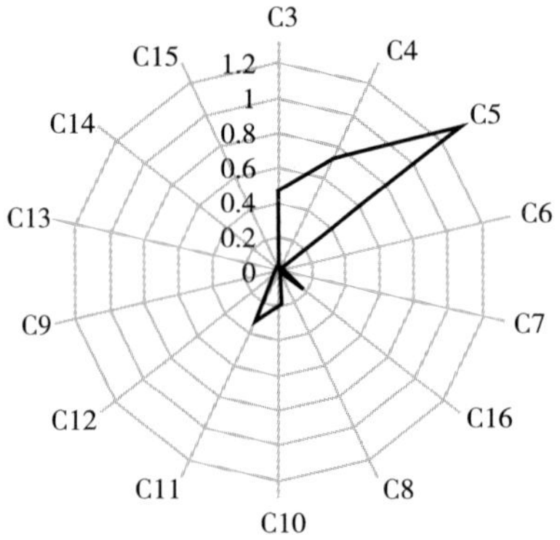

越南

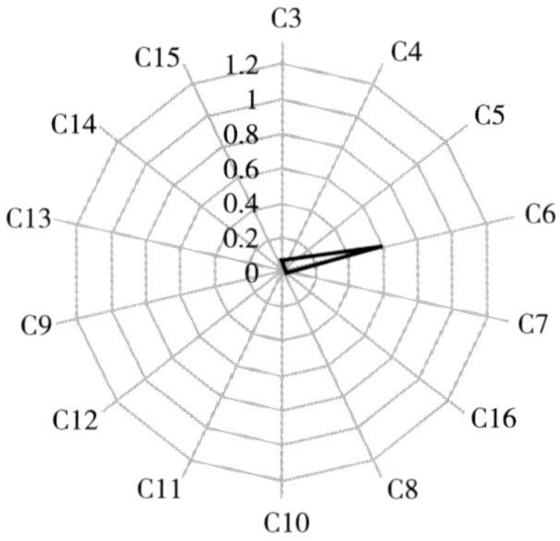

老挝

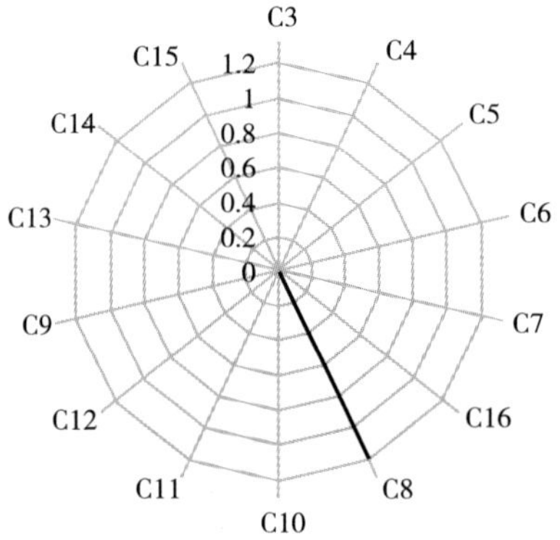

文莱

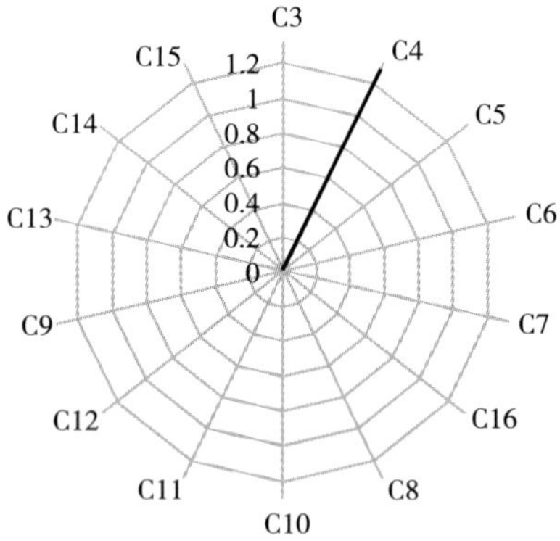

柬埔寨

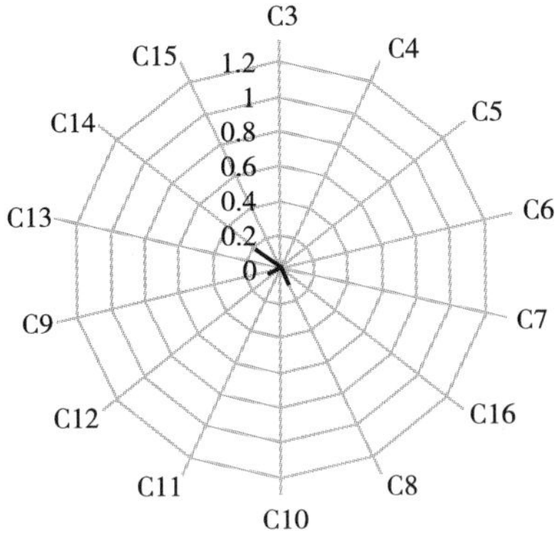

图 2.24　东盟国家制造业在全球价值链中的竞争力结构图

资料来源：笔者根据 ADB - MRIO 和 UIBE - GVC index 数据计算。

数据表明，无论从东盟整体还是从东盟国家的角度来看，其具有国际竞争力水平的制造业行业主要是资源密集型和劳动密集型行业。通过对东盟各国 RCA 指数进行分析后发现，东盟制造业中具有国际竞争力的行业包括属于资源密集型行业的木材制品（C6）、精炼石油（C8）、橡胶和塑料（C10）；属于劳动密集型行业的皮革和鞋类（C5），食品、饮料、烟草（C3）和纺织品（C4）。而且，东盟各国具有国际竞争力的行业非常单一，通过图 2.24 可以发现，菲律宾的优势产业是食品、饮料、烟草（C3）；老挝的优势产业是木材制品（C6）；柬埔寨的优势产业是纺织品（C4）；文莱的优势产业是精炼石油（C8）；新加坡的优势产业是光电设备制造业（C14）。除此之外，印度尼西亚、马来西亚、越南、泰国具有国际竞争力的产业也相对单一，比如，印度尼西亚的优势产业是食品、饮料、烟草（C3）和皮革和鞋类（C5）；马来西亚的优势产业是精炼石油（C8）和光电设备制造业（C14）；越南的优势产业是食品、饮料、烟草（C3），纺织品（C4），皮革和鞋类（C5）；泰国的优势产业是橡胶和塑料（C10）和金属制造业（C12）。

综上所述，全球价值链调整下东盟制造业产业结构单一化趋势明显，从乐观角度来看，这说明东盟国家能够在全球价值链分工中“各具优势”或“各司其职”。不过，我们应当更为谨慎地看待单一化趋势，因为东盟国家的制造业产业结构过于单一，其“靠山吃山，靠水吃水”的制造业本质特点并未发生根本性改变。

（二）全球价值链调整下的东盟制造业贸易利得的发展趋势：区外化

1. 以后项为主的参与方式决定了东盟制造业发展的区外化。从表 2.9 可以看出，东盟制造业参与全球价值链的主要方式是“后项参与”。后项参与方式，即在其制造业产生的增加值中，来自国外的增加值（foreign value-added，FVA）比重要比来自国内的增加值（domestic value-added，DVA）高。一方面，以后项参与为主代表了产业在全球价值链分工体系中处于弱势地位；另一方面，代表了国外对该国制造业发展的影响力大。从 2010～2017 年东盟制造业的总体情况来看，其后项参与程度均比前项参与程度要高，这说明东盟制造业主要以后项的方式参与全球价值链分工体系。通过对东盟制造业 FVA 的来源进行追溯后发现（见图 2.25），其 FVA 绝大部分来源于东盟以外（区域以外），来源于亚洲的 FVA 占比超过五成，来自欧洲和美洲的 FVA 都为一成多。在来源于亚洲的 FVA 中，大部分来自东亚（中国、日本、韩国），仅有一成来自东南亚国家内部。另外，从东盟国家的角度来看，老挝、文莱和柬埔寨制造业的 FVA 中，除来自东南亚内部的 FVA 占比超过两成以外，其余国家制造业的 FVA 绝大部分都来自区域外。

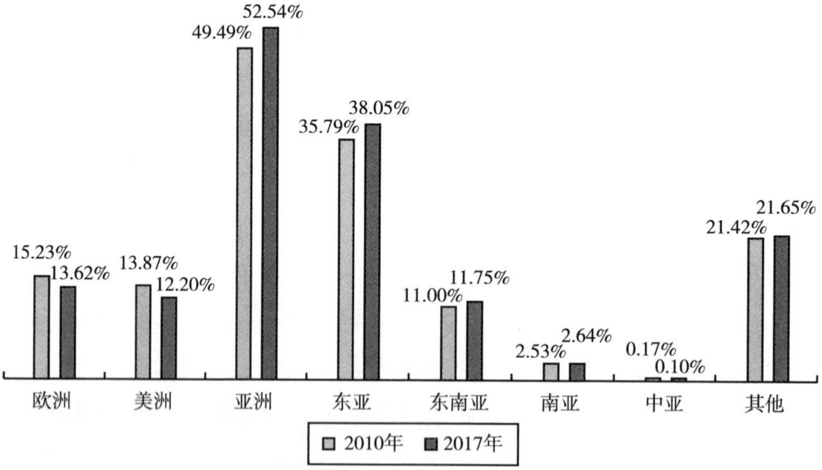

图 2.25　东盟制造业区外增加值（FVA）的来源

资料来源：笔者根据 ADB－MRIO 和 UIBE－GVC index 数据计算。

2. 东盟国家制造业的发展主要得益于区外大国博弈的加剧。通过对东盟国家的全球价值链进行“位势”综合分析发现（见表2.10），泰国、越南、老挝在全球价值链中显著受益（参与程度上升、位置度上升），文莱、印度尼西亚有一定的受益（参与程度不明显、位置度上升），马来西亚、新加坡、菲律宾、柬埔寨等国家受益不明显（参与程度不明显、位置度下降或不变）。本部分选取得益于全球价值链调整的东盟国家（泰国、越南、老挝、文莱、印度尼西亚）进行深入研究后发现，区域外大国（中国、日本、韩国、美国）在东南亚博弈是这些国家制造业进入发展快车道的重要原因。泰国、越南和老挝超过50%的中间产品来源于中国、日本、韩国、美国四个国家，泰国、越南、老挝、文莱、印度尼西亚分别有53.51%、40.14%、32.14%、47.77%、39.09%的最终产品流向以上四国（见表2.11）。从国别角度来看，每个国家制造业的发展原因各不相同。比如，泰国制造业的发展主要得益于日本和中国。一方面，泰国和日本的产业联系非常紧密，这主要是因为日本和泰国建立的汽车产业链条，这也有助于泰国汽车制造业国际竞争力的提升；另一方面，出口至中国的最终产品和中间产品增加值比重也比较高，这说明近年来中国与泰国的制造业产业联系在加深。越南制造业发展主要得益于中国和韩国。越南制造业中，出口至中国和韩国的中间产品和最终产品增加值比重较高，其中，中国的比重均超过两成，这说明越南制造业的发展与中国和韩国密切相关。老挝制造业发展主要得益于中国，其出口至中国的中间产品和最终产品增加值比重都分别达到45.05%和20.60%。文莱制造业的发展主要得益于韩国和美国，其制造业最终产品中有22.84%和11.41%流向了韩国和美国，而且这一比重是持续增大的。印度尼西亚制造业与东亚国家有密切联系，中国是其制造业最终产品最大的流入市场。

表2.10　　东盟国家的全球价值链的“位势”情况

	位置度上升	位置度下降/不变
参与程度明显上升	泰国、越南、老挝	柬埔寨
参与程度不明显	文莱、印度尼西亚	马来西亚、新加坡、菲律宾

表 2.11　　泰、越、老、文、印的制造业增加值国别来源情况

国家	制造业中间产品增加值的主要国别来源（%）				
	中国	日本	韩国	美国	合计
泰国	14.74	23.87	5.15	6.82	50.58
越南	23.32	9.86	17.19	3.77	54.14
老挝	45.05	1.83	4.18	1.46	52.52
文莱	7.82	7.87	5.28	8.68	29.65
印度尼西亚	16.57	11.83	8.25	2.40	39.05
国家	制造业最终产品增加值的主要国别来源（%）				
	中国	日本	韩国	美国	合计
泰国	24.95	16.35	3.14	9.08	53.51
越南	21.49	7.36	8.69	2.60	40.14
老挝	20.60	5.09	3.12	3.34	32.14
文莱	10.32	3.20	22.84	11.41	47.77
印度尼西亚	25.79	5.87	5.78	1.65	39.09

资料来源：笔者根据 ADB - MRIO 和 UIBE - GVC index 数据计算。

综上所述，东盟制造业在全球价值链中增加值利得来源呈区外化发展趋势，这说明其发展主要得益于区域外国家的经济发展，同时这也反映出了中国、日本、韩国、美国等域外大国在东南亚地区制造业网络中的博弈日趋激烈。

（三）全球价值链调整下东盟制造业层次方向的发展趋势：边缘化

1. 全球价值链调整导致东盟制造业朝着“低端强、高端弱”方向发展。以美国为首的发达经济体率先实施“再工业化战略”后，国际制造业的“双转移”步伐加速。此背景下，全球价值链本身进入了升级通道，价值链底端国家愈发面临被边缘化的风险。笔者对东盟制造业的发展趋势进行分析后发现，“双转移”带来的影响不容小视。通过对 2010 年和 2017 年东盟分类制造业全球价值链位置度的对比发现，其制造业呈现“低端强、中端平、高端弱”的发展趋势。比如，东盟低端制造业的位置度从

2010 年的 0.85 上升至 2017 年的 0.93；中低端制造业的位置度基本保持不变；中高端制造业的位置度从 2010 年的 0.84 下降至 2017 年的 0.75（见图 2.26）。本部分认为，东盟制造业“低端强、中端平、高端弱”的发展趋势与发达经济体的“双转移”战略在逻辑上是一致的，即低端制造业向东南亚国家转移，高端制造业向发达经济体国内回流。因此，东盟制造业朝着“低端强、中端平、高端弱”方向发展，是“链主国家”（发达经济体）强化全球价值链治理所带来的后果。虽然部分东盟国家承接了发达国家从中国等发展中国家转移过来的低端制造业，其低端制造业近年来的发展势头良好；不过，伴随着高端制造业的回流，东盟国家在高端制造业领域的分工地位不断弱化。这说明，虽然全球价值链成为当今国际分工的新形式，但其不平等、不对称、不均衡发展的本质特征并未改变，高附加值的高端制造业向“链主”集中，低附加值的低端制造业向外围分散。这种趋势也并未脱离劳尔·普雷维什（Raul Prebisch）在 20 世纪 50 年代对国际分工“中心集中化，外围边缘化”的基本判断①。综上，虽然东盟低端制造业得到了发展，但高端制造业发展乏力，在全球价值链调整过程中有被“边缘化”的风险。

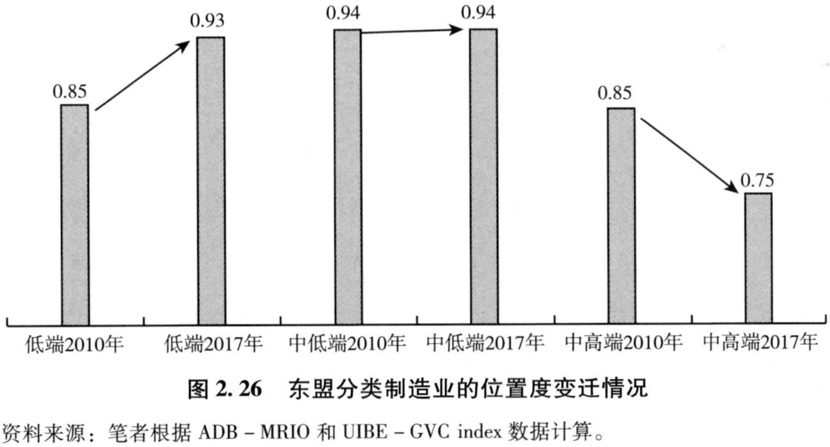

图 2.26　东盟分类制造业的位置度变迁情况

资料来源：笔者根据 ADB - MRIO 和 UIBE - GVC index 数据计算。

① 劳尔·普雷维什提出了“中心—外围”国际分工理论，他认为当时的国际分工体系“中心—外围”特征明显，且中心国家趋于集中和主导地位，而外围国家趋于边缘和被剥削地位。参见陈宪. 国际贸易［M］. 上海：立信会计出版社，2003：120 - 123.

2. 东盟制造业的国际竞争力下降，有被边缘化的风险。从东盟制造业显性比较优势指数的发展趋势（2010～2017 年）来看，与东盟生产联系紧密的中国大陆、日本、韩国以及中国台湾地区等经济体的制造业 RCA 指数都有所提高，而东盟制造业的 RCA 指数在逐步下降，东盟与其合作伙伴间的国际竞争力差距不断扩大。通过把东盟制造业 RCA 指数与亚太地区主要国家、金砖国家的制造业 RCA 指数进行横向比较后发现，东盟制造业的竞争力水平属于中等偏下的水平。在东亚地区，制造业竞争力比较高的经济体包括中国大陆、韩国、日本和中国台湾地区，这些经济体的制造业竞争力水平都比东盟要高出许多。虽然相对于部分金砖国家来说，东盟制造业的竞争力优势还是比较明显，但从东盟国家视角来看，大部分东南亚国家制造业的国际竞争力没有达到世界平均水平（见图 2.27）。因此，在全球价值链调整下这种“强者恒强，弱者恒弱”的局面将导致东盟制造业在全球价值链分工体系中被逐步边缘化。

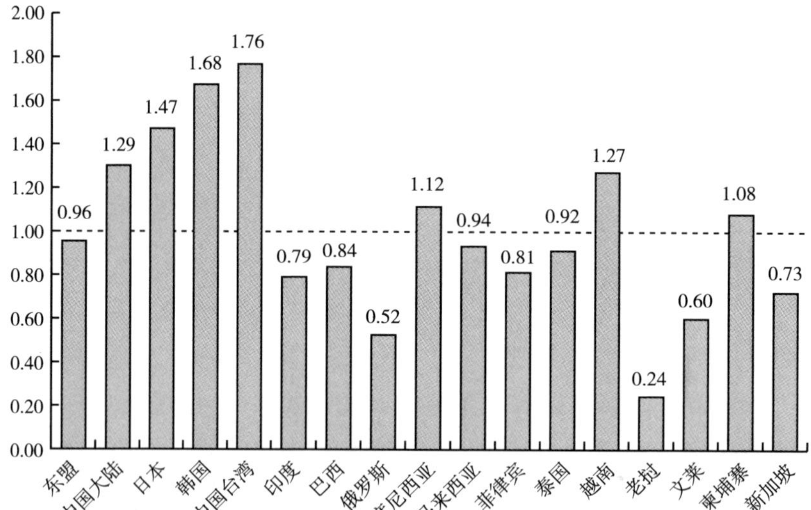

图 2.27　东盟、东亚、金砖国家制造业 RCA 指数比较

资料来源：笔者根据 ADB－MRIO 和 UIBE－GVC index 数据计算。

三、全球价值链调整下东盟制造业的发展动力

通过对制造业中间产品和最终产品的来源和流向进行追踪后，可以构建出东盟制造业的生产网络和市场网络，而通过对过去和现在的制造业网络进行对比，笔者发现其网络的“核心发展动力”出现了变迁。

（一）全球价值链调整下的东盟制造业生产网络：中间产品视角

首先，东盟制造业生产网络高度集中在东亚。从中间产品的区域流向来看（见图2.28），亚洲是东盟制造业中间产品的主要流向区域。根据2017年的数据，东盟有61.44%的中间产品流向了亚洲国家，其中东亚和东南亚是主要的流入区域，份额分别为44%和14%。东盟制造业中间产品流向欧洲和美洲的份额都较少，分别为10%和8%。这意味着东盟制造业的生产网络高度集中在亚洲地区，特别是东亚。从东盟国家来看，各国制造业网络总体情况基本上与东盟整体的生产网络保持一致，即高度集中在亚洲，唯一的区别就在于更加集中在东亚还是东南亚区域。通过数据我们可以发现，东盟国家的生产网络可以分成两种类型：东亚为主型和东亚东南亚并重型。(1) 东亚为主型有印度尼西亚、泰国、越南、老挝四个国家，其制造业生产网络高度集中在东亚地区，2017年制造业中间产品流向东亚地区的份额分别为41%、52%、59%和58%，东南亚地区份额分别为9%、11%、12%和29%。这说明这四个国家的制造业与区域外的联系较多，与东盟内部国家的联系较少。(2) 东亚东南亚并重型有马来西亚、菲律宾、文莱、柬埔寨、新加坡等国家，这些国家共同的特征就是生产网络集中在亚洲地区，东亚和东南亚生产网络对于它们来说同样重要。这些国家中，除了文莱制造业流向东南亚的中间产品比重比东亚要高一些以外，其余国家流向东亚的制造业中间产品比重要更高一些。这说明这些国家的制造业与东亚、东南亚（东盟内部）的联系都较为紧密。

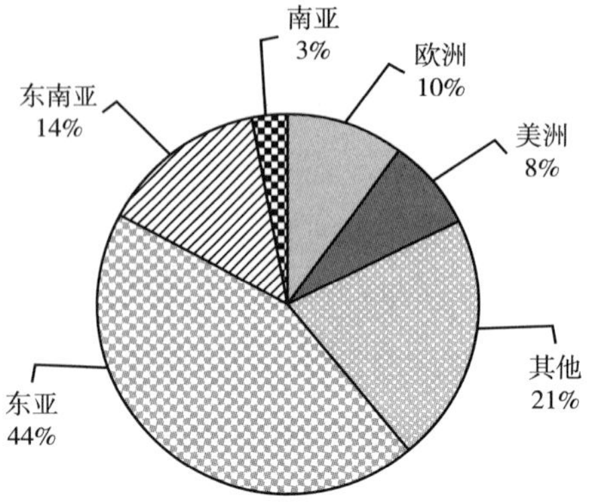

东盟

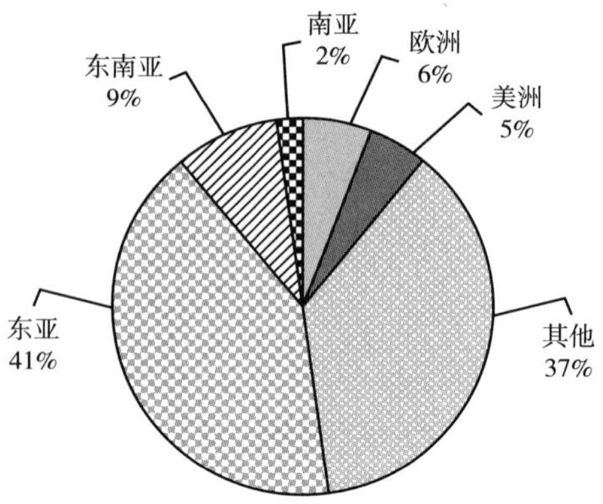

印度尼西亚

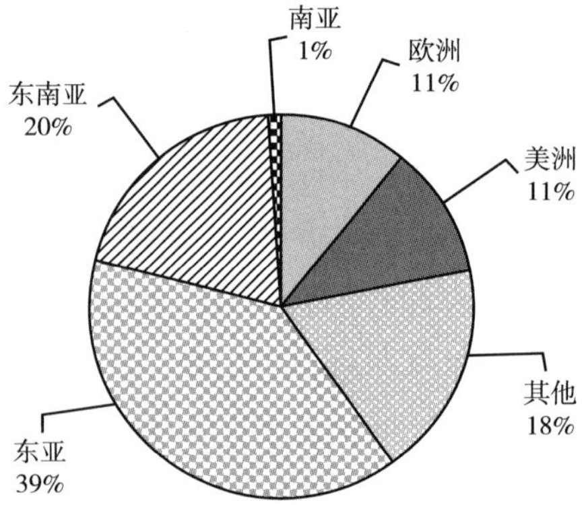

马来西亚

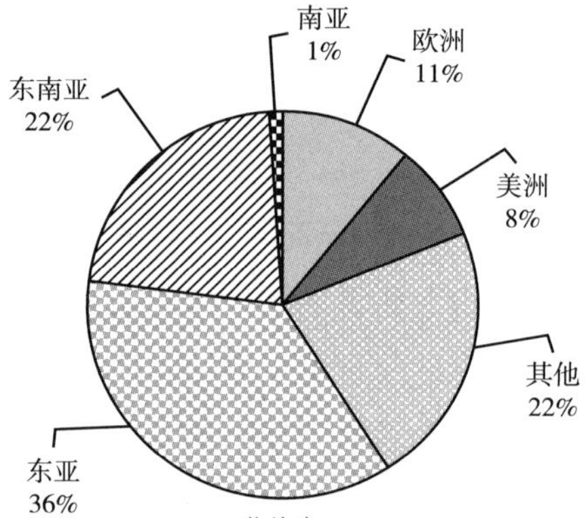

菲律宾

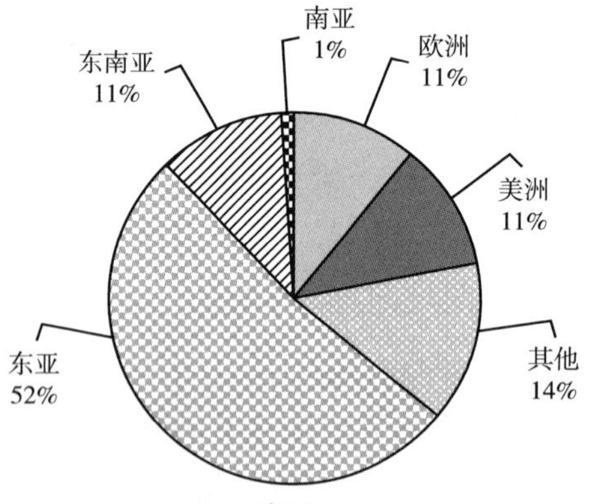

泰国

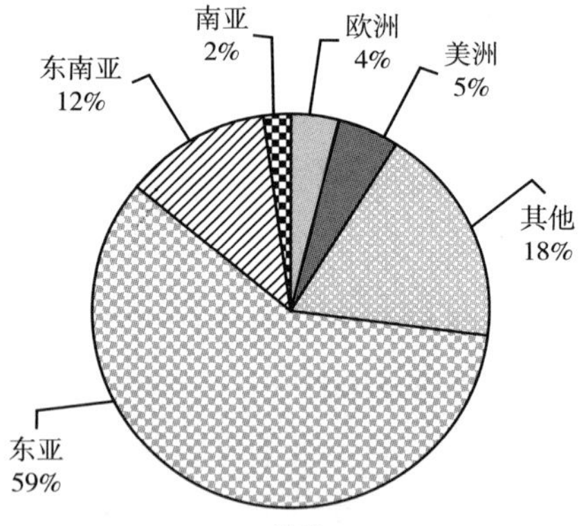

越南

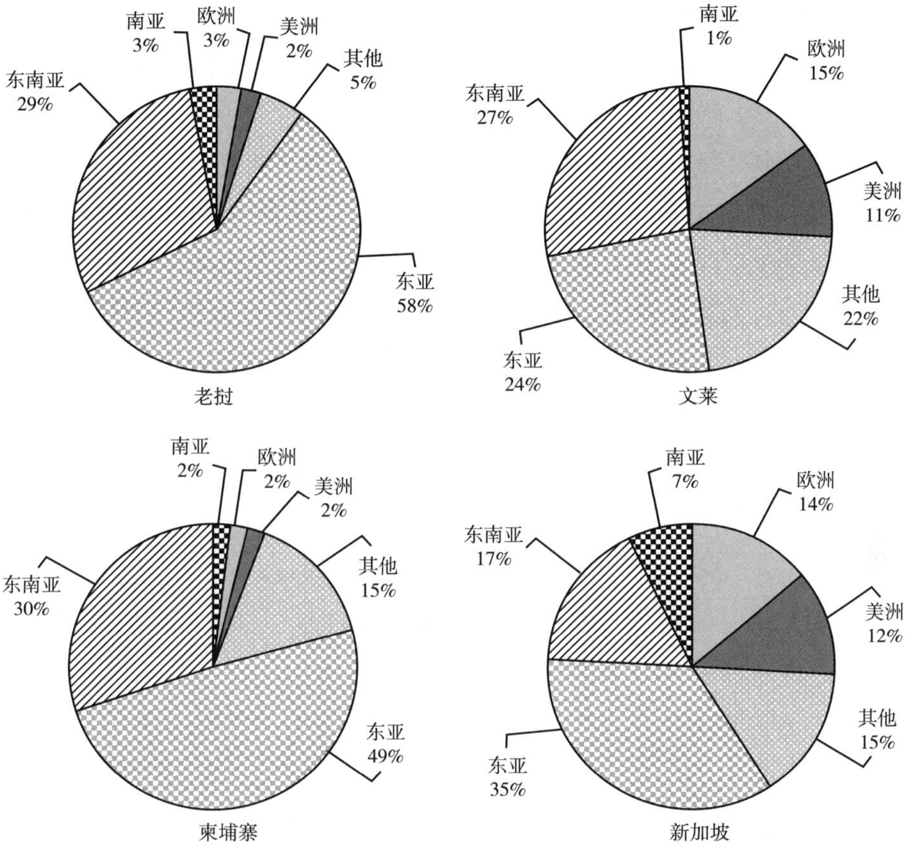

图 2.28　东盟及东盟国家制造业中间产品的区域流向（2017 年）

资料来源：笔者根据 ADB - MRIO 和 UIBE - GVC index 数据计算。

其次，近 6 成的东盟制造业中间产品流向了中国大陆、日本、韩国、美国和中国台湾地区。从中间产品的国别（或地区）流向来看（见表 2.12），中国大陆、日本、韩国、美国和中国台湾地区等经济体是东盟制造业中间产品的主要目的地，2017 年流向五个国家（或地区）的份额分别为 16.25%、11.51%、8.78%、6.00%、5.68%。这说明这些经济体在东盟制造业生产网络中扮演着重要角色，它们是东盟制造业生产网络发展的重要推动力量。印度尼西亚、马来西亚、泰国、新加坡在东盟内部生产网络扮演着关键角色。除了与区域外经济体的生产联系以外，东盟区域内生产网络也是制造业生产网络中的重要部分。东盟区域内生产网络较为集中的国家包括印度尼西亚、马来西亚、泰国、新加坡。从东盟国家的角度来看，印度尼西亚、马来西亚、菲律宾、泰国、越南、新加坡这些国家的制造业中间产品生产网络与东盟制造业的生产网络基本类似，即中间产品主要流向中国大陆、日本、韩国、美国、中国台湾地区。不过，柬埔寨和老挝的制造业中间产品流向有所不同，它们的制造业中间产品集中流向中国，份额分别达到 36.91% 和 45.05%。除此之外，还有部分集中流向了东盟国家中的泰国和越南，其中流向泰国的份额分别为 9.51% 和 12.32%，流向越南的份额分别为 16.98% 和 10.85%。

表 2.12　　东盟及东盟国家制造业中间产品的国家（或地区）流向（2017 年）

单位：%

东盟		印度尼西亚		马来西亚		菲律宾		泰国	
中国大陆	16.25	中国大陆	16.57	中国大陆	14.52	中国大陆	13.12	日本	23.87
日本	11.51	日本	11.83	日本	10.76	日本	8.31	中国大陆	14.74
韩国	8.78	韩国	8.25	新加坡	8.98	美国	7.71	美国	6.82
美国	6.00	泰国	4.81	美国	8.04	韩国	6.90	韩国	5.15
中国台湾	5.68	美国	2.40	中国台湾	6.13	中国台湾	6.67	中国台湾	4.45
越南		**老挝**		**文莱**		**柬埔寨**		**新加坡**	
中国大陆	23.32	中国大陆	45.05	马来西亚	13.13	中国大陆	36.91	中国大陆	11.85
韩国	17.19	泰国	12.32	美国	8.68	越南	16.98	美国	9.09
日本	9.86	越南	10.85	日本	7.87	泰国	9.51	中国台湾	7.62
中国台湾	7.03	中国台湾	6.57	中国大陆	7.82	中国台湾	6.28	马来西亚	7.61
泰国	5.54	韩国	4.18	韩国	5.28	韩国	3.47	日本	7.46

资料来源：笔者根据 ADB - MRIO 和 UIBE - GVC index 数据计算。

（二）全球价值链调整下的东盟制造业市场网络：最终产品视角

首先，东亚和东南亚是东盟制造业的重要市场。一方面，从区域视角来看（见图 2.29），亚洲是吸收东盟制造业最终产品最多的区域，其中东亚吸收的份额为 39%，东南亚吸收的份额为 17%，南亚吸收的份额为 3%。除此之外，欧洲和美国也吸收部分东盟制造业最终产品，份额分别为 14% 和

8%。这意味着东盟制造业的市场网络也集中在亚洲，其中，东亚和东南亚是东盟制造业最大的市场。另一方面，从东盟国家的视角来看，各国制造业最终产品的区域流向比重各有不同，但就市场网络的集中度来划分，亦可以分成两类：东亚为主型和东亚东南亚并重型。东亚为主型国家包括印度尼西亚、马来西亚、泰国、越南、新加坡，它们制造业最终产品流向东亚的份额要比流向东南亚的多出一倍以上，因此，东亚地区是这些国家制造业最为重要的市场，它们与东亚市场网络的联系很紧密。东亚东南亚并重型的国家包括菲律宾、老挝、文莱、柬埔寨，其中文莱和菲律宾制造业最终产品流向东亚的比重更高一些，分别达到 39% 和 38%，柬埔寨和老挝制造业最终产品流向东南亚的比重更高，分别为 51% 和 39%。这说明，东亚和东南亚（东盟内部）是这些国家制造业的重要市场。

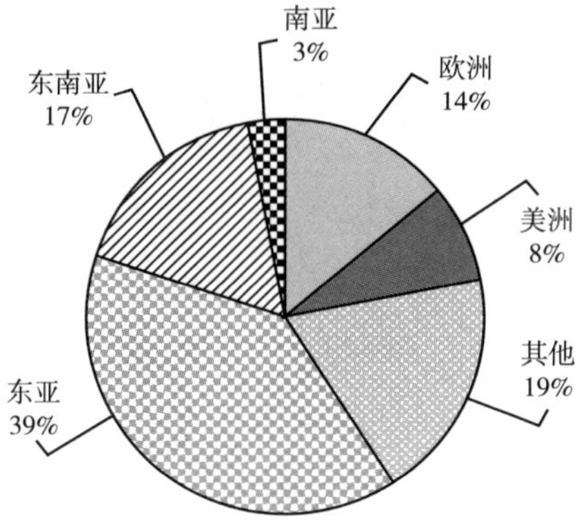

东盟

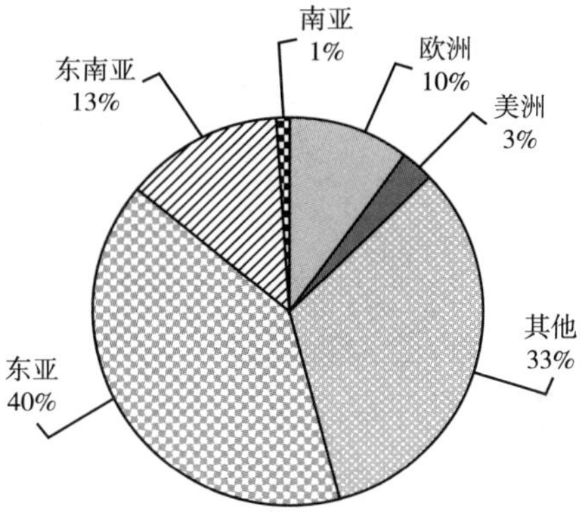

印度尼西亚

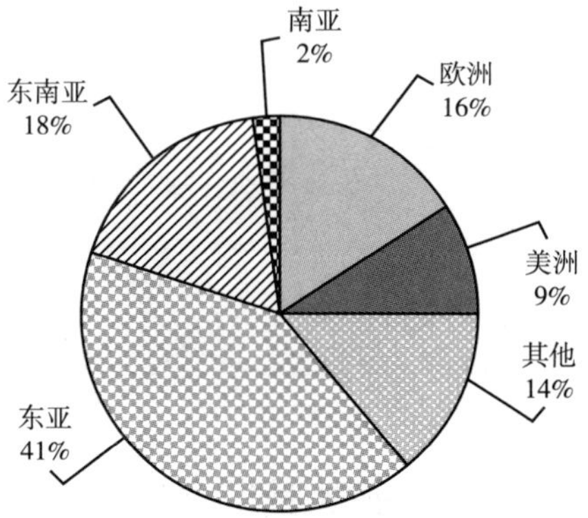

马来西亚

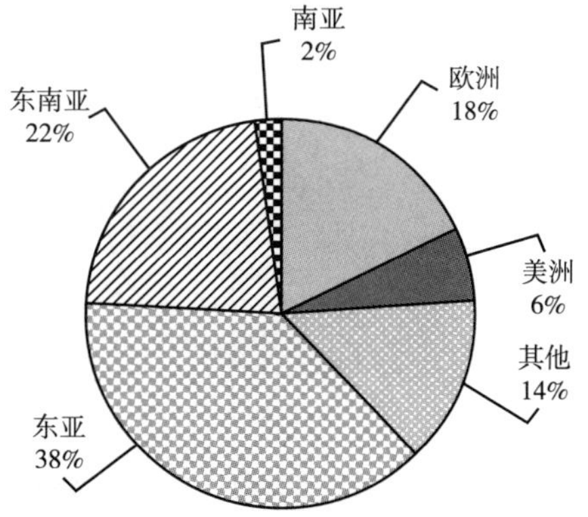

菲律宾

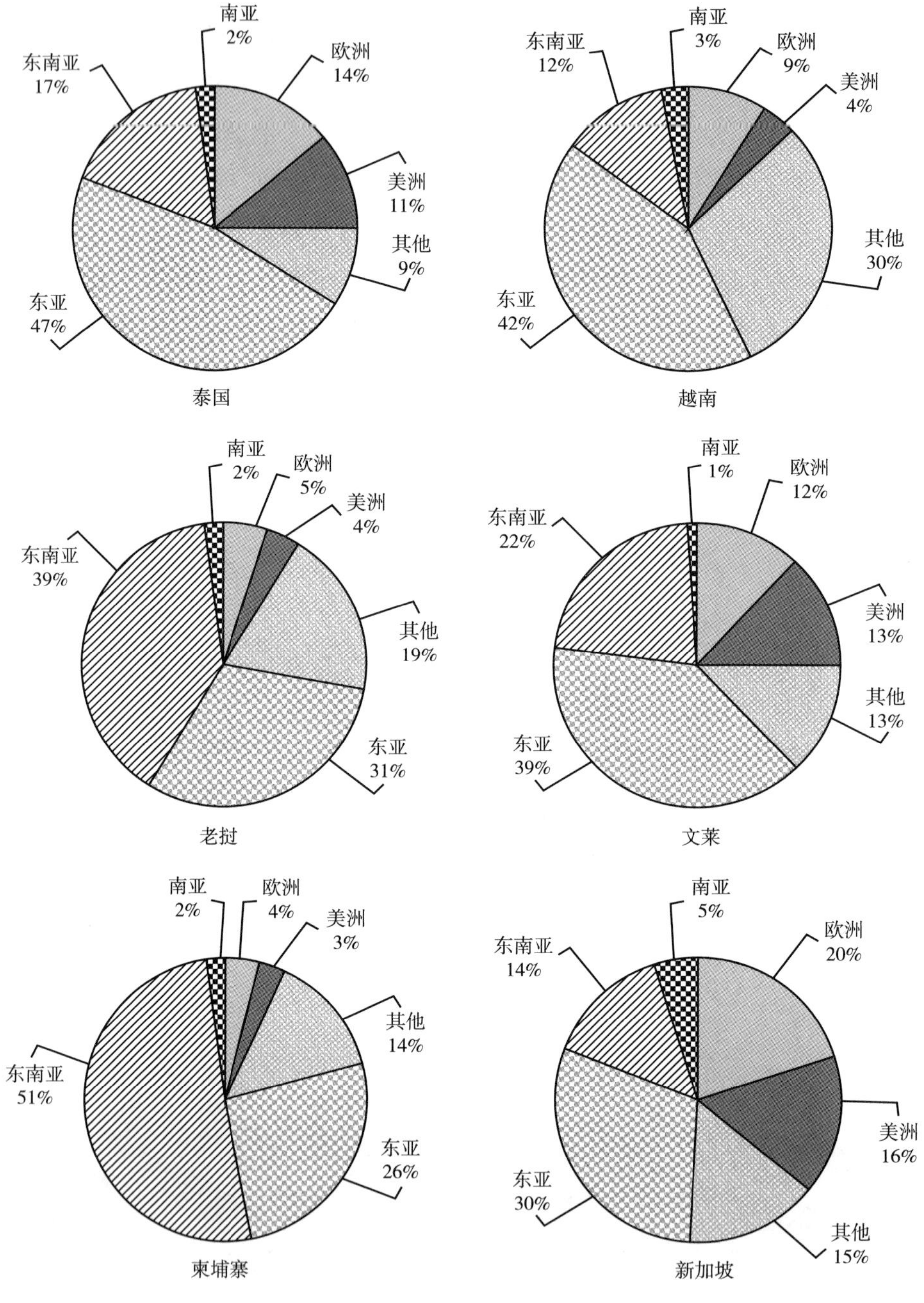

图 2.29　东盟及东盟国家制造业最终产品的区域流向（2017 年）

资料来源：笔者根据 ADB－MRIO 和 UIBE－GVC index 数据计算。

其次，东盟国家制造业的市场网络各具特点。一方面，中国是大部分东盟国家制造业最终产品的最大市场。从东盟及东盟国家制造业最终产品的国别（或地区）流向来看（见表 2.13），除了文莱、柬埔寨和新加坡以外，其他东盟国家的制造业最终产品均集中流向中国；从东盟总体来看，有 20.66% 制造业最终产品流向中国，比重远高于排名第二的日本（8.39%）。另一方面，美国、韩国、泰国、越南、马来西亚等国家的市场对部分东盟国家来说亦有举足轻重的作用。比如，对于老挝来说，中国和泰国的市场同等重要；对于文莱来说，韩国系其最重要的制造业最终品市场，份额达到 22.84%；对于柬埔寨来说，东盟内部的泰国、越南及外部的中国市场吸收了其绝大部分的制造业最终品；对于新加坡来说，美国和中国的重要性相当。

表 2.13　东盟及东盟国家最终产品的国家（或地区）流向（2017 年）　单位：%

东盟		印度尼西亚		马来西亚		菲律宾		泰国	
中国大陆	20.66	中国大陆	25.79	中国大陆	22.26	中国大陆	15.62	中国大陆	24.95
日本	8.39	日本	5.87	日本	9.06	法国	9.83	日本	16.35
美国	6.34	韩国	5.78	美国	7.53	韩国	8.85	美国	9.08
韩国	6.11	马来西亚	4.48	新加坡	6.50	泰国	7.94	马来西亚	5.88
泰国	4.41	新加坡	4.30	泰国	5.92	日本	7.66	越南	5.32
越南		**老挝**		**文莱**		**柬埔寨**		**新加坡**	
中国大陆	21.49	中国大陆	20.60	韩国	22.84	泰国	21.82	美国	13.53
韩国	8.69	泰国	20.56	美国	11.41	越南	18.06	中国大陆	12.43
泰国	8.62	日本	5.09	马来西亚	11.12	中国大陆	16.79	马来西亚	7.04
日本	7.36	印度尼西亚	4.00	中国大陆	10.32	印度尼西亚	6.96	韩国	6.45
中国台湾	4.18	美国	3.34	新加坡	4.73	日本	4.20	日本	5.45

资料来源：笔者根据 ADB－MRIO 和 UIBE－GVC index 数据计算。

（三）全球价值链调整下东盟制造业网络的发展：内外动力变迁

为更加直观地了解东盟制造业在全球价值链分工体系中的网络变迁情况，本部分根据生产网络和市场网络设计并绘制东盟制造业生产和市场网络变迁模型（见图 2.30 和图 2.31）。模型以东盟为中心，分别选取 12 个与东盟制造业生产联系紧密的经济体（东盟制造业中间产品流入份额超过 2% 的国家或地区）和 13 个与东盟制造业市场联系紧密的经济体（东盟制造业最终产品流入份额超过 2% 的国家或地区），组合成东盟制造业网络变迁模型。模型通过对 2010 年以前和 2010 年以后的东盟制造业生产和市场网络进行对比①，通过线条的粗细来表示流入份额的高低（份额越高，线条越粗），通过对比可以直观看到东盟制造业的网络变迁和主导者变迁情况。通过对比，我们发现：

首先，东盟制造业的生产网络和市场网络都出现了明显的变迁。一方面，东盟制造业的生产网络变迁趋势明显。从生产网络的区域变迁来看（见图 2. 30），东盟制造业生产网络高度集中在东亚地区，其与欧美、东南亚内部的生产联系减少。从国别情况来看，与东盟生产联系紧密程度上升的国家包括中国、韩国、泰国、印度；与东盟生产网络逐渐疏远的国家（或地区）包括日本、澳大利亚、印度尼西亚、马来西亚、新加坡、美国、德国以及中国台湾。其最为显著的变化特征是：对美国、日本、德国、中国台湾的生产依赖性下降，对中国大陆、韩国的生产依赖性上升；对东盟内部的生产依赖性下降，对东盟外部的生产依赖性上升。另一方面，东盟制造业的市场网络也出现了明显的变迁。从市场网络的区域网络变迁来看（见图 2. 31），东盟内部国家吸收东盟制造业最终产品的份额出现了明显的上升，东亚的份额基本保持不变，欧美的份额出现了明显的下降，这意味着当前东亚和东南亚是东盟制造业最为重要的市场。从制造业最终产品的流入国别（或地区）情况来看，与东盟市场网络越发紧密的国家包括中国、韩国、越南、泰国、印度、法国；与东盟市场网络日渐疏远的国家（或地区）包括：日本、印度尼西亚、马来西亚、新加坡以及中国台湾。市场网络变迁最显著的特征是：对美国、日本、德国、中国台湾的市场依赖性下降，对中国大陆、韩国、越南、泰国的市场依赖上升；对于东盟制造业最终产品来说，泰国和越南是东南亚最大市场，中国和韩国是东亚最大市场。

---

① 由于生产网络和市场网络的形成过程并非短期行为，因此为更加直接观察东盟制造业网络的变迁过程，且考虑数据的可获得性，本部分选取 2000 年数据作为构建 2010 年以前东盟制造业网络的基础数据，选取 2017 年数据作为构建 2010 年以后东盟制造业网络的基础数据，进而观察其制造业网络的变迁发展过程。

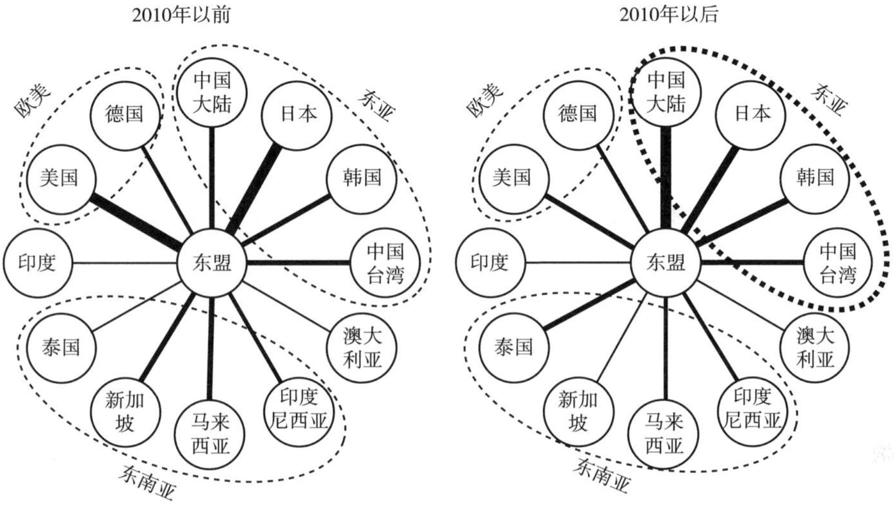

图 2.30　东盟制造业生产网络变迁图（国家或地区）

资料来源：笔者自制。

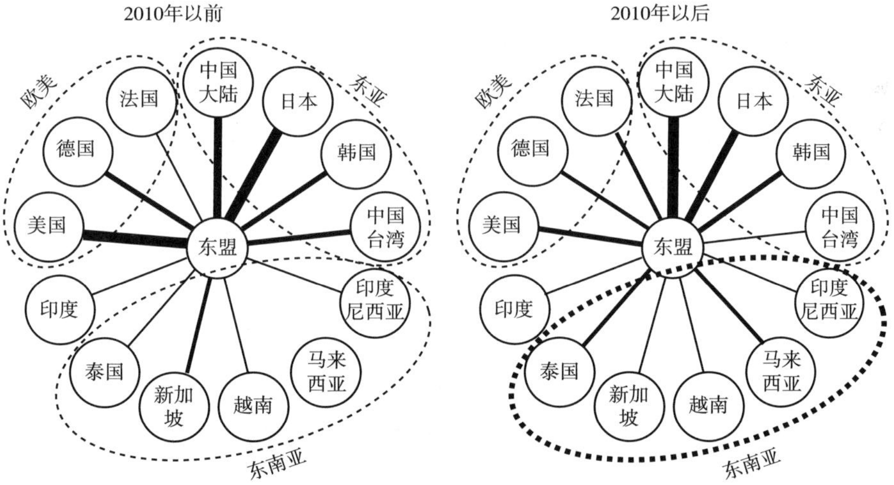

图 2.31　东盟制造业市场网络变迁国家（或地区）

资料来源：笔者自制。

其次，东盟制造业生产和市场网络的动力来源发生了变迁。过去，日本和美国是东南亚制造业网络的主导国，特别是日本主导的东亚生产网络在东南亚地区的影响力是巨大的。当前，日本和美国在东南亚地区的影响力下降非常明显，东盟生产和市场网络的主导国已经变为中国。这意味着由中国主导的新东亚制造业分工体系正在形成，这主要得益于中国—东盟自由贸易区（CAFTA）的发展以及中国“一带一路”倡议在东南亚地区的深入推进。除此之外，我们发现东盟内部的主导国也出现了易主，由原来的新加坡和马来西亚主导，转变为泰国和越南主导。这说明泰国和越南在东盟内部的领导力增强，它们是东盟制造业最具有发展潜力的国家。

综上所述，东亚和东南亚是东盟制造业中间产品和最终产品的重要目的区域，东盟制造业的生产和市场网络集中化趋势明显。当前，东盟制造业发展的内外动力都出现了变迁，外部动力从“美日核心”转向“中韩核心”，内部动力则从“新马核心”转向“泰越核心”。

四、结论与启示

在后危机时代，发达经济体重启再工业化道路，全球价值链体系进入了深度调整期。基于此背景，通过对后危机时代东盟整体及东盟国家制造业在全球价值链分工体系中的发展情况进行量化评估后发现：

在发展特征方面，在全球价值链调整下，东盟制造业的全球价值链参与程度增加，但其分工地位在下降，不同国家的发展出现分化，其中，泰国、越南、老挝、文莱、印度尼西亚制造业发展势头良好。

在发展趋势方面，在全球价值链调整下，东盟制造业的竞争力结构朝着单一低端化的方向发展，其在价值链中的增加值来源（贸易利得来源）主要来自区域外国家。虽然低端制造业得到了发展，但是中高端制造业发展乏力，其制造业在全球价值链体系中正在被“边缘化”。

在发展动力方面，东盟制造业网络集中在亚洲特别是东亚和东南亚，中国、日本、韩国、美国及东盟本身是其制造业得以发展的重要动力来源。不过，东盟制造业发展的内外动力出现了变迁，外部动力从“美日核心”转向

“中韩核心”，内部动力从“新马核心”转向“泰越核心”。

综上所述，全球价值链的调整对深度嵌入全球价值链分工体系的东盟制造业造成了巨大的影响。虽然，我们看到全球价值链的调整确实给部分东盟国家带来了一定的机遇，比如，随着发达经济体“双转移”步伐的加快推进，东盟国家承接了更多的低端制造业生产，使其低端制造业的分工地位在后危机时代显著提升（特别是泰国和越南），在全球价值链中的影响力也越来越大。不过，笔者认为，从总体上来看，全球价值链的调整对于东盟制造业来说是弊大于利的。

一方面，随着“链主国家”强化全球价值链的治理，后危机时代的东盟制造业正朝着“单一低端、区外化、边缘化”的方向发展，其“靠山吃山，靠水吃水”的制造业本质特征并未根本改变，“低端强，高端弱”的制造业发展趋势无法扭转，全球价值链调整中的“强者恒强，弱者恒弱”趋势让东盟制造业难以摆脱被长期“低端锁定”的命运，这也验证了吴崇伯等关于“东盟国家新兴产业发展空间不大”① 的判断。

另一方面，全球价值链调整下东盟国家在制造业发展上出现了较为明显的分化，这种分化的背后实际上反映了区域外大国在东南亚制造业生产网络中的博弈加剧，比如，越南、泰国、文莱、老挝等国制造业发展的背后反映了美国、日本、韩国、中国在东南亚制造业生产和市场网络的博弈加剧。这种分散化、区外化的趋势给东盟的制造业整体布局和“再工业化”战略协调带来了巨大的挑战，也可能给东盟经济发展、区域凝聚力，造成负面影响。

因此，面对全球价值链调整，东盟和东盟国家应当有充分和客观的认识。一是要充分认识到全球价值链调整给东盟制造业带来的影响是“弊大于利”。虽然部分东盟国家的低端制造业得益于全球价值链的调整，但这种受益是短期的，从长期来看，东盟制造业“低端强，高端弱”的全球价值链边缘化趋势并未改变。二是要充分认识到中国提出的高质量共建“一带一路”是东盟制造业发展的重要契机。2019 年 4 月，第二届“一带一路”国际合

---

① 吴崇伯，姚云贵. 东盟的“再工业化”：政策、优势及挑战［J］. 东南亚研究，2019（4）.

作高峰论坛提出了“高质量共建‘一带一路’”的发展目标，提升与东盟的经贸合作水平是中国高质量共建“一带一路”的重中之重。而且，中国已经成为东盟制造业发展的核心动力，抓住契机与中国建立更高水平、更大范围的产业合作符合东盟的根本利益，也有利于东盟制造业的长远发展。三是要认识到以 RCEP 为契机，推动区域价值链共建有利于东盟制造业的可持续发展。随着日本和韩国加入 RCEP，区域内的制造业产业分工方式和结构进行调整和重构，这对东盟制造业的长远发展是非常有利的。

| 第三章 |

中国制造业区域价值链重构的基础与困境

中美贸易摩擦不仅反映了全球价值链分工体系中“攀升与反攀升博弈加剧”的新常态，也反映了美国企图强化全球价值链治理来维护其优势地位的战略诉求。美国的贸易霸凌主义给中国制造业创新发展带来影响的同时，通过全球价值链、全球供应链、全球产业链对世界经济发展带来负效应，不仅阻碍了世界经济的健康稳定发展，加剧了“逆全球化”的发展趋势，还导致全球价值链分工出现调整甚至重塑，而且其通过价值链、产业链、供应链对世界各国的发展战略、产业政策、经济增长、金融稳定等造成负面冲击。

作为“一带一路”高质量发展的新探索，“区域价值链合作”既有利于为中国制造业在全球价值链攀升受阻寻求“替代方案”，亦是提升共建国家间经贸合作水平的新模式，更为建构有利于中国发展的国际生产分工体系打下坚实基础。因此，“区域价值链”这一高质量发展新模式成为热门且前沿的研究话题。对区域价值链的定义和作用的相关研究认为，区域价值链（regional value chains，RVCs）是一种介于国内价值链（national value chains，NVCs）和全球价值链（global value chains，GVCs）之间的一种区域生产分工体系，它是提升“一带一路”国际合作质量和水平的重要路径，既有利于中国制造业减少对现行全球价值链的过度依赖，又有利于对中国制造业的生产和市场实现区域化转型，在提升制造业全球分工地位和竞争力的同时，重塑有利于中国制造业的全球价值链分工体系。对中国在区域价值链合作中作用的研究认为，随着制造业全球价值链生产分工体系的不断深化，东亚逐渐成为全球生产网络中最为活跃的地区，而中国是东亚地区制造业中间和最终产品最重要的“供给者”和“吸收者”，成为东亚制造业生产网络的中心，具有引领区域价值链重构的能力。

既有成果均对区域价值链在“一带一路”建设中的作用以及中国在其中的引领能力表示肯定，但并未就区域价值链的重构基础和现实困境进行讨论，亦未提出具体的重构路径。结合当前 RCEP 谈判进程加速以及多数成员国寄希望通过高质量 RCEP 来提升区域合作水平的新背景，在 RCEP 框架下探讨中国制造业区域价值链重构问题是应景的，既有利于为中国制造业在“链主反攀升压制”的现实背景下找到新的发展方向，又有利于打造区域价值链高质量合作范本并发挥示范效应，探索高质量共建“一带一路”的新路径。

第一节　全球价值链格局与中国制造业的国际地位

一、总体视角：中美日制造业的竞争力比较

（一）中美日制造业出口商品结构比较：贸易结构视角

第一，从出口总额来看，随着世界经济的深入发展，中国、美国、日本的制造业出口贸易额都持续增加，但是增速不一。从表 3.1 中可见，2000 年中国与美国、日本的制造业出口总额相比有较大的差距，当时的中国出口总额仅 1991 亿美元，而美国和日本的出口额分别为 5829 亿美元和 4120 亿美元。不过，在 2004 ~ 2005 年，中国制造业出口额迅速增加，先后超过了日本和美国，并且增速加快。截至 2014 年，中国的制造业出口额已经达到将近 2 万亿美元，而美国制造业出口额为 1 万亿美元，日本的出口额仅为 0.6 万亿美元。2000 ~ 2014 年，中国制造业出口增速明显，平均增速达到年均近 20%，而美国和日本的增速仅为 4.7% 和 4.3%。

表 3.1　中美日制造业出口贸易结构比较

单位：百万美元

年份	总出口额			中间产品贸易额			最终产品贸易额		
	中国	美国	日本	中国	美国	日本	中国	美国	日本
2000	199193.1	582915.7	412076.5	73528.04	351797.7	216531.5	125665.1	231118	195545
2001	210483	536232.2	352018.5	77603.05	319638.6	187895.7	132879.9	216593.7	164122.7
2002	259322.1	505710.4	364289.3	98147.49	306488.2	191588.6	161174.6	199222.2	172700.7
2003	366199.1	517683.2	404003.9	138796.8	315788.7	212218.8	227402.3	201894.5	191785.2
2004	517983.6	573661.7	481971.8	203786.9	355739.5	257737.6	314196.7	217922.3	224234.2
2005	671434.5	634457	517741.9	258683	392707	279712.2	412751.5	241750	238029.7
2006	862701.9	726583.6	553749.5	342187.5	443106.7	300361.9	520514.4	283476.9	253387.6
2007	1087794	804865	606938.3	431638.7	482914.6	338951.1	656155.8	321950.4	267987.2
2008	1259033	870469.6	651532.5	525633	529616	372635.7	733399.9	340853.6	278896.8
2009	1036304	713400.3	481901.8	404391.1	436410.1	291319.9	631913.3	276990.2	190581.8
2010	1375948	836226.2	640300.1	571171.7	524170.8	381134.1	804776.2	312055.4	259166
2011	1639057	958020.9	688439.6	711501.6	604448.3	418084.6	927555.9	353572.6	270355
2012	1727753	1003083	659870.2	742462.4	623291.6	402667.4	985290.2	379791.3	257202.8
2013	1876135	1021673	636361.3	845835.8	633134.5	399306.1	1030299	388538.3	237055.1
2014	1994689	1048092	667656.4	923753.7	651646.8	406511.1	1070935	396445.3	261145.3

资料来源：笔者根据 ADB – MRIO 和 UIBE – GVC index 数据计算。

第二，从中间产品和最终产品贸易额来看，随着全球价值链分工的日益深化，中间产品贸易在制造业出口中的分量在不断增大，其重要性不断凸显。研究发现，中美日三国制造业出口增长的动能主要来源于中间产品出口的增长，三国在制造业中间产品出口方面的增长速度均比最终产品的增长速度要高，其中中国的中间产品出口增长速度最快，达到21.6%，美国和日本分别达到4.98%和5.4%。数据说明，中国在制造业中间产品贸易市场中发挥的作用越来越大。

第三，从中间产品和最终产品的贸易份额来看（见图 3.1），美国和日本的制造业出口商品结构以中间产品贸易为主，而中国制造业出口商品结构以最终产品为主。一方面，美国和日本的中间产品贸易份额均超过五成，其中，美国的中间产品贸易份额一直都超过了 60%，并且保持了较强的稳定性，日本的中间产品贸易份额从 2004 年开始增速明显加快，在 2009 年开始也超过了 60%；相比之下，中国制造业出口中，最终产品的贸易份额仍然比较高，这说明中国仍然以最终产品作为参与全球价值链分工体系的主要产品，分工地位劣势明显。另一方面，从中间产品贸易份额的发展变化趋势来看，近年来中国和日本在最终品贸易份额方面都出现了明显的下降，这也就意味着两国在中间产品贸易份额方面的提升，其中又以日本在该方面的表现更为突出一些，这意味着日本作为中间产品供给方的作用愈发明显；不过，从 2009 年开始，中国的中间产品贸易份额增速明显加快，2014 年超过了 46%，这说明中国制造业出口结构出现调整迹象。

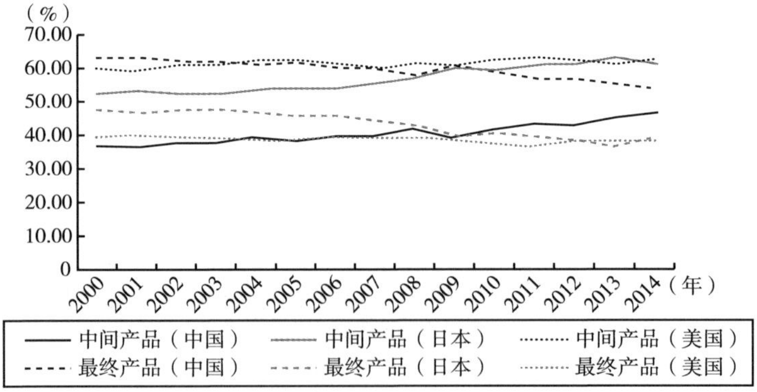

图 3.1　中美日制造业的出口商品结构比较

资料来源：笔者根据 ADB－MRIO 和 UIBE－GVC index 数据计算。

第四，从中间产品的世界贸易份额来看，美国和日本制造业的中间产品贸易份额进入下降通道，而中国中间产品世界贸易份额呈现直线上升的趋势。从图3.2可以看出，2000年美国的中间产品世界贸易份额比重到达14%，不过到了2014年该数值下降到了8.85%；同样，日本在2000年的贸易份额达到8.6%，到2014年下降到了5.52%；与美日完全相反，中国的中间产品世界贸易份额增长速度直线上升，从2000年的2.92%上升至2014年的12.55%。从世界范围来看，当前的中国俨然已经成为第一大制造业中间产品出口国，这与中国是世界第一制造大国的身份是相符的，这也说明中国参与全球价值链分工的程度明显加强。

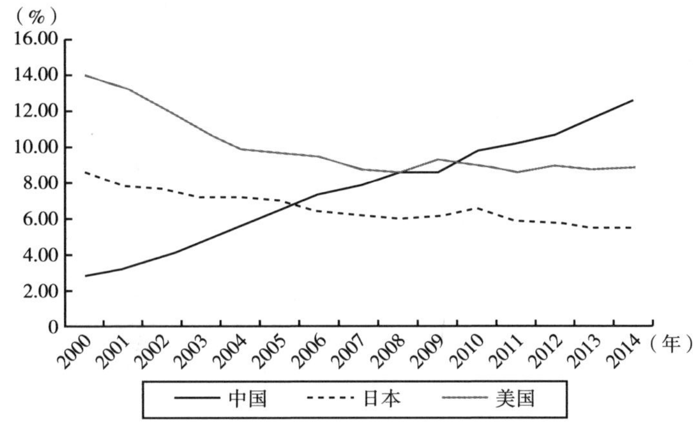

图3.2　中美日制造业中间产品的世界贸易份额比较

资料来源：笔者根据ADB－MRIO和UIBE－GVC index数据计算。

（二）中美日制造业国际竞争力博弈范围分析：中间产品和最终产品流向的视角

第一，从制造业中间产品出口的地区流向来看，中国和日本的制造业中间产品流向主要是在亚洲，而美国的制造业中间产品流向主要为美洲。2000～2014年，中国平均每年流向亚洲的制造业中间产品份额为26.73%，流向美洲和欧洲的份额分别为19.8%和19.48%；日本平均每年流向亚洲的制造业中间产品份额为40.46%，流向美洲和欧洲的份额仅为17.35%和14.82%；美国平均每年流向美洲的制造业中间产品份额为32.57%，流向亚洲和欧洲的份额为 25.26% 和 24.93%。

不过，从趋势变化上可以发现，中国、美国、日本近几年来的制造业中间产品流向出现了较为明显的变化。从中国来看（见图 3.3），中国流向亚洲的中间产品份额呈现下降趋势，从 2000 年的近 30% 下降到 2014 年的 24.94%，流向欧洲的中间产品份额“前升后降”，从 2000 年的 16.73% 上升至 2010 年的最高峰 23.2%，后降至 2014 年的 18.62%，而流向美洲的中间产品份额呈现“前降后升”的趋势，即 2012 年之前中国流向美洲的中间产品份额逐年下降，但是 2012 年以后，出现了明显的上升趋势，在 2014 年达到了 20.37%；从美国来看（见图 3.4），亚洲也开始成为美国制造业中间产品的重点目的区域，特别是 2008 年国际金融危机以后，美国制造业中间产品的流向就发生了较为明显的“逆转”。从 2013 年开始，亚洲成为美国制造业中间产品的主要目的区域，而美洲和欧洲的重要性不断下降；从日本来看（见图 3.5），日本制造业中间产品的流向趋势前后一致，即流向欧美的减少，流向亚洲的增加。值得注意的是，截至 2014 年，日本制造业中间产品中有 45% 流向了亚洲，流向美洲和欧洲的份额逐年下降至 13.53% 和 12.81%，这说明亚洲是日本制造业中间产品的主要目的地。总而言之，美洲开始成为中国制造业中间产品的重要流向区域，而亚洲成为美国和日本的制造业中间产品的重要流向区域。

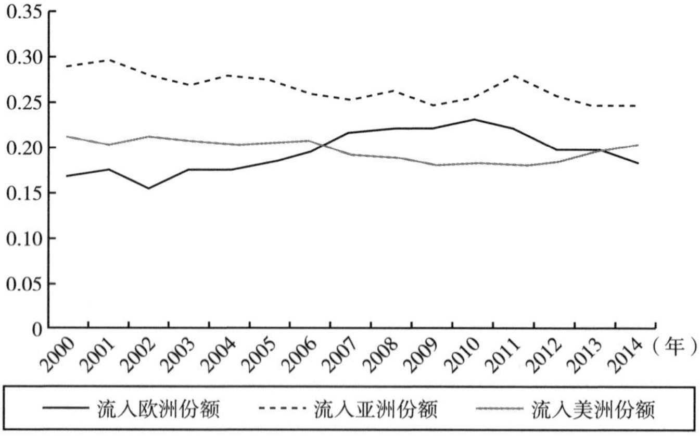

图 3.3　中国制造业中间产品的地区流向

资料来源：笔者根据 ADB – MRIO 和 UIBE – GVC index 数据计算。

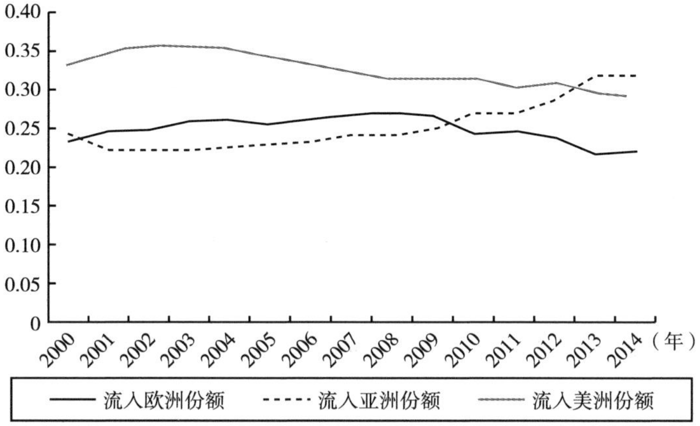

图 3.4　美国制造业中间产品的地区流向

资料来源：笔者根据 ADB – MRIO 和 UIBE – GVC index 数据计算。

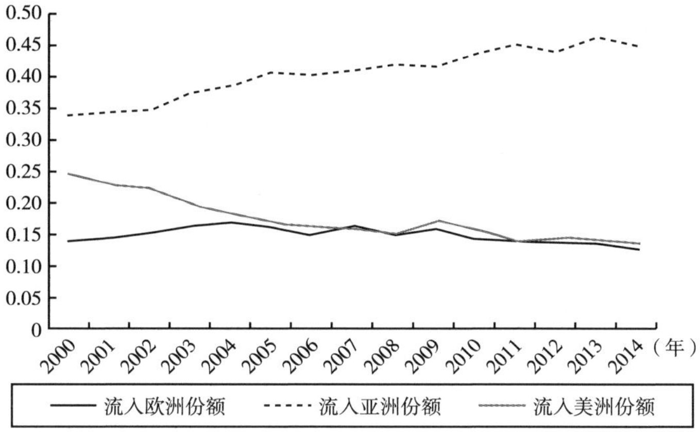

图 3.5　日本制造业中间产品的地区流向

资料来源：笔者根据 ADB – MRIO 和 UIBE – GVC index 数据计算。

第二，从制造业中间产品出口的国家流向来看，中美日的跨国生产网络覆盖区域完全不同。中国的跨国生产网络集中在亚太地区，日本的跨国生产网络集中在亚洲地区，而美国的跨国生产网络主要集中在美洲地区。从中国大陆的数据来看，制造业中间产品平均流向前五的国家和地区分别是美国（13.53%）、日本（9.69%）、韩国（7.49%）、德国（3.82%）、中国台湾（3.55%）；从日本的数据来看，制造业中间产品平均流向前五的国家和地区分别为中国大陆（16.72）、美国（11.94%）、韩国（9.52%）、中国台湾（5.54%）、印度（5.07%）。值得注意的是，日本中间产品流向美国的份额下降趋势明显，其中的缘由是这些中间产品流入了中国，导致中国吸收日本制造业中间产品的数量呈现明显的上升趋势。从美国的数据来看，制造业中间产品流向前五的国家分别是加拿大（19.05%）、墨西哥（10.38%）、中国（8.52%）、日本（8.10%）、德国（6.06%），值得注意的是，美国的中间产品流向开始转向发展中国家（中国、墨西哥），而发达国家（加拿大、日本、德国）吸收美国制造业中间产品的数量都呈现逐年下降的趋势。

第三，从最终产品的地区流向来看，亚洲成为了美日两国制造业最终产品的主要吸收地区，而中国制造业最终产品的流向开始转向欧洲。自 2010 年开始，美国的制造业最终产品有超过四成流向了亚洲市场，主要被中国（25%）和日本（7%）所吸收；日本制造业最终产品超过 55%（2014 年）被亚洲国家所吸收，实际上基本被中国吸收（42.64%）。虽然亚洲仍然是中国最大的制造业最终产品出口目的区域，但是近年来吸收数量出现了较为明显的下降趋势，与之相反，欧洲开始成为中国制造业最终产品的吸收区域。从国别来看，德国（15.64%）、日本（11.88%）、韩国（13.03%）为吸收中国制造业最终产品最多的三个国家。

（三）中美日制造业国际竞争力变迁与博弈：增加值的视角

1. 中美日的全球价值链参与度。

第一，从全球价值链的参与程度（静态）来看，日本和美国的全球价值链参与程度要比中国高一些（见表 3.2）。根据 2014 年的数据，日本制造业的全球价值链参与度达到 45.3%，而美国次之，达到 34.2%，中国以 29.2% 排在最后。由于全球价值链参与度指标与前项参与度和后项参与度有关，通过对比中美日的前后项参与度发现，中国在前项和后项参与度方面都比美日要低，这就意味着，中国作为“制造业大国”和“世界工厂”，虽深度嵌入全球价值链分工体系当中，但是其融入程度较之体系主导者美日而言仍然要低一些。

表 3.2　　中美日制造业的全球价值链参与度和国内外附加值份额比较　　单位：%

年份	中国				美国				日本			
	价值链参与度		增加值份额		价值链参与度		增加值份额		价值链参与度		增加值份额	
	前项	后项	国内	国外	前项	后项	国内	国外	前项	后项	国内	国外
2000	10.78	15.79	27.82	15.54	13.52	13.64	19.02	12.58	13.29	9.63	25.15	9.32
2001	10.76	15.11	27.41	14.84	12.59	12.47	18.05	11.52	13.26	10.29	24.86	10.01
2002	12.26	16.51	30.25	16.15	12.35	12.57	17.34	11.65	14.33	10.51	27.52	10.24
2003	13.87	19.34	34.48	18.87	12.43	13.00	17.31	12.11	14.77	11.04	28.16	10.75
2004	16.07	22.08	38.82	21.48	13.07	14.63	17.97	13.70	16.14	12.23	30.24	11.90
2005	16.75	22.25	41.52	21.58	13.22	15.93	18.47	14.96	17.07	14.27	31.98	13.94
2006	17.94	22.20	43.46	21.43	14.01	17.14	20.11	16.16	18.35	16.59	34.67	16.24
2007	17.62	22.54	42.51	21.72	14.71	16.82	21.71	15.87	19.89	17.99	36.80	17.63
2008	16.88	20.79	39.04	20.02	15.87	18.23	23.47	17.29	18.88	19.84	34.53	19.48
2009	12.78	16.72	31.16	16.15	15.21	14.21	22.44	13.45	17.18	14.77	29.47	14.50
2010	14.54	18.75	33.43	18.01	16.43	16.13	23.72	15.26	19.10	16.61	33.33	16.30
2011	14.51	18.70	32.08	17.92	17.31	18.28	25.00	17.36	19.23	18.86	33.04	18.56
2012	13.63	17.43	30.54	16.64	16.95	18.32	24.81	17.39	18.76	19.07	31.82	18.78
2013	13.71	16.87	29.48	16.08	16.53	17.81	24.38	16.87	21.71	20.91	35.89	20.63
2014	14.02	15.18	29.44	14.42	16.41	17.81	23.90	16.80	22.74	22.57	38.90	22.27

资料来源：笔者根据 ADB - MRIO 和 UIBE - GVC index 数据计算。

第二，从全球价值链的参与趋势（动态）来看，日本和美国的全球价值链参与度在持续增大，而中国的全球价值链参与趋势则呈现“倒 U 型”发展。从数据来看，美国和日本参与全球价值链的趋势是持续向上发展的，这说明美日两国的全球价值链融入程度是持续加深的，特别是在 2008 年国际金融危机以后该趋势变得更为明显，这实际上与美日在后危机时代实施的“再工业化战略”有关。然而，中国参与全球价值链的趋势经历了前升后降，并呈现“倒 U 型”发展，且“倒 U 型”的顶端正好出现在国际金融危机爆发的前一年（2007 年），这说明国际金融危机爆发以后，中国参与全球价值链的趋势进入下降通道，这亦反映了处于全球价值链分工底端的中国受到国际金融危机的影响是较大的。不过，我们发现中国参与全球价值链的趋势下降，主要是后项参与度的下降所导致的，这意味着中国出口的最终产品当中，来自国外的附加值正在不断减少，中国制造业最终产品出口的国外附加值份额变化也支撑了这一观点，从 2008 年的 20.02% 下降至 2014 年的 14.42%。

这说明，中国制造业最终产品出口中，使用国外生产要素的比例在下降，而使用国内生产要素的比重在上升，这与中国在后危机时代所提出的“制造业强国”目标在时间上是吻合的。因此，后危机时代中美日在制造业领域的“角逐”和“博弈”日益激烈，各国都更加重视制造业的作用，但表现在全球价值链参与趋势上则有明显的区别。

第三，通过对制造业进行细分后发现，产业层次越高端，该产业在全球价值链中的参与程度越高。从制造业的前项参与度可以发现这一明显的趋势（见图 3.6），中美日在高端制造业的参与度最高，而在低端制造业的参与度最低，这亦充分表明高端制造业工序更为复杂，对全球价值链体系的依赖程度更高。相反，低端制造业工序较为简单，各国在该行业的全球价值链参与度明显较低。因此，从前项参与度来看，中美日在高端制造业领域的参与程度很高，在中端制造业（中高和中低）的参与度次之，在低端制造业的参与程度较低。

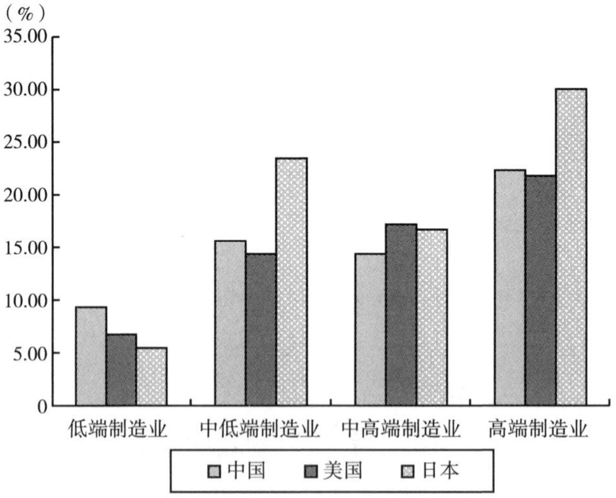

图 3.6　中美日制造业的前项参与度（细分）

资料来源：笔者根据 ADB - MRIO 和 UIBE - GVC index 数据计算。

不过，结合后项参与度可以判断（见图 3.7），中国在高端和中高端制造业的全球价值链参与程度较高是由后项参与度所贡献的，特别是高端制造业层面，中国在该行业的后项参与度达到了 30%，而前项参与度仅为 22%，这说明中国在高端制造业出口中的国外附加值明显高于国内附加值，这亦表明中国在该领域扮演的是中间产品进口国的角色。而在低端和中低端领域，中国扮演中间产品出口国角色，在该领域的优势较为明显。相反，美国和日本在中高端、高端制造业的前项参与度高，但后项参与度很低，这说明美国和日本在该领域占据了较强的优势地位，在该领域生产中使用国外生产要素的水平比较低。

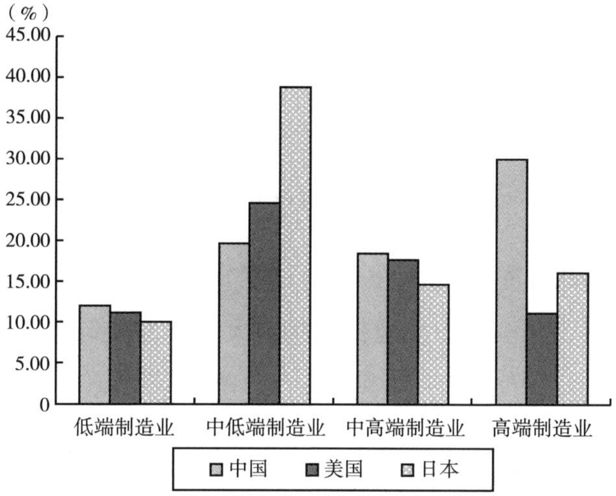

图 3.7　中美日的制造业的后项参与度（细分）

资料来源：笔者根据 ADB – MRIO 和 UIBE – GVC index 数据计算。

2. 中美日的全球价值链位置度。

第一，从全球价值链的位置度（静态）的角度来看，日本和美国在全球价值链中有较高的分工低位，而中国的分工低位较低。一方面，从前后项参与的对称度来看，中国所有年份的对称度为负数（见图 3.8），这说明中国的制造业后项参与度比前项参与度高，这说明中国在制造业领域更多扮演的是中间产品进口者和最终产品出口者角色，在全球价值链中的分工地位较低。较之而言，美国的对称度较为平均，而日本基本所有的对称度数值均为正数，这说明美日两国的制造业前项参与程度较高，在该领域更多扮演中间产品出口者角色。另一方面，通过 Koopman 全球价值链地位指数的计算结果来看，三国的全球价值链分工低位与以上分析结果一致，这说明中国制造业的国外附加值要比国内附加值高，在全球价值链分工中的地位较美日要低。

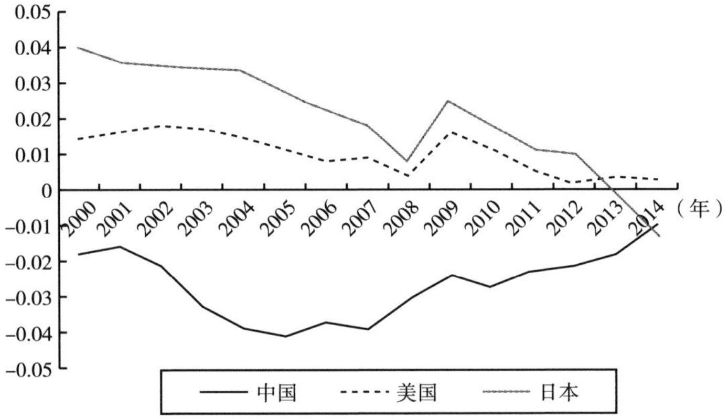

图 3.8　中美日制造业的全球价值链位置度比较（总体）

第二，从全球价值链的位置变化（动态）的角度来看，中国制造业出现明显的攀升痕迹，美国制造业地位变化不大，日本制造业地位下降趋势明显。从图 3.8 中可以看出，中国和日本在全球价值链的位置度变化趋势呈现完全相反的变化，2000 年日本制造业的位置度较高，达到了 0.04，但后来持续下降，到 2014 年其位置度下降到了负数，数值为 -0.01。与之相反，中国自 2001 年加入世界贸易组织后，其制造业的位置度指数下降明显，这主要与中国以“低端制造”嵌入全球生产链有关，但是 2008 年国际金融危机以后，中国制造业位置度从最低端的 -0.04 攀升至 2014 年的 -0.01，中国的制造业地位有较为明显的攀升痕迹。美国制造业则表现较为稳定，其位置度始终保持在零轴以上，这说明美国制造业在全球价值链分工体系中的地位较高。

第三，从制造业行业细分的角度来看，中国实现全球价值链位置度的攀升（见图 3.9 至图 3.12），主要源于低端和中高端制造业的贡献，特别是在中高技术端，如化工产品制造（C11）、药物药剂制造（C12）、机械制造（C19）、汽车及其他运输设备制造（C20、C21）等方面，中国在全球价值链中的位置度有较为明显的攀升迹象。而对于日本来说，制造业位置度的“全线下滑”是最为准确的表述，因为从高、中高、中低、低端四个行业细分的角度来看，日本制造业的地位都在下降，其中表现特别明显的是中低和中高技术端，日本的制造业优势地位不再。不过在低端制造和高端制造领域，日本仍然保持一定的优势。对于美国来说，其制造业在中高和高技术领域有较强的优势，在低和中低端制造业中的地位则较低。

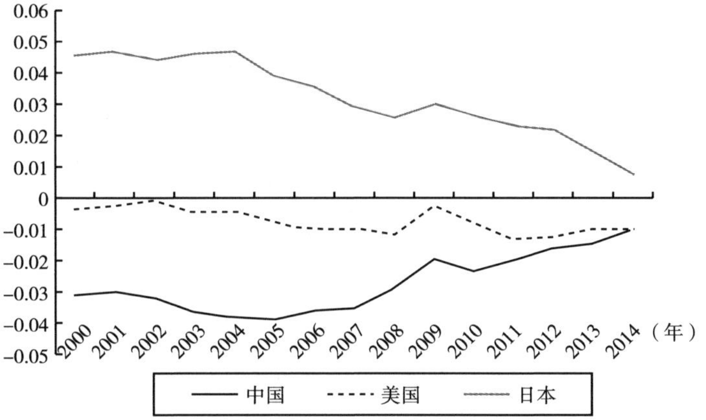

图 3.9　中美日低端制造业的位置度比较

资料来源：笔者根据 ADB - MRIO 和 UIBE - GVC index 数据计算。

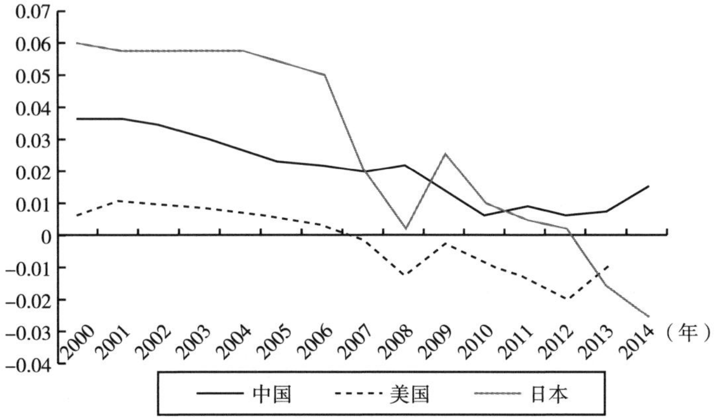

图 3.10　中美日中低端制造业的位置度比较

资料来源：笔者根据 ADB - MRIO 和 UIBE - GVC index 数据计算。

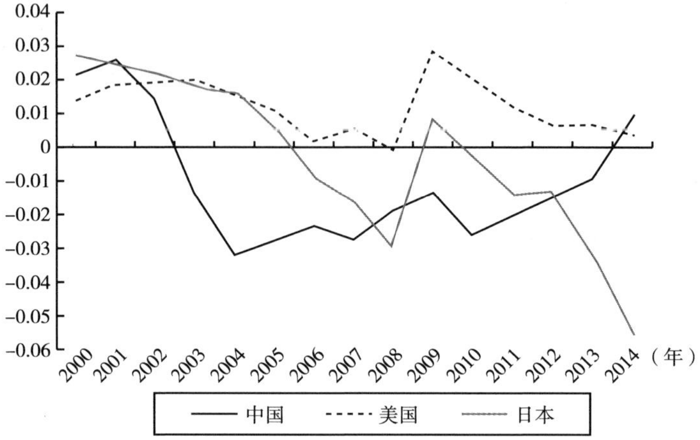

图 3.11　中美日中高端制造业的位置度比较

资料来源：笔者根据 ADB – MRIO 和 UIBE – GVC index 数据计算。

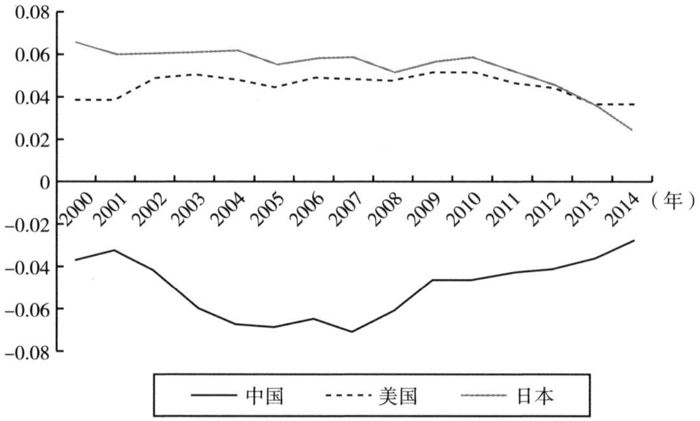

图 3.12　中美日高端制造业的位置度比较

资料来源：笔者根据 ADB – MRIO 和 UIBE – GVC index 数据计算。

（四）结论与启示

1. 中国制造业在全球价值链分工体系中的影响力不断增大。

一方面，中国制造业出口商品结构出现调整。过去，由于发展中国家的“后发劣势”，中国不得不选择以劳动密集型比较优势参与全球价值链分工的策略，虽然在全球价值链分工体系中“分一杯羹”，但低附加值的低端制造业让中国制造“大而不强”。而且，中国制造业出口以“最终商品”为主的产品结构，让中国在世界经济波动中显得更加敏感和脆弱，对外贸易易受外部环境变化的影响。

不过，在后危机时代，中国制造业出口产品结构出现较为显著的变化，即从“以最终产品为主”到“最终产品和中间产品并重”。后危机时代，美国和日本的制造业出口产品结构并未发生显著变化，其结构依然是以“中间产品为主”。这说明美国和日本仍然保持了“中间产品出口者”的优势地位。研究同时发现，中国制造业出口产品结构在后危机时代发生了较为明显的调整迹象，中间产品出口在中国制造业出口中的份额显著提高，“最终和中间产品并重”成为中国制造业出口结构的显著变化特征。出现这一变化的主要原因是自主创新和价值链参与方式的转变成为中国产业结构调整的关键。

另一方面，世界制造业出口商品结构出现调整。过去，美国和日本等发达国家的中间产品出口在世界贸易中份额是较大的，这反映了美日在全球价值链分工体系中的关键地位。不过在后危机时代，世界制造业出口商品结构也出现了较为显著的调整，主要体现为美国制造业中间产品在世界贸易中的份额下降，而中国的份额在不断上升。这说明全球价值链分工体系结构出现调整迹象，中国在其中所扮演的角色越来越重要。

综上所述，由于个体结构（国家）和体系结构（全球价值链）都出现较为明显的调整，中国在全球价值链分工体系中的影响力不断增强。

2. 亚太地区的生产网络和消费市场将成为中美日博弈的关键。

一方面，亚太地区的生产网络和消费市场的重要性凸显。从生产网络来看，后危机时代，亚太地区的生产网络间联系更为紧密，生产的相互依赖关系显著增强，其主要原因就是中美日间的生产联系越发紧密。美洲地区，特别是美国成为吸收中国制造业中间产品的重点区域，美国成为中国制造业中间产品的最大流向国。而美国制造业中间产品的流向也在“调整方向”，从美洲转向亚洲，从发达国家转向发展中国家，其中，其制造业中间产品又以流向中国为主。对于日本而言，亚洲特别是中国吸收了其大部分的中间产品，而且这个趋势还在不断增强，这亦能从侧面反映出日本有重建“东亚生产网络”的野心。从消费市场来看，以中国为主的亚洲市场是吸收美国和日本制造业最终产品的最大区域，特别对于日本来说，将近一半的最终产品流向了中国市场。这表明中国在全球价值链中的作用开始由“Made in China”转向“Sold in China”，同时也成为美国和日本制造业最终产品争夺的重点区域。

另一方面，亚太生产网络和消费市场主导权之争日益激烈。亚太地区的战略地位凸显，也就意味着中美日在该区域的生产网络和消费市场的主导权之争将会日益激烈。从奥巴马时期的 TPP 来看，它并非单纯的区域性质的自由贸易区，其核心目的是通过制度手段来改变亚太地区的贸易版图。TPP 中关于“原产地、国企、劳工、环保”等规定，均为配合“再工业化战略”，企图通过美国跨国公司在亚太地区的生产和销售网络布局，重整区域内的价值链。而特朗普提出的“零关税、零壁垒、零补贴”的美日欧自由贸易协定的目的是削弱中国在亚太地区的影响力，重构亚太生产网络和打开中国市场。而对于日本来说，其在 TPP 和 RCEP 中徘徊不定，根源在于两种地区贸易安排均会削弱其亚洲生产网络主导者地位。另外，规则重构开始成为美日等“链主国家”在全球价值链体系主导权争夺的新动向，美日未来将会把规则重构的“战火”引向亚太地区。综上所述，亚太地区的生产网络和消费市场是引发中美日博弈的关键。

3. “攀升与反攀升”成为中美日全球价值链体系博弈的主旋律。无论是 TPP 与 RCEP 之争，还是中美贸易战、美欧日自由贸易协定，从中都可以看出，中美日间围绕全球价值链分工体系主导权之争日趋“白热化”。从中国在全球价值链分工体系中的发展变化情况以及美日近年来的“反制”举动可以发现，三方博弈的核心问题是全球价值链的攀升与反攀升。我们通过对中美日在全球价值链参与度和位置度变化情况进行计算和比较的结果支撑了以上结论。

为方便分析，本部分根据全球价值链参与度和位置度的变化（升与降），设计了以上诊断模型（见图 3. 13），并对中美日的制造业总体和制造业细分进行了区间分类。此模型对国家行业的全球价值链参与情况进行分类：第一类为参与度升、位置度降；第二类为参与度升、位置度升；第三类为参与度降、位置度降；第四类为参与度降、位置度升。根据模型，中国制造业参与全球价值链的类型是：参与度下降（－）、位置度上升（＋），这种趋势与中国的高端和中高端制造业参与全球价值链的分工类型是一致的。这说明在国际金融危机时代，在“制造业强国”发展目标和“创新驱动”发展规划的引领下，中国的全球价值链参与模式发生了较为明显的变化，即从被动“低端锁定”到主动“实现攀升”。从数据上来看，以 2008 年为分水岭，中国的全球价值链参与度出现“前升后降”的趋势。相反，中国的全球价值链位置度出现“前降后升”的趋势。导致参与度的“前升后降”和位置度的“前降后升”逆转的核心因素在于中国制造业的国外增加值减少，这说明后危机时代，中国制造业的自主创新性在不断增强（FV 比重下降），即后项参与度下降；同时，中国制造业在全球价值链中开始攀升（位置度上升），特别是在中高和高端制造业领域的表现特别明显。

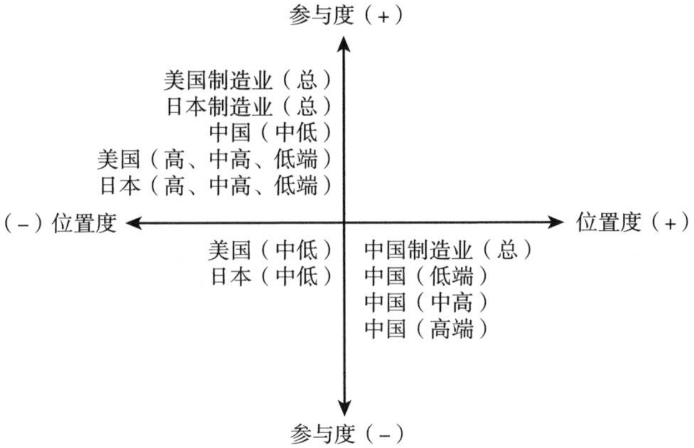

图 3.13　中美日全球价值链的位势类型

资料来源：笔者自制。

相对于中国的“参与度降、位置度升”来说，美国和日本的全球价值链参与类型刚好相反，即参与度升、位置度降。此与美国和日本的高端、中高端制造业的发展趋势相同，这说明高端和中高端制造业的发展趋势影响了美国和日本的全球价值链参与情况。通过分析发现，美国和日本的全球价值链参与度上升是前项和后项参与度共同增加的结果，这说明美国和日本的制造业的国内增加值和国外增加值都在增加，其中又以低附加值和中低附加值制造业的国外增加值增多为主，在中高端和高端的制造业国内增加值稳中有升。该结果表明，过度金融创新对美日制造业影响巨大，总体制造业的竞争力在下降。不过，从数据中也可以看出，后危机时代，美国和日本在重塑制造业优势地位上的积极表现（参与度上升）。而且，可以预见美日为了维持高端和中高端制造业的优势地位，未来将会在该领域强化全球价值链治理，实现国内附加值增加，国外增加值减少。

4. 中国的制造业层次结构与美日相比还有较大差距。通过对中美日三国中间产品出口增加值的 RCA 指数进行比较发现，中国制造业中间产品出口增加值的 RCA 指数整体上比较高，达到 1.3，这说明中国的制造业在国际上的竞争力还是比较强的。不过，在对 2008 ~2014 年细分行业的 RCA 平均指数进行比较后发现（见图 3.14），中国的制造业 RCA 较高的行业基本上集中在图形的右侧，特别集中在纺织成衣皮革制造（C6）、家具和木料软木制造（C7）、家具制造业（C22）、碱性金属的制造（C15）等领域，这说明中国的制造业在全球价值链中的分工优势主要以低端和中低端制造业为主。

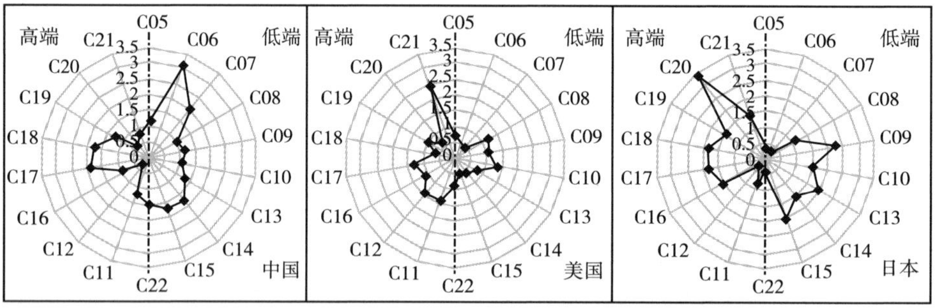

图 3.14　中美日制造业出口增加值的 RCA 结构比较

资料来源：笔者根据 ADB – MRIO 和 UIBE – GVC index 数据计算。

对于美国来说，其制造业的总体 RCA 指数在 1 左右，也有较强的竞争力，不过与中国不同，其制造业竞争优势主要体现在图的左侧，即高端和中高端制造业领域，特别是化工产品制造（C11），基本药物和药物制剂的制造（C12），其他运输设备的制造（C21），计算机、电子及光学产品制造业（C17）等行业，从图 3.14 中美制造业的 RCA 指数分布情况可以明显看出，其制造业竞争优势基本上都为高端和中高端制造业。

对于日本来说，其制造业的总体竞争力水平最强，RCA 指数达到 1.38，在三个国家中排名首位，而且，通过对其细分行业的 RCA 指数结构进行分析发现，其制造业 RCA 指数范围覆盖了高端、中高端、中低端制造业，特别是在汽车、挂车和半挂车的制造（C20），计算机、电子及光学产品制造业（C17），电气设备制造（C18），制造机械产品除外机械设备（C16），碱性金属的制造（C15），橡塑制品的制造（C13），焦炭和精炼石油产品的制造（C10），记录媒体的印刷和复制（C9）等行业领域，这意味着日本的制造业竞争力水平较高，且总体结构较为平均。

二、具体视角：中美日韩高端制造业的竞争力比较

2018 年至今，中美贸易摩擦升温，美国不断升级贸易争端，意图通过对华为、中兴等中国高科技企业的制裁来实现对华的创新围剿，日本和韩国之间的贸易争端也“硝烟又起”。2019 年 7 月，日本经济产业部宣布将对韩国出口的部分芯片和智能手机材料进行限制，由于日本企业掌握了部分化学品的全球供应链，其限制出口至韩国的化学品氟聚酰亚胺、光刻胶、氟化氢均为韩国生产电视、手机面板和可折叠屏幕的关键材料。如果日韩贸易摩擦继续升级，那么完全依赖半导体出口的韩国经济将会出现重创，亚洲乃至世界经济都将因此而受到波及。

美中和日韩贸易摩擦的先后爆发并非偶然，两者间有一定的内在联系，因此本部分提出核心假设：美中、日韩贸易摩擦反映了全球价值链分工体系中四国高端制造业“此消彼长”的竞争力发展变迁。为验证这一假设，本部分选取美中、日韩贸易摩擦最为集中的光电设备制造业，利用当前全球价值链研究领域最新的贸易增加值分解方法，对中美日韩四国高端制造业在全球价值链体系中的竞争力发展进行比较和评估，为中国光电设备制造业突破

"链主压制"和推动中日韩高端制造业合作提供政策参考。

（一）中美日韩光电设备制造业的竞争力比较：参与度、位置度、关联度

1. 中美日韩光电设备制造业的全球价值链参与度比较。

第一，光电设备制造业全球价值链参与程度比较。无论从前项参与度还是后项参与度来看，中国、美国、日本和韩国的光电设备制造业全球价值链参与程度都比较高，其中，日本和韩国光电设备制造业的全球价值链参与程度最高，日本 2017 年的前项参与度达到了 38.66%（见表 3.3），而韩国在 2017 年的前后向参与程度都很高，分别为 47.95% 和 34.72%。相较而言，中国和美国光电设备制造业的全球价值链参与程度要略低一些，中国 2017 年的前项参与程度为 20.21%，后项参与程度为 19.96%，美国 2017 的前项参与程度为 20.18%，后项参与程度为 10.67%。以上数据表明，中国、美国、日本和韩国的光电设备制造业都深度嵌入了全球价值链分工体系，其中日本和韩国的嵌入程度较深，两国在该行业全球价值链中的影响力较高。

表 3.3　　中美日韩光电设备制造业的全球价值链参与度　　单位：%

年份	中国		美国		日本		韩国	
	前项	后项	前项	后项	前项	后项	前项	后项
2000	23.15	26.31	23.98	16.08	25.35	10.41	40.45	35.55
2005	33.97	38.42	25.38	16.60	36.27	12.74	53.61	35.00
2008	31.18	32.16	27.90	16.47	37.47	17.50	57.05	41.13
2011	27.78	30.35	26.83	12.16	35.40	16.52	55.74	37.62
2015	20.56	20.34	19.24	6.16	34.54	16.16	48.57	28.21
2017	20.21	19.96	20.18	10.67	38.66	19.90	47.95	34.72

资料来源：笔者根据 ADB – MRIO 和 UIBE – GVC index 数据计算。

第二，全球价值链参与方式比较。按照行业国内增加值从大到小进行分类，制造业的全球价值链参与方式可以分成三种类型：前项为主型（对称度 >1）、前后项并重型（对称度 =1）、后项为主型（对称度 <1）。从图 3.15

中我们可以发现，美国、日本、韩国的光电制造业的全球价值链参与方式均为前项为主型，这些国家光电行业的全球价值链前项参与程度都远远高于后项参与程度，这说明国内增加值是这些国家光电制造业参与全球价值链的主要增加值来源，换句话说，这些国家的光电制造业国内增加值获取能力非常高。值得注意的是，美国的光电设备制造业前后项对称度在 2008 年以后发生较为明显的改变，其后项参与度下降幅度较大，这与美国“再工业化战略”下加强高端制造业回流的举措有密切的关系。从中国的情况来看，2015 年以前中国光电行业的全球价值链参与方式是后项为主型，即来自国外的增加值是光电行业在全球价值链中的主要增加值来源。不过从 2015 年以来，中国光电制造业的全球价值链参与方式开始出现转变，从后项为主型转向前后项并重型，其主要原因是国外增加值来源比重不断下降。

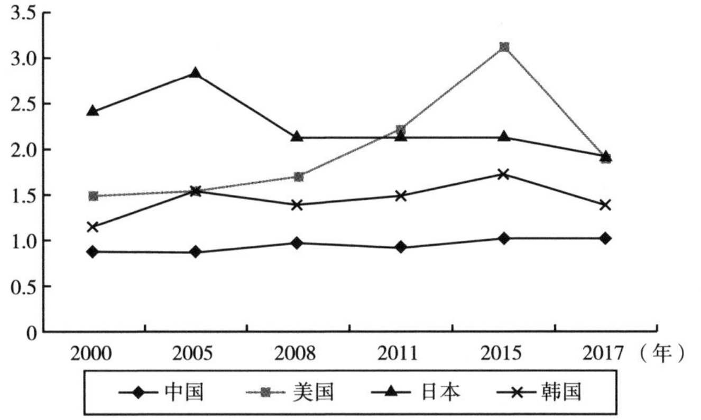

图 3. 15　中美日韩光电设备制造行业前后项参与对称度

资料来源：笔者根据 ADB – MRIO 和 UIBE – GVC index 数据计算。

第三，全球价值链参与趋势比较。从光电设备制造业的全球贸易份额来看（见图 3. 16 和图 3. 17），中国和韩国无论是中间产品还是最终产品的全球贸易份额的增长幅度都较为明显。以中国为例，其光电设备制造业的全球贸易份额提升非常迅速，从 2000 年的 5. 43% 上升至 2017 年的 27. 78%，其中，中间产品全球贸易份额从 2000 年的 3. 74% 上升至 2017 年的 20. 9%，最终产品贸易份额从 2000 年的 7. 6% 上升至 2017 年的 36. 81%。相比之下，美国和日本无论是中间产品还是最终产品的全球贸易份额都出现了明显的下降趋势，以美国为例，其 2000 年的中间产品全球贸易份额达到 16.83%，但是 2017 年的全球贸易份额下降至 5.89%。以上数据表明，中国和韩国的光电设备制造业在全球价值链中的影响力不断增大，而美国和日本的影响力在下降。

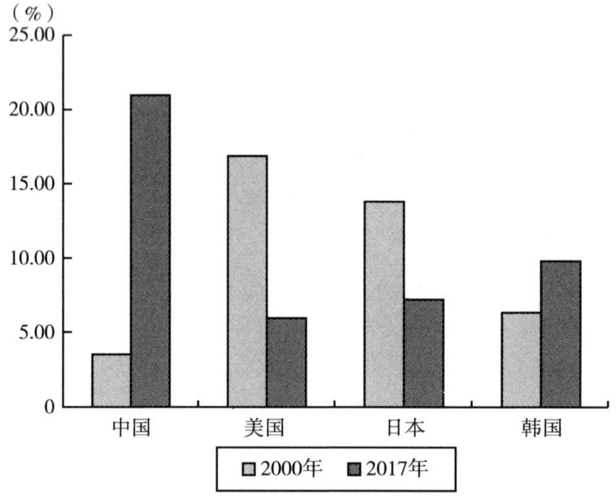

图 3.16　中美日韩光电设备制造行业中间产品全球贸易份额

资料来源：笔者根据 ADB – MRIO 和 UIBE – GVC index 数据计算。

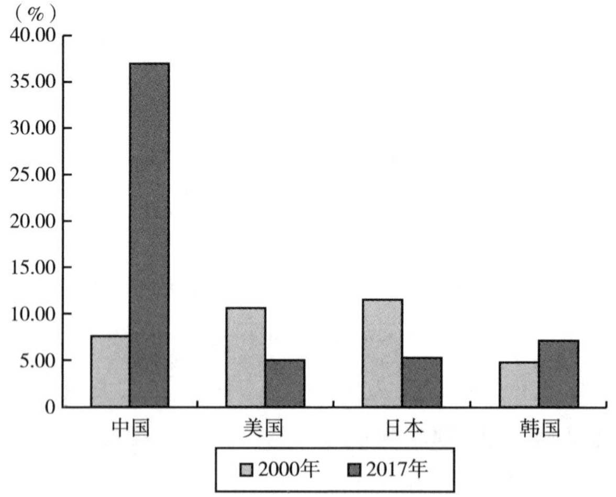

图 3.17　中美日韩光电设备制造行业最终产品全球贸易份额

资料来源：笔者根据 ADB – MRIO 和 UIBE – GVC index 数据计算。

从光电设备制造业全球价值链的参与趋势来看（见图 3.18），除了日本以外，中国、美国、韩国的全球价值链参与程度发展趋势基本一致，即前升后降，三个国家的全球价值链参与度受到 2008 年国际金融危机的影响很大，随后都出现了不同程度的下降，值得注意的是，2015 年以后，美国和韩国的光电设备制造业的全球价值链参与程度有所回升，而中国的参与程度出现了下降，这可能是因为发达国家“再工业化战略”促进了高端制造业回流所致，因为导致中国参与程度下降的主要原因是后项参与度的下降，即该行业的国外增加值减少。另外，日本光电设备制造业的参与趋势是持续向上的，而且无论是前项还是后项参与度都出现了较为明显的提升，这反映了日本在该行业的优势主导地位不易受到国际经济波动的影响。

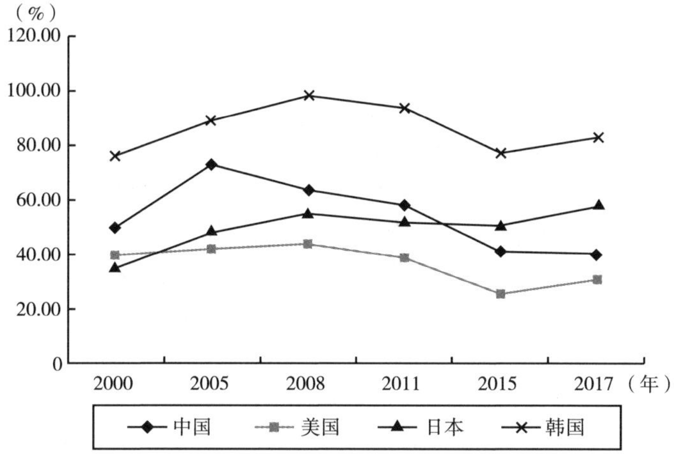

图 3.18　中美日韩光电设备制造行业全球价值链参与度

资料来源：笔者根据 ADB – MRIO 和 UIBE – GVC index 数据计算。

2. 中美日韩光电设备制造业的全球价值链的位置度比较。

从光电设备制造业的全球价值链位置度来看（见图 3.19），美国、日本、韩国在该行业的位置度均比中国要高。以 2017 年的位置度为例，美国的位置度达到 1.20，日本的位置度为 0.97，韩国的位置度为 0.99，中国的位置度为 0.84，这说明相较于中国而言，美国、韩国、日本在全球价值链体系中的分工地位较高，在该行业的全球价值链中处于“主导地位”。同时，结合前后项参与度的比值来看，美国、韩国和日本均处于全球价值链的上游，即“链主”地位，中国该行业在全球价值链中仍然处于中下游水平。不过，值得注意的是，随着中国创新投入的不断增大，光电设备制造业在全球价值链中的位置度逐步提升，从 2000 年的 0.76 上升至 2017 年的 0.84，这说明中国该行业在全球价值链中分工地位逐渐提高，正在逐步实现全球价值链的攀升。另一个值得关注的问题是，虽然美国光电设备制造业的分工地位很高，但是 2010 年以来出现了较为明显的下降趋势，从 2010 年的 1.3 下降至 2017 年的 1.2，其根源是该行业的国内生产长度变短所致，这意味着美国将更多中间产品生产放到了国外，从行业中间产品的“供给者”角色转向“消费者”角色。

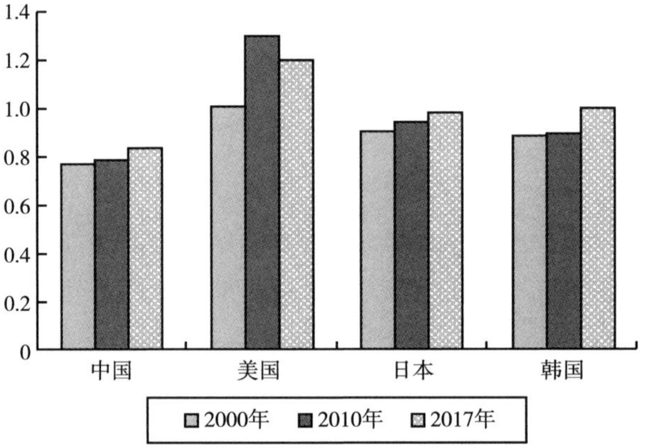

图 3.19　中美日韩光电设备制造行业全球价值链位置度

资料来源：笔者根据 ADB – MRIO 和 UIBE – GVC index 数据计算。

从光电设备制造业的全球价值链的 RCA 指数来看（见图 3.20），中国、美国、日本、韩国的 RCA 指数都超过了 1，这说明四个国家在该领域的国际竞争力很强，即该行业在全球价值链中的获利能力强。通过数据发现，韩国光电设备制造业的国际竞争力一直保持在较高的水平，而且近年来有迅速提升的迹象，2017 年的 RCA 指数达到了 3.45；中国光电设备制造业的国际竞争力水平稳中有升；日本光电设备制造业的国际竞争力水平虽然在近几年出现了回升的趋势，但是较 2000 年而言，其国际竞争力水平出现了一定的下降；美国光电设备制造业的国际竞争力水平出现了前升后降的趋势，这与美国该行业在全球价值链中的位置度发展趋势保持一致，即沿着全球价值链的下游发展。

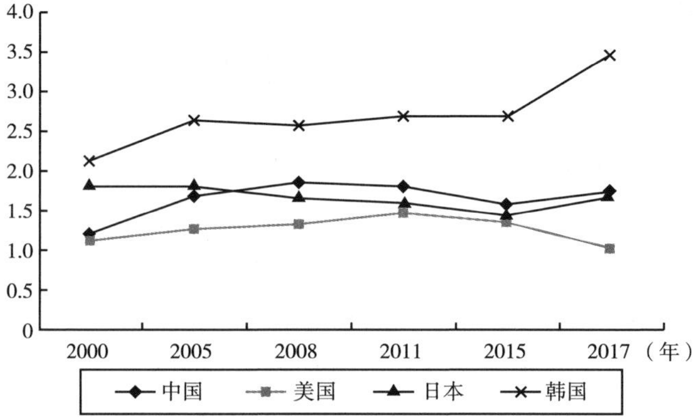

图 3.20　中美日韩光电设备制造行业 RCA 指数

资料来源：笔者根据 ADB - MRIO 和 UIBE - GVC index 数据计算。

另外，从光电设备制造业的国际竞争力排名变迁情况来看，相较于 2000 年，2017 年中国、日本、韩国的排名都出现了明显的上升，美国的排名情况没有发生变化；而且，值得注意的是，2017 年排名前四的全部为东亚经济体，中国台湾排名第一，韩国排名第二，日本排名第三，中国大陆排名第四，这说明东亚地区已经成为世界光电设备制造业的核心区域，行业竞争优势不断积聚，成为东亚该行业合作的重要基础。

3. 中美日韩光电设备制造业的全球价值链的关联度比较。

第一，中美日韩光电设备制造业的全球价值链关联度：生产视角。从中间产品的世界地区流向可以发现（见图 3.21 ~ 图 3.24），亚洲成为光电设备制造业中间产品的主要流向目的地。2000 年中国该行业中间产品主要流向亚洲，份额将近 5 成，但是到了 2017 年，中国该行业中间产品将近 6 成流向亚洲地区，其中有超过 5 成流向了东亚地区，这说明亚洲是吸收中国光电设备制造业中间产品最多的地区，东亚是该行业中间产品的主要目的地。除了亚洲以外，中国光电设备制造业中间产品流入其他区域的份额在不断减少，例如，流入欧洲的份额从 2000 年的 8.69% 下降至 2017 年的 5.21%；流入美洲的份额从 2000 年的 4.39% 下降至 2017 年的 2.41%。2000 年美国光电设备制造业中间产品有将近 6 成流入了亚洲地区，但是到了 2017 年该行业流入亚洲的份额下降至 47.3%，虽然流入亚洲的份额在不断下降，但是流入东亚的份额却在增加，从 2000 年的 39.52% 上升至 2017 年的 41.79%，导致其流入亚洲的份额不断下降的原因是其流入东南亚的份额下降迅速，从 2000 年的近 20% 下降至 2017 年的 5.06%。除了亚洲以外，美国光电设备制造业中间产品流入世界其他区域的份额也有一定的下降，流入美洲的份额从 2000 年的 22.98% 下降至 2017 年的 21.31%，流入欧洲的份额从 2000 年的 10.78% 下降至 2017 年的 8.73%。这说明，亚洲是美国该行业中间产品最大的流向目的区域，不过，美国与东亚的生产联系在加强，与东南亚的生产联系在减弱。这实际上也从侧面反映了美国在光电设备制造业领域从上游生产端的供给者向下游市场端的消费者角色的转变。2000 年日本光电设备制造业中间产品流入亚洲的份额为 55.62%，到了 2017 年该份额达到了 81.66%，这意味着日本该行业中间产品超过了 8 成都流向亚洲地区，换句话说，亚洲吸收了绝大多数日本光电设备制造业的中间产品。而且，流入东亚地区的份额上升非常迅速，从 2000 年的 36.44% 快速上升至 2017 年的 64.32%，不过，其与其他区域的联系紧密程度开始下降，流入美洲的份额从 22.38% 快速下降至 2017 年的 6.50%，流入欧洲的份额从 2000 年的 8.01% 下降至 2017 年的 5.85%，流入东南亚的份额从 2000 年的 19.11% 下降至 2017 年的 17.13%。这说明日本光电设备制造业的中间产品流向非常集中，亚洲是日本该行业中间产品的最大流向区域，日本与美洲、欧洲、东南亚的生产联系由紧变疏，与东亚的生产联系非常紧密。2000 年韩国光电设备制造业中间产品流入亚洲的份额为 52.52%，2017 年该份额快速上升至 71.38%，其流向趋势基本上与日本一致，中间产品集中流入了东亚地区，份额从 2000 年的 42.21% 上升至 2017 年的 60.93%。韩国该行业中间产品流入美洲的份额下降迅速，从 2000 年的 24.14% 下降至 2017 年的 6.72%，流入欧洲的份额也出现了下降，从 2000 年的 9.49% 下降至 2017 年的 5.98%。

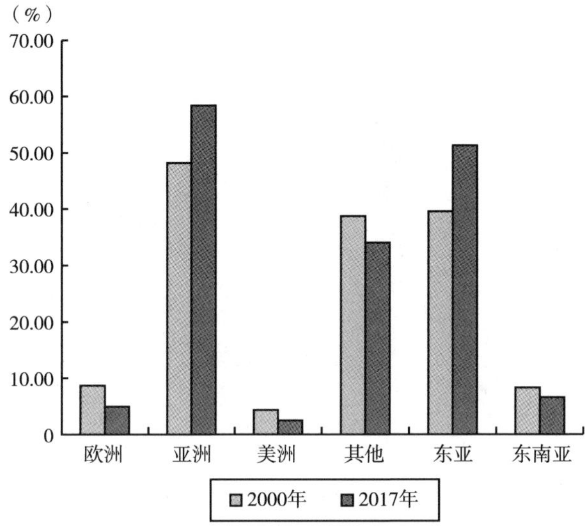

图 3.21　中国光电设备制造行业中间产品区域流向

资料来源：笔者根据 ADB - MRIO 和 UIBE - GVC index 数据计算。

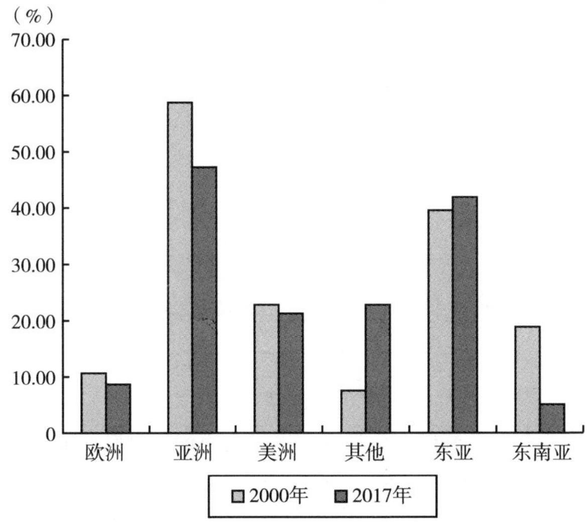

图 3.22　美国光电设备制造行业中间产品区域流向

资料来源：笔者根据 ADB - MRIO 和 UIBE - GVC index 数据计算。

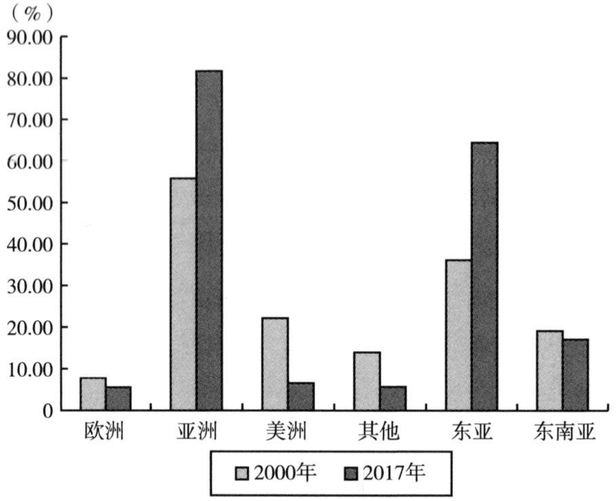

图 3.23　日本光电设备制造行业中间产品区域流向

资料来源：笔者根据 ADB – MRIO 和 UIBE – GVC index 数据计算。

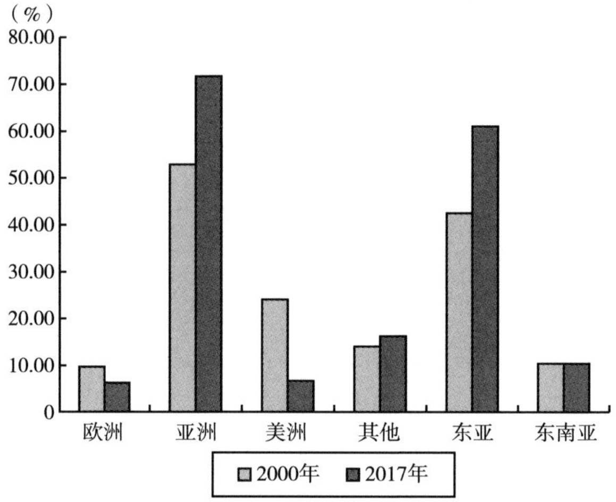

图 3.24　韩国光电设备制造行业中间产品区域流向

资料来源：笔者根据 ADB – MRIO 和 UIBE – GVC index 数据计算。

第二，中美日韩光电设备制造业的全球价值链关联度：市场视角。从最终产品的世界地区流向来看（见图 3.25 ~ 图 3.28），亚洲仍然是光电设备制造业最大的消费市场。2000 年中国光电设备制造业最终产品有 3 成多流向亚洲，但是到了2017年流入亚洲的份额上升至超过5成，份额上升主要是因为东亚地区快速成为中国该行业最终产品的最大市场，流入份额从2000年的3成多上升至2017年的5成多。相对于亚洲而言，欧洲和美洲市场对于中国光电设备制造业来说重要性在下降，流入欧洲的份额从2000年的16.17%下降至2017年的10.37%，流入美洲的份额从2000年的10.19%下降至2017年的6.09%，另外，流入东南亚的份额没有太大的变化。2000年美国光电设备制造业最终商品的主要流向为亚洲和美洲地区，流入份额分别为46.26%和31.93%，不过到了2017年，美国该行业最终产品流向不断向亚洲集中，流入亚洲的份额上升至62.74%，流入美洲的份额下降至28.4%，其中，美国该行业最终产品基本流向了东亚地区，流入份额从2000年的37.51%上升至2017年的57.04%，流入东南亚的份额减少，份额从2000年的8.67%下降至2017的5.41%。这说明，亚洲和美洲是美国光电设备制造业的重要市场，不过亚洲特别是东亚的重要性在上升，而美洲的重要性在下降。2000年，日本光电设备制造业最终产品的流向主要集中在亚洲和美洲地区，流入份额分别为53.04%和17.53%，不过到了2017年，其该行业制造业最终产品集中流向亚洲特别是东亚地区，流入亚洲的份额上升至75.88%，流入东亚的份额从原本的3成多上升至2017年的7成多，这就导致了美洲市场的重要性出现了下降，份额下降至2017年的7.56%，与此同时，流入欧洲和东南亚地区的份额也在下降，其中，流入东南亚的份额从2000年的16.62%下降至2017年的7.46%。韩国光电设备制造业最终产品集中流向亚洲特别是东亚地区，流入亚洲的份额从2000年的48.75%上升至2017年的78.50%，流入东亚的份额从2000年的近4成上升至2017年的近7成，除此之外，其流向欧洲和东南亚地区的份额也有所提升，流入欧洲的份额从9.20%上升至12.66%，流入东南亚的份额从7.38%上升至2017年的10.58%。不过，韩国光电设备制造业最终产品流入美洲的份额下降非常迅速，从2000年的23.14%下降至2017年的7.58%。

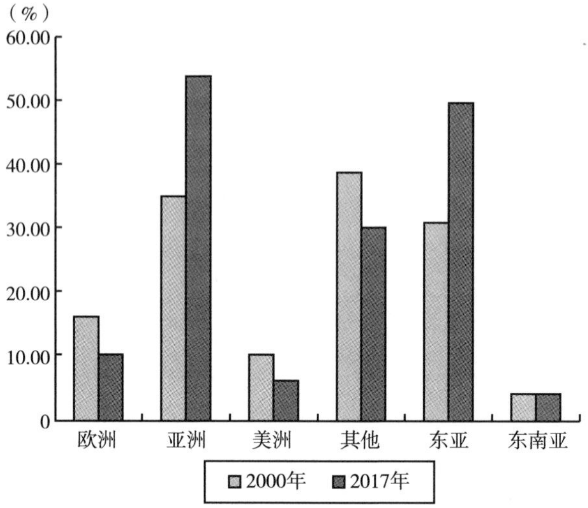

图 3. 25　中国光电设备制造行业最终产品区域流向

资料来源：笔者根据 ADB－MRIO 和 UIBE－GVC index 数据计算。

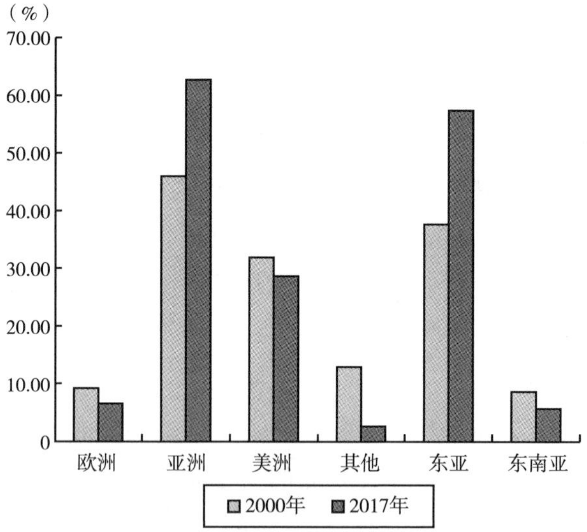

图 3. 26　美国光电设备制造行业最终产品区域流向

资料来源：笔者根据 ADB－MRIO 和 UIBE－GVC index 数据计算。

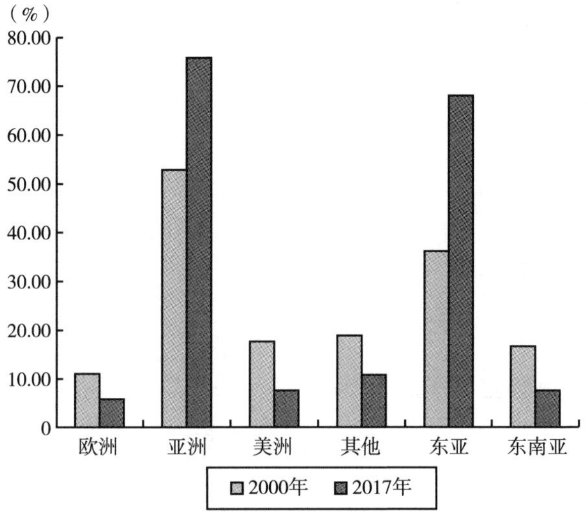

图 3.27　日本光电设备制造行业最终产品区域流向

资料来源：笔者根据 ADB – MRIO 和 UIBE – GVC index 数据计算。

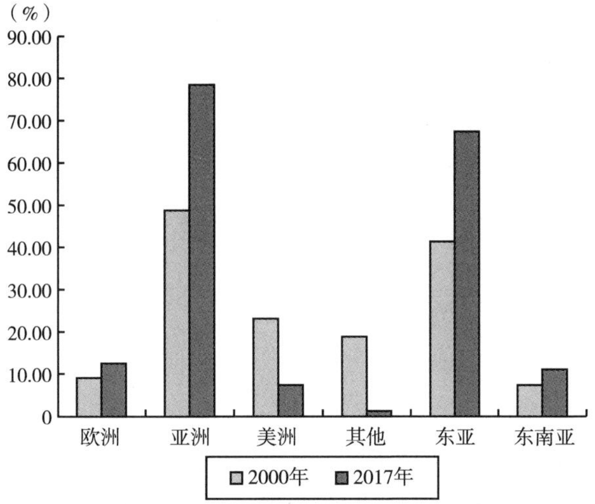

图 3.28　韩国光电设备制造行业最终产品区域流向

资料来源：笔者根据 ADB – MRIO 和 UIBE – GVC index 数据计算。

综上所述，无论从中间产品还是最终产品来看，亚洲特别是东亚地区成为了光电设备制造业的最大生产和消费市场，换句话说，光电设备制造业的生产和消费集中在东亚地区，该行业在全球价值链体系中的生产链和市场链高度集中。

（二）结论与启示

1. 中国在光电设备制造业领域具有较强的发展潜力。通过对中国光电设备制造业的竞争力进行评估后发现，该行业在中国制造业领域具有较强的发展潜力，主要原因有二：一是有国家战略支持和保障。党的十九大报告中明确指出，要促进我国产业迈向全球价值链中高端，培育若干世界级先进制造业集群，而中国制造业全球价值链攀升的关键就在于高端制造业能够从“消费者”和“组装者”向“生产者”和“主导者”转变，就中国中高端制造业的综合竞争力和发展趋势来看，光电设备制造业是当前中国最具竞争优势的产业。另外，《国家创新驱动发展战略纲要》也明确把光电设备制造业所包含的类人智能、自然交互与虚拟现实、微电子和光电子等新一代信息网络技术作为发展的重要领域，因此，可以预见光电设备制造业将会是未来中国最具发展潜力的高端制造业。二是有现实的发展基础。通过对比中国国内的制造业发展情况来看，全球价值链对中国制造业的“低端锁定”负面效应显现，中国制造业发展呈现“低端强、高端弱”的趋势，不过，光电设备制造业并没有受到该外部环境的影响，反而“逆势而上”，其全球价值链位置度和竞争力都在不断提升，这意味着光电设备制造业在中国高端制造业领域具有较强的竞争优势。

综上所述，既有国家层面的战略和政策支持，又有现实层面的竞争优势提升，光电设备制造业将成为中国制造业全球价值链攀升中最具发展潜力的行业，其发展前景光明。

2. 中日韩光电设备制造业的影响力在增加，美国光电设备制造业的影响力在下降。通过对中美日韩光电设备制造业的全球价值链参与度和位置度等指标进行评估后发现，中国、日本、韩国在该领域的影响力不断增大，美国在该领域的影响力下降趋势明显。虽然中国、日本、韩国光电设备制造业的影响力不断增大，但三个国家所表现的特征有所不同。就中国来说，其光电设备制造业在全球价值链中的影响力增大主要表现在以下三个方面：参与方式的转变；中间产品和最终产品世界贸易份额不断扩大；位置度和 RCA 指数的不断提升。中国光电设备制造业的参与方式从后项参与型转向前后项参与型，说明中国该行业的国外增加值在不断减少，这意味着中国光电设备制造业的自主创新能力在不断增强；中国光电设备制造业的中间产品和最终产品全球贸易份额增长迅速，2017 年提供该行业全球贸易中 20% 的中间产品和 35% 的最终产品，这说明中国在该领域全球价值链生产和消费中具有不可替代的作用；中国光电设备制造业在全球价值链中的位置度和 RCA 指数保持逐步上升趋势，特别是 RCA 指数在 2017 年上升至全球第四的水平，这说明中国在该行业全球价值链中的分工地位不断攀升，增加值的获得能力也在不断提升。

对于日本和韩国来说，光电设备制造业本来就是它们的优势产业，亦处于该行业全球价值链体系中的“链主”地位，而且两个国家在全球价值链参与程度趋势、位置度、RCA 指数等方面都持续提升，具有“强者恒强”的发展特征。不过，就两个国家比较而言，韩国光电设备制造业的发展更胜一筹。从位置度来看，2017 年韩国该行业的全球价值链位置度超过了日本；从 RCA 指数来看，韩国该行业的 RCA 指数世界排名第二，日本排名第三，而且就 RCA 指数的绝对值来看，韩国 RCA 指数将近 3.5，远高于日本 1.72 的水平。因此，韩国和日本光电设备制造业在全球价值链中具有“强者恒强”的发展特征，韩国在该行业的竞争力水平、发展潜力和发展前景都比日本更具优势。

虽然美国的光电设备制造业在全球价值链体系中处于“链主”地位，但近年来在体系中的影响力进入了下降通道。毋庸置疑，美国光电设备制造业的优势明显，在全球价值链中的位置度一直处于最高水平，这说明美国在该行业的全球价值链分工中地位很高。但是近年来美国光电设备制造业的影响力进入了下降通道，其主要表现有：美国光电设备制造业中间和最终产品的全球贸易份额下降迅速，其中间产品和最终产品全球贸易份额从 2000 年的 13.82% 和 16.83% 下降至 2017 年的 5.49% 和 5.89%。2010 年以后，美国光电设备制造业的全球价值链位置度出现了下降，RCA 指数处于下降通道。

综上所述，韩国和日本光电设备制造业的优势地位不断扩大，韩国的表现最为突出；中国光电设备制造业正处于全球价值链中的攀升通道，与之相对应的是美国该行业影响力处于下降通道。

3. 光电设备制造业的东亚集聚趋势明显，中国的产业链中心地位凸显。从光电设备制造业中间产品和最终产品的区域流向来看，其产业链向东亚集聚的趋势非常明显，中日韩成为该行业全球产业链的核心区域，为未来打造高质量中日韩合作打下坚实基础。

一是光电设备制造业的东亚集聚趋势明显。通过对中国、美国、日本、韩国光电设备制造业产品的流向分析发现（见图 3.21～图 3.28），其中间产品和最终产品均集中流向东亚地区。以中间产品为例，2000 年中国、美国、日本、韩国光电设备制造业中间产品流向东亚的份额分别是 39.52%、39.52%、36.44%、42.21%，到了 2017 年四个国家流向东亚的份额增加至 51.33%、41.79%、64.32%、60.93%；以最终产品为例，2000 年中国、美国、日本、韩国光电设备制造业最终产品流向东亚的份额分别是 30.68%、37.51%、36.34%、41.33%，2017 年该份额上升至 49.35%、57.04%、68.31%、67.70%。通过以上中间和最终产品的流向目的区域和趋势可以发现，经过近 20 年的发展，光电设备制造业全球产业链东亚集聚趋势明显增强。

二是中国在光电设备制造业东亚产业链中的核心作用凸显。无论从美国、日本和韩国光电设备制造业的中间产品生产网络还是最终产品市场网络来看，中国的核心地位凸显。从中间产品的生产网络来看（见图 3.29），2017 年美国与中国的生产关系变得非常紧密，流入中国的中间产品份额从 2000 年的 4.03% 上升至 2017 年的 24.52%，而且除了中国大陆和墨西哥以外，它与原本（2000 年）的生产伙伴（加拿大、德国、日本、韩国、马来西亚、新加坡以及中国台湾）之间的关系“由紧变疏”；2017 年日本在该行业的生产链条明显向中国集中，流入中国大陆的中间产品份额从 2000 年的 9.62% 上升至 2017 年的 39.72%，这意味着日本光电设备制造业中间产品有将近 4 成流入了中国大陆。与此同时，除了越南以外，日本与其他经济体（韩国、美国、马来西亚、菲律宾、新加坡以及中国台湾）的生产关系越发疏远。与日本类似，2017 年韩国光电设备制造业产业链也向中国高度集中，流入中国的中间产品份额从 2000 年的 4.52% 上升至 2017 年的 36.74%，近二十年来，韩国光电设备制造业产业链发生了明显的变化，从原本的“韩—日—美”转变成为了“韩—中国大陆—中国台湾”。从最终产品市场网络的变迁情况来看（见图 3.30），中国市场的核心作用更加凸显，近二十年来美国、日本、韩国间的最终产品市场联系变得日益疏远，中国成为吸收三个国家光电设备制造业最终产品最大的市场，换句话说，美日、美韩、日韩关系在疏远，中美、中日、中韩关系变紧密。

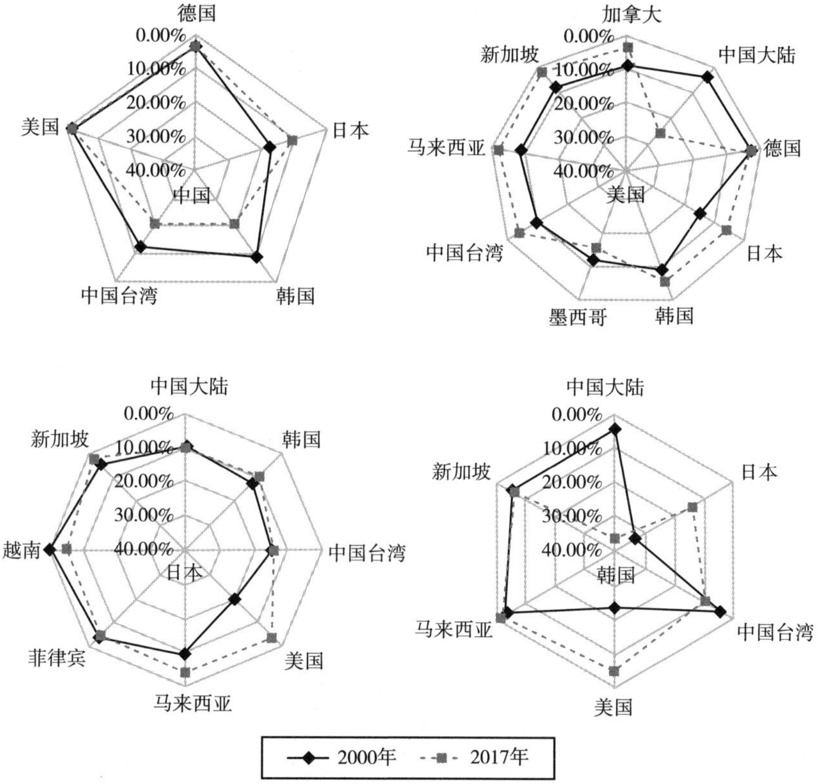

图 3.29　中美日韩光电设备制造行业生产网络变迁模型

资料来源：笔者根据 ADB－MRIO 和 UIBE－GVC index 数据计算。

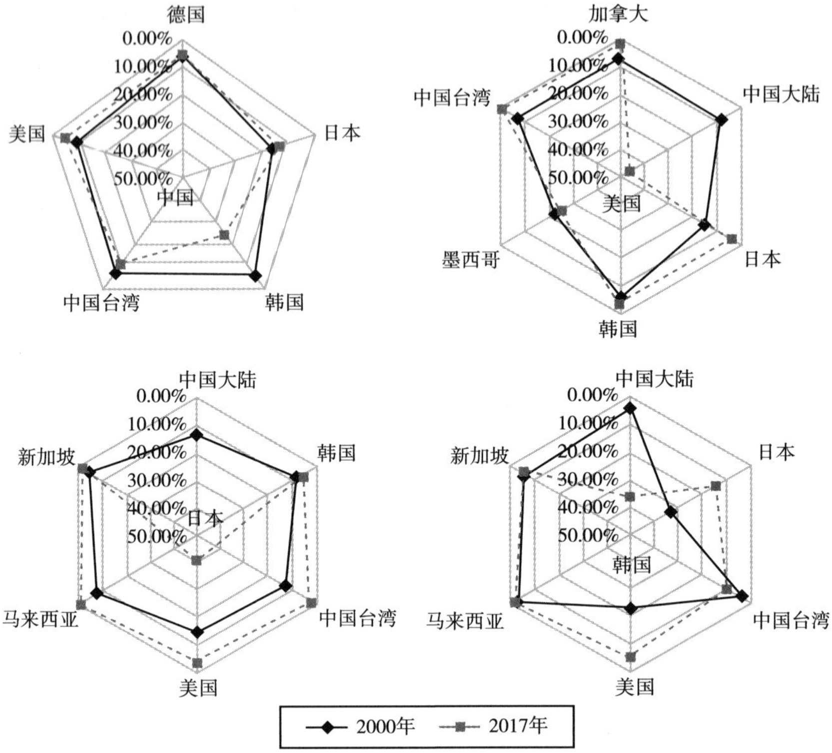

图 3.30　中美日韩光电设备制造行业市场网络变迁模型

资料来源：笔者根据 ADB - MRIO 和 UIBE - GVC index 数据计算。

4. 光电设备制造业推动中日韩产业合作升级，三边关系深化机遇与挑战并存。当前，光电设备制造业已经成为中国创新驱动发展战略重点培育的高端制造业之一，也是未来中国最具发展潜力和前景的产业之一，同时，光电设备制造业又是日本和韩国的优势产业，其发展势头也非常迅猛，因此，中日韩在光电设备制造业领域合作前景光明。中国、日本和韩国通过光电设备制造业来推动三边产业合作升级有坚实的现实基础。一方面，中国、日本和韩国在光电设备制造业领域的合作具有较强的互补性。通过对光电设备制造业的全球价值链位置度和 RCA 指数对比可以发现，中国该产业与日本和韩国相比仍然存在一定的差距，这种分工地位上的差距所形成的产业互补性将成为中日韩合作的重要基础。另一方面，日本和韩国在该行业的竞争优势主要集中在上游，即生产端，中国在该行业的竞争优势主要集中在下游，即市场端，这种差异性的竞争优势将为三边合作的稳定性打下坚实基础。中国、日本、韩国分工地位的互补性以及竞争优势的差异性共同推动了光电设备制造业的产业链不断向东亚集聚的趋势。因此，中日韩可以以此为契机，推动三边产业合作的深化和升级。

不过，推动中日韩光电设备制造业的合作升级并非易事，合作进程中可能存在一些矛盾：（1）产业主导权问题。主导权问题一直都是中日韩合作推进中的重要障碍，其矛盾的根源主要在于"守成国"与"挑战国"之间的矛盾难以调和。近期发生的日韩贸易摩擦实际上就是这种矛盾深化的结果，通过本部分的分析发现，后危机时代韩国在光电设备制造业领域的发展动力和质量都比日本要高，既抢了日本的风头亦有"取而代之"之势，而日本作为该领域的"守成国"必然会面临"挑战国"韩国带来的压力，因此，在这种矛盾难以调和的情况下就出现了日韩贸易摩擦不断升级的局面。（2）美国因素的影响。除了中日韩的内生因素以外，来自美国的压力也是影响中日韩合作进程的重要外生变量。中美贸易摩擦与日韩贸易摩擦先后出现并非偶然，其背后反映了美国在该产业影响力进入下降通道后的反制举措。无论TPP还是贸易摩擦，其本质都是为了重塑东亚和亚太地区的产业链、价值链，旨在削弱中国的地区影响力。在"以最小代价取得最大利益"的价值观影响下，美国已摒弃需要美国提供大量公共产品的TPP，通过贸易压制的形式来遏制中国高端制造业的发展。受美国的影响，日本也通过类似的方法来遏制韩国高端制造业的发展。"美国遏制中国"和"日本遏制韩国"两条压力线影响了中日韩产业合作升级的步伐。

三、小结

通过对中国制造业在全球价值链中的发展情况进行比较评估后发现，虽然与欧美日等"链主"国家相比还存在一定的差距，但不可否认的是，近二十年来，中国制造业在全球价值链中的参与程度、分工地位、竞争力等都有显著的提升，这说明原有的全球价值链分工体系促进了中国制造业的发展。换句话说，中国制造业在全球价值链体系中进行了有效攀升。

从总体视角来看，通过对中国、美国、日本制造业的国际竞争力变迁情况比较后发现，中国制造业在全球价值链中的影响力在不断增大，不仅参与度和位置度有所提升，而且国际竞争力也有较大程度的提升。

从具体视角来看，以光电设备制造业为代表的中国高端制造业发展成效显著，不仅在中国高端制造业领域“异军突起”，而且也在全球价值链中“崭露头角”，系中国最具有发展潜力的制造业行业。光电设备制造业产业链向东亚聚集为中国高端制造业发展创造了良好的外部环境，而且光电设备制造业是我国创新驱动发展战略的重点培育产业，在我国高端制造业乃至整个制造业领域都极具发展潜力，有良好的发展前景。因此，在东亚地区开展高端制造业产业合作是具备基础条件的。

第二节　RCEP 制造业区域价值链的合作基础

一、合作共识：区域价值链合作的共识增强

首先，中日韩区域价值链合作的共识增强。中国、日本和韩国是 RCEP 合作最为关键的因素，其态度取向直接影响 RCEP 的合作质量。一方面，日本和韩国对“一带一路”的态度出现积极的转变，它们既看重“一带一路”的广阔市场前景和区域生产分工的重构潜力，亦对“一带一路”包容共建、开放共享的区域经济合作模式表示认可。另一方面，为应对“逆全球化”和贸易保护主义带来的不确定性威胁，中国、日本、韩国在提升区域产业合作水平方面的共识增强。2019 年底举行的“中日韩领导人峰会”不仅就加快推动 RCEP 合作达成共识，而且就以高端制造业促经贸合作升级形成共识。中国提出的加强三国在大数据、人工智能、5G 等领域合作的提议得到了日本和韩国的支持和肯定。而且，中国、日本、韩国间在机械制造、汽车制造、光电设备制造等高端制造业的区域化发展趋势，为三国在新技术、新能源等高端制造业的区域产业价值链合作奠定基础。

其次，东盟的区域价值链合作共识增强。作为 RCEP 的重要组成部分，东盟参与区域价值链合作具有“天时地利人和”的优势。一是“天时”优

势。由于全球价值链的调整给东盟制造业带来了一定的负面冲击，强化区域价值链合作为东盟制造业升级提供机遇。一方面，在全球价值链体系的“马太效应”影响下，东盟制造业正朝着“低端化”和“边缘化”的方向发展，这与东盟谋求地区制造业高端攀升的目标相悖。另一方面，贸易保护主义在欧美国家盛行，这对于过度依赖外部市场的东盟制造业来说有一定的负面影响。因此，为应对全球价值链调整所带来的不确定性冲击，东盟制造业发展的区域转型将成为必然。二是“地利”优势。作为中国主导的制造业生产网络的重要组成部分，东盟经济的发展已经深度嵌入东亚产业价值链体系中，其制造业生产网络和消费市场主要集中在东亚地区，这种地缘上的天然优势为东盟参与区域价值链合作打下坚实基础。三是“人和”优势。东盟经济共同体蓝图2025中明确指出，通过整合发展东盟区域价值链有利于提升东盟整体的经贸合作水平，区域价值链协同发展是东盟未来经济发展战略的重要目标。

最后，澳大利亚支持 RCEP 区域价值链合作。一直以来，澳大利亚是 RCEP 的支持者，因为加入 RCEP 符合该国的国家经济利益。一方面，根据 GTAP 模型测算，加入 RCEP 对于澳大利亚的经济增长、经济福利、投资等均有一定的正面效应（李新兴等，2020）。另一方面，澳大利亚是发达经济体和外向型经济国家，近年来中澳贸易的强劲势头促进了澳大利亚的经济发展。

综上所述，RCEP 经济体期待提升经贸合作水平，对区域价值链合作的共识增强，RCEP 区域价值链的重构前景可期。

二、内外环境：“三足鼎立”的全球制造业生产网络

首先，全球生产网络“欧洲—美洲—RCEP”三足鼎立之势为 RCEP 区域价值链重构提供了有利外部条件。以最终产品为主的世界贸易模式发生了深刻的变化，以中间产品为核心的全球价值链分工体系在世界经济中的作用举足轻重。当前，中间产品贸易占世界贸易的比重越来越高（见图 3.31），从2000 年的 54.34% 上升至 2010 年的 57.07% 最后上升至 2017 年的 58.04%，这意味着当今的世界贸易中，有将近 6 成的贸易由中间产品贡献，最终产品贸易仅占到世界贸易的 4 成。世界中间产品贸易的发展也助推了全

球制造业生产网络进入“三足鼎立”时代（见表 3.4），即欧洲生产网络（36.30%）、北美生产网络（14.62%）、RCEP 生产网络（29.57%）共存。

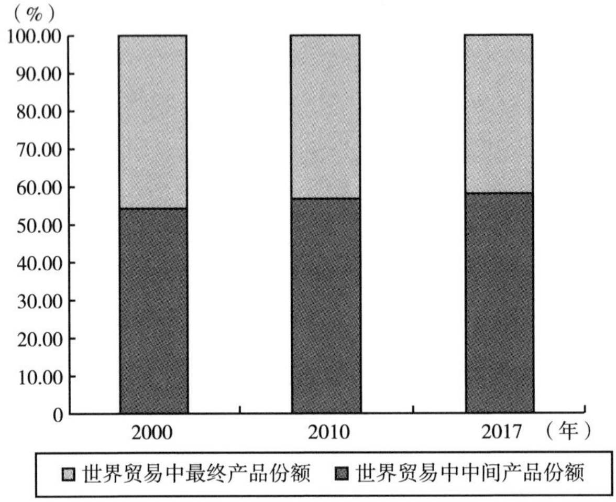

图 3.31　世界贸易结构变化（2000 年、2010 年、2017 年）

资料来源：根据 UN ComtradeDatabase 数据计算。

表 3.4　　制造业中间产品和最终产品的世界贸易份额变化趋势　　单位:%

项目	总贸易			中间产品贸易			最终产品贸易		
	2000 年	2010 年	2017 年	2000 年	2010 年	2017 年	2000 年	2010 年	2017 年
亚洲份额	25.87	31.82	33.77	26.11	30.21	32.79	25.58	33.95	35.12
美洲份额	21.57	15.33	14.65	22.23	15.75	14.62	20.79	14.77	14.69
欧洲份额	40.71	38.89	37.29	39.92	38.39	36.30	41.65	39.56	38.65
RCEP 份额	22.57	29.21	31.38	22.41	26.85	29.57	22.77	32.35	33.87

资料来源：根据 UN ComtradeDatabase 数据计算。

其次，RCEP 生产网络的重要性凸显，为区域价值链重构提供有利的内部条件。RCEP 生产网络不仅成为全球制造业生产网络的重要分支，而且在其中的地位越发重要，是最具活力、竞争力和潜力的区域制造业生产网络。一方面，RCEP 经济体的世界贸易地位显著上升。欧美的世界贸易地位明显下降，RCEP 的世界贸易地位显著上升。虽然，美洲生产网络和欧洲生产网络的中间产品贸易总量在上升，但其在世界中间品贸易中的份额却在明显下降（见表

3.4），比如，美洲的份额从2000年的22.23%下降至2017年的14.62%，欧洲的份额从2000年的39.92%下降至2017年的36.30%。另一方面，与之相反，亚洲的地位和作用越来越重要，世界中间产品的贸易量和贸易份额均在显著增长，这主要是RCEP经济体推动的结果，2000年RCEP经济体的中间产品的世界贸易份额为22.41%，到2017年该份额上升至29.57%。而且，RCEP经济体对亚洲中间产品贸易的贡献从2000年的8.5成提高至2017年的超过9成，这说明RCEP经济体是推动亚洲中间产品世界贸易地位提升的核心动力。

综上所述，全球制造业生产网络的“三足鼎立”发展趋势和RCEP生产网络的突出表现，为区域价值链重构提供了有利的内外条件。

三、硬件基础：价值链体系的内向化发展趋势

首先，RCEP经济体制造业的增加值来源内向化趋势明显。当前，学界普遍使用出口总值增加值（国内增加值DVA）来衡量一国制造业的竞争力水平，如果一国某行业出口的国内增加值多，则代表该国在该行业的全球价值链体系中获利能力较强。如果对一国国内增加值的来源进行追踪，就可以找到对该国该产业具有巨大贡献的区域和产业。因此，对RCEP经济体内各成员国制造业2017年的国内增加值进行追溯后发现，所有国家的国内增加值均主要来源于RCEP经济体内部。研究发现，中国、日本、韩国、澳大利亚和东盟国家制造业的国内增加值基本上都来源于亚洲，占比达到了7成左右，其余3成来自欧洲、美洲、世界其他地区。这说明RCEP经济体出口增加值高度集中在RCEP区域内部，制造业的发展高度依赖区域内部经济发展。

其次，RCEP经济体制造业生产和市场网络的内向化趋势明显。通过对RCEP经济体的中间产品和最终产品地区流向进行追踪后发现，其流向高度集中在区域内部（见图3.32和图3.33）。以日本为例，RCEP区域是其中间产品和最终产品的主要流向目的地，而且趋势越发集中，2000年RCEP区域吸收日本中间产品的份额为44.46%，到2017年该份额上升至58.32%；2000年RCEP区域吸收日本最终产品的份额为42.26%，该份额到2017年快速上升至65.12%，这意味着日本制造业中间产品中有将近6成流向RCEP

区域，超过65%的最终产品流向 RCEP 区域，说明日本制造业的生产网络和市场网络高度集中在区域内部。此外，其他 RCEP 经济体的制造业生产网络和市场网络也高度集中在区域内部，而且趋势也呈现集中化发展。

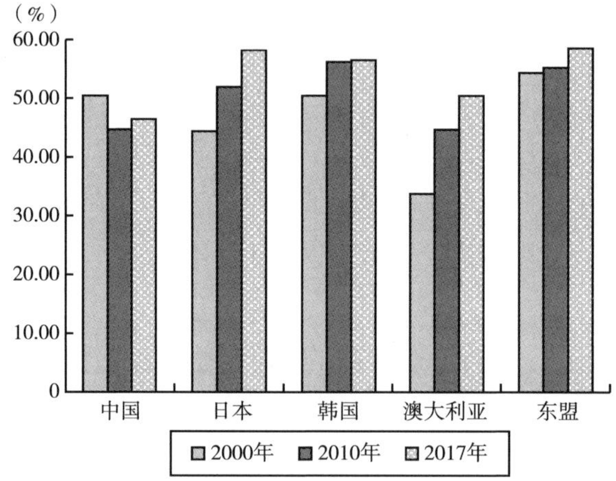

图 3.32　RCEP 经济体制造业中间产品流向区内的份额

资料来源：笔者根据 ADB – MRIO 和 UIBE – GVC index 数据计算。

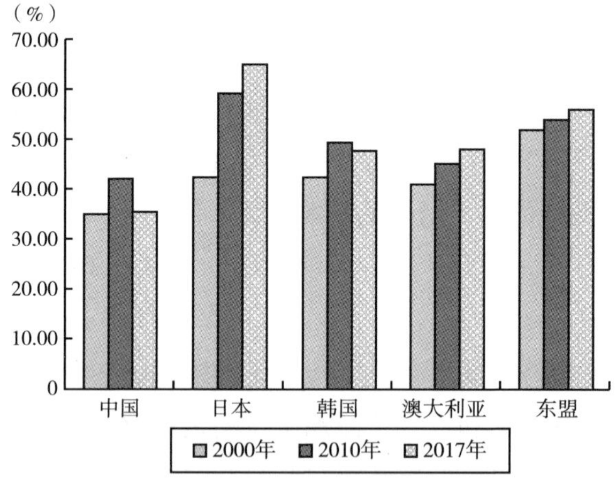

图 3.33　RCEP 经济体制造业最终产品流向区内的份额

资料来源：笔者根据 ADB – MRIO 和 UIBE – GVC index 数据计算。

综上所述，RCEP 经济体的国内增加值来源、生产和市场网络发展均呈现显著的内向化特征，为区域价值链重构提供硬件基础。

四、共同利益：RCEP 经济体间的高度相互依赖关系

首先，RCEP 经济体贸易相互依赖程度显著增强。贸易相互依赖关系既考察双边贸易量和份额的变化，也考察双边贸易对双边经济发展的贡献情况。如果贸易相互依赖程度变高，既意味着经济体间贸易的联系增强，又代表贸易对双边经济发展的重要性增强。对 RCEP 经济体间的贸易相互依赖关系进行分组，可以分成十组（见图 3. 34），即中国—东盟、日本—东盟、韩国—东盟、澳大利亚—东盟、中国—日本、韩国—日本、澳大利亚—日本、韩国—中国、澳大利亚—中国、澳大利亚—韩国。通过对比 2017 年和 2000 年的贸易相互依赖关系发现，RCEP 经济体间的贸易相互依赖关系都有显著提升。

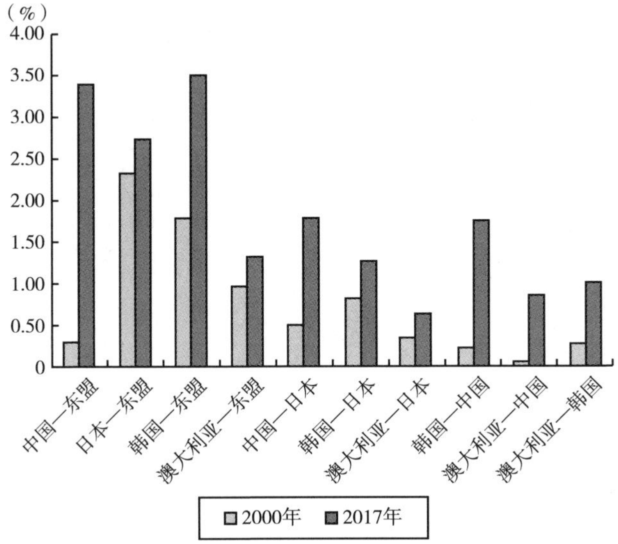

图 3. 34　RCEP 经济体间贸易相互依赖关系变迁

资料来源：笔者根据 ADB – MRIO 和 UIBE – GVC index 数据计算。

其次，以中国为中心的生产和市场依赖体系逐渐成形。贸易相互依赖可以从总体上对双边贸易与国家经济发展之间的紧密关系进行判断，但是无法衡量两国间的产业分工和市场关联情况。因此，需将总贸易分解为中间产品贸易和最终产品贸易两个部分，前者考察经济体间的生产分工情况，后者考

察的是经济体间市场关联情况。根据此思路，本研究发现，一方面，以中国为中心的 RCEP 生产依赖体系逐渐成形。通过对 2017 年和 2000 年的 RCEP 经济体生产网络进行比较发现以下规律［见图 3.35（a）］：RCEP 经济体的生产网络均出现了显著变化，各经济体在 2000 年的中间产品集中流向美国和日本，而 2017 年的中间产品集中流向中国。另一方面，以中国为中心的 RCEP 市场依赖体系逐渐成形。通过对 2017 年和 2000 年 RCEP 经济体的市场网络进行比较发现［见图 3.35（b）］，市场网络的发展变迁规律基本上与生产网络一致。以韩国制造业最终产品的流向变化为例，2000 年美国和日本是其中间产品最大的消费市场，份额分别达到 23.88% 和 23.17%，但到了 2017 年美国和日本的份额下降至 8.80% 和 9.44%，2017 年中国成为吸收韩国制造业最终产品最大的市场，份额从 2000 年的 8.43% 上升至 2017 年的 27.96%。因此，RCEP 经济体的制造业分工体系出现了明显的调整，原本的日本—美国中心体系被打破，以中国为中心的 RCEP 制造业生产网络和市场网络已经逐步成型。

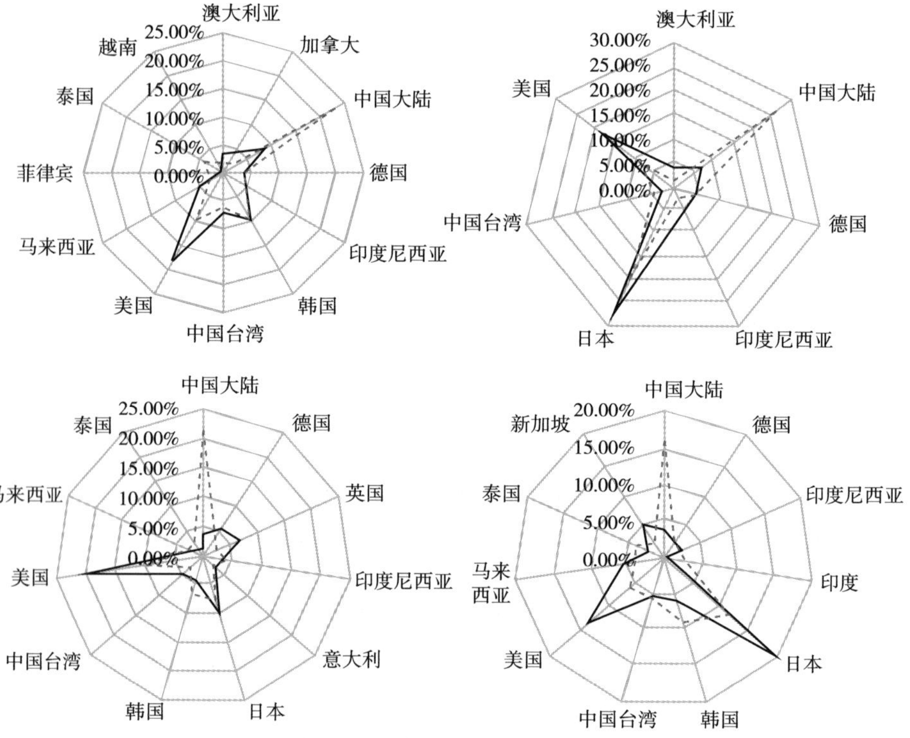

（a）日韩澳东生产网络变迁情况

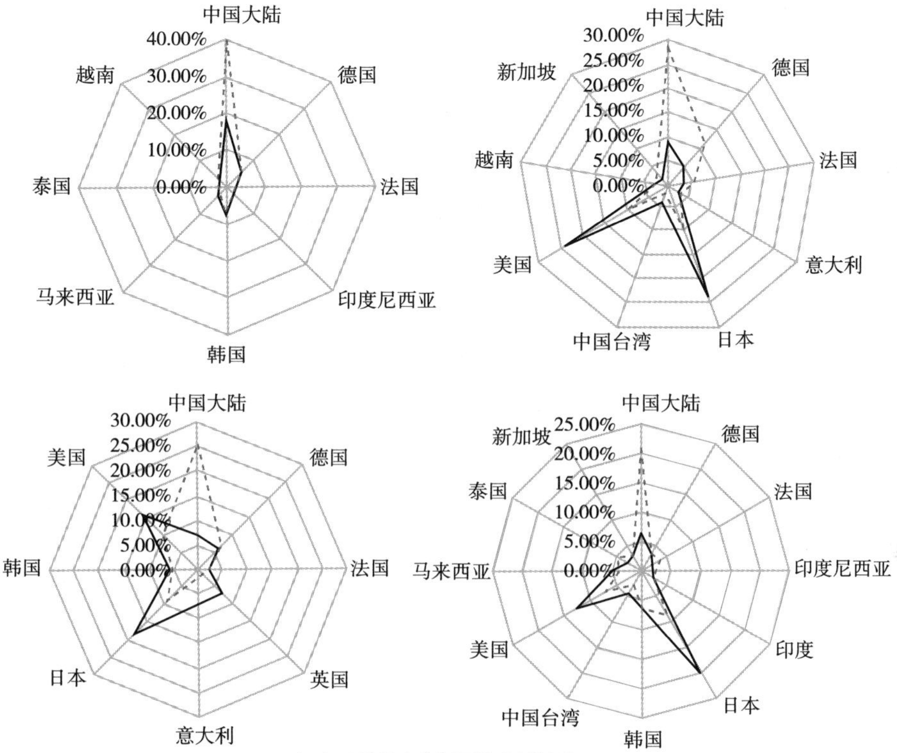

（b）日韩澳东市场网络变迁情况

图 3. 35　日韩澳东生产网络和市场网络变迁情况

资料来源：笔者根据 ADB – MRIO 和 UIBE – GVC index 数据计算。

综上所述，紧密的经济相互依赖关系推动区域经济从“利益共同体”向“命运共同体”发展，为区域价值链的重构奠定基础。

第三节　RCEP 制造业区域价值链的合作困境

一、竞争：区内制造业产业发展的结构性困境

首先，中国与东盟国家间的产业竞争主要体现在低端制造业领域。通过对 RCEP 经济体制造业的全球价值链显性比较优势进行比较发现，由于中国

与部分东盟国家的产业结构趋同，所以它们在低端制造业领域存在一定的竞争性。比如，在纺织品业和鞋类制品业，中国、印度尼西亚、越南、老挝间存在较大的竞争性；在食品饮料烟草业，东盟国家间的竞争性较大，印度尼西亚、马来西亚、菲律宾、泰国、越南等国家在该行业都具有一定的竞争性。另外，在中低端制造业领域，中国和东盟部分国家在橡胶与塑料业、金属和其他非金属制造业等领域存在一定的竞争性。

其次，中日韩的竞争主要体现在中高端制造业领域。一方面，中高端制造业的产业竞争性。中日韩在中高端制造业领域的竞争主要体现在机械制造业和光电设备制造业领域。在机械设备制造业领域，2017 年中国、日本、韩国的 RCA 指数分别为 0. 05、0. 13、0. 12，在光电设备制造业领域，2017 年中国、日本、韩国的 RCA 指数分别为 0. 23、0. 24、0. 54，这说明中日韩两个产业在全球价值链中具有较强的竞争力，也有一定的产业竞争性。另一方面，中高端制造业生产网络的竞争性。东盟部分国家在中高端制造业领域也有一定的竞争优势，这主要与日本、韩国等国家在东南亚打造的产业集群有密切的关系，比如，泰国在交通运输业上具备的竞争优势主要得益于日本与泰国建立的汽车制造生产网络和产业集群效应；新加坡、马来西亚、菲律宾在光电设备制造业领域的竞争优势主要源于日本、韩国光电设备制造业在该国长期投资并形成的制造业产业集群效应。这说明它们与日韩等国家建立了较为紧密的生产联系，这种生产网络的竞争性可能会对中国在东南亚的产业布局造成一定的影响。

综上所述，RCEP 经济体间的产业结构竞争和生产网络竞争问题不容小觑，这种结构性矛盾可能会对区域价值链的重构带来影响。

二、风险：区内依赖关系的方向调整带来的潜在风险

首先，RCEP 经济体相互依赖的不对称发展趋势系潜在的威胁。近二十年来，RCEP 经济体间的相互依赖关系发展呈现以下规律：①中国与 RCEP 经济体间的相互依赖关系呈现不对称发展趋势。从双边贸易份额的变化情况可以看出（见图 3. 36），中国与日本、韩国、澳大利亚、东盟间的相互依赖

都呈现不对称发展的趋势。比如，2017 年中日贸易占中国贸易总额的份额从原来的 17.53% 下降至 7.38%，而占日本贸易总额的份额却从原来的 9.68% 上升至 22.13%，这说明中国和日本的相互依赖关系就出现了逆转，从“中国依赖日本”转向“日本依赖中国”。②RCEP 经济体对中国的依赖在增强，对日本的依赖在减弱（见图 3.37）。中国、韩国、澳大利亚、东盟等对日本的依赖程度在下降，比如，日本对东盟的依赖并没有发生太大变化，但东盟对日本的依赖却发生了显著的变化，双边贸易占东盟贸易总额的份额从 2000 年的 32.32% 下降至 2017 年的 8.03%；韩国与日本的经济相互依赖关系发展也呈现同样趋势。经济相互依赖理论认为“不对称相互依赖关系是权力的主要来源”，而相互依赖关系中的依赖方向发生逆转将可能导致体系内出现权力的转移，打破体系内经济体间的平衡关系从而引发体系出现不稳定的问题。在 RCEP 经济体内部，这种体系内权力转移的现象出现，原本由日本主导的地区经济发展模式被打破，即权力从日本转移到了中国，原本以日本为中心的经济相互依赖体系向以中国为中心的体系转变。

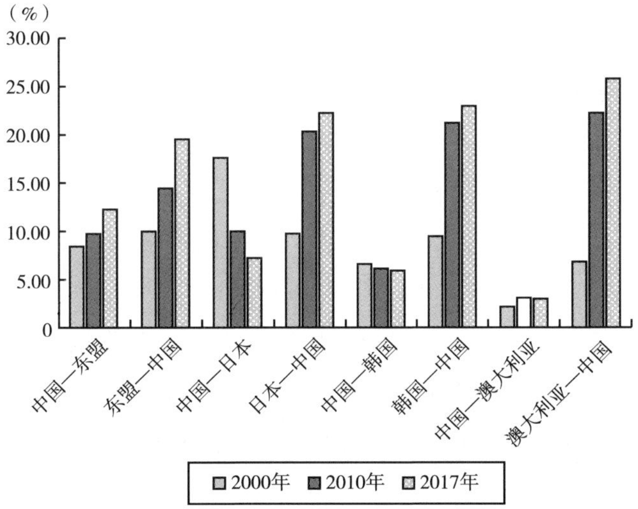

图 3.36　中国与 RCEP 经济体间的双边贸易份额变化

资料来源：根据 UN Comtrade Database 数据计算。

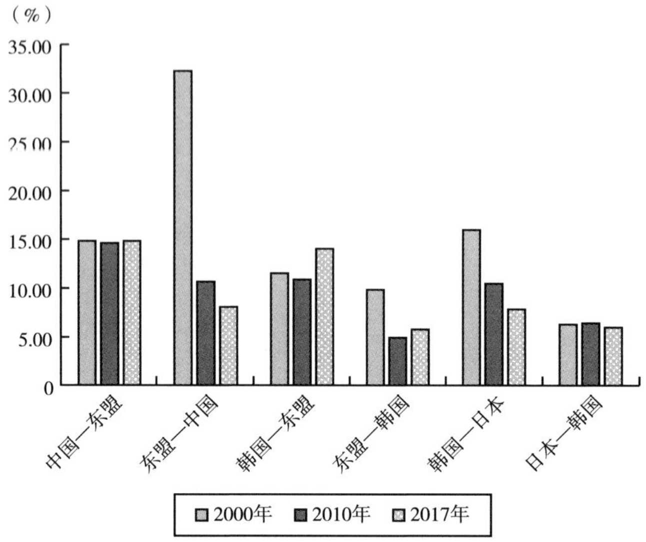

图 3.37　日本、东盟、韩国间的双边贸易份额变化

资料来源：根据 UN Comtrade Database 数据计算。

其次，价值链“攀升国”与“守成国”间的博弈加剧是潜在的威胁。以日韩贸易冲突为例，可以带来两点启示：一是韩国在光电设备制造业领域的迅速崛起和发展，使日本在该领域的地位相对下降，这种“心理落差”是事件爆发的重要原因；二是日本也在步美国后尘，“武器化”使用贸易工具（Henry Farrell and Abraham L. Newman，2019），通过极限施压的方式来压迫竞争对手。日本抓住了韩国经济命脉（光电设备制造业），利用韩国该行业对日本原材料的高度依赖作为打压手段，企图以极限施压的方式迫使韩国屈服。这说明“攀升国”与“守成国”间的博弈可能会成为“新常态”，“守成国”利用优势对“攀升国”进行施压甚至威胁可能成为潜在的风险。

综上所述，经济相互依赖关系的逆转、“攀升国”和“守成国”间的博弈加剧这些问题可能成为 RCEP 区域价值链重构中的潜在风险。

三、外部：中国制造业发展的外部依赖性增强问题

首先，制造业经济体外部增加值来源区外化问题。中国制造业的经济体

外部增加值主要来源于欧洲（见表3.5），且份额不断增多，而来自RCEP区内的经济体外部增加值份额较小，并且出现逐渐下降的趋势。以化工产品（C9）、机械制造业（C13）、光电设备业（C14）、交通运输业（C15）等中高端制造业为例，这些中国制造业的经济体外部增加值来自RCEP经济体的份额在3成左右，来自非RCEP经济体的份额在7成左右（见表3.6）。德国、美国、俄罗斯和中国台湾地区等非RCEP经济体是中国（大陆）中高端制造业经济体外部增加值的主要来源地，比如，中国台湾（10.06%）、美国（6.29%）、德国（4.25%）是中国（大陆）光电设备制造业（C14）经济体外部增加值重要的区域来源；德国（8.76%）、美国（6.99%）、中国台湾（4.90%）是中国大陆交通运输制造业（C15）经济体外部增加值重要的区域来源。

表3.5　中国制造业经济体外部增加值的地区来源和最终产品去向　单位：%

项目	年份	欧洲	亚洲	美洲	其他	RCEP
FV份额	2000	57.87	29.90	11.43	0.80	22.28
	2010	59.51	29.29	10.56	0.65	22.58
	2017	60.70	27.88	10.87	0.54	21.81
最终产品流向份额	2000	19.33	35.32	11.31	34.04	35.05
	2010	28.66	42.27	11.37	17.70	41.95
	2017	28.90	36.08	13.32	21.71	35.65

资料来源：笔者根据ADB－MRIO和UIBE－GVC index数据计算。

表3.6　中国（大陆）中高端制造业的经济体外部增加值的来源（2017年）　单位：%

经济体		分类			
		C9	C13	C14	C15
非RCEP经济体	德国	3.80	6.16	4.25	8.76
	法国	1.37	1.70	1.31	2.37
	意大利	0.71	1.23	0.79	1.24
	英国	1.42	1.95	1.52	2.06

续表

经济体		分类			
		C9	C13	C14	C15
非 RCEP 经济体	荷兰	1.09	1.09	0.87	1.12
	中国台湾	3.83	5.80	10.06	4.90
	美国	7.47	6.83	6.29	6.99
	俄罗斯	3.65	2.69	2.08	2.49
小计		23.33	27.46	27.18	29.92
RCEP 经济体	日本	6.38	8.83	9.48	10.05
	韩国	6.46	8.41	12.59	7.96
	澳大利亚	7.53	5.29	3.70	4.80
	东盟	6.48	5.88	6.94	5.39
小计		26.84	28.42	32.71	28.20

资料来源：笔者根据 ADB – MRIO 和 UIBE – GVC index 数据计算。

其次，制造业市场的区外化问题。从中国制造业最终产品的流向来看，流入 RCEP 内部的份额出现了明显的下降趋势，外部的份额却在不断提升。从数据来看（见表 3.5），中国制造业最终产品流向 RCEP 内部的份额出现了“前升后降”的趋势，2000 ~ 2010 年份额在不断提升，但 2010 ~ 2017 年份额却不断下降，这些减少的份额主要流向是欧洲、美洲和其他地区，换句话说，欧洲、美洲、其他国家的市场对中国制造业的重要性在提升，RCEP 甚至亚洲对中国制造业的重要性在下降。

最后，制造业外资构成比重过大问题。国务院研究中心的调查报告显示，在中国已开放的产业中，每个产业排在前 5 位的企业几乎都由外资控制，中国 28 个主要产业中，外资在 21 个产业中拥有多数资产控制权。玻璃行业、电梯生产行业已经由外商控股；家电企业几乎都是和外商合资；化妆品行业被 150 家外资企业控制；20% 的医药企业在外资手中。

综上所述，区外化问题意味着 RCEP 的市场体量还无法满足中国制造业的发展要求，这可能影响 RCEP 区域价值链重构。

四、威胁：区外不确定因素带来的潜在威胁

首先，美国可能是最大的区外干扰因素，这是由美国在亚太地区价值链中“衰而不落”的现实所决定的。一方面，“衰”意味着美国在该地区的影响力处于下降趋势的现实。所有 RCEP 经济体制造业对美国生产网络和消费市场的依赖性都在下降，比如，韩国制造业中间产品流入美国的份额从 2000 年的 17.35% 下降至 2017 年的 7.36%，其最终产品流入美国市场的份额从 2000 年的 23.88% 下降至 2017 年的 8.80%。另一方面，“不落”意味着美国不甘于影响力下降而采取的积极行动。一是在一些美国人看来，RCEP 是为抗衡曾经的 TPP 而提出的合作框架，其本质是排斥美国的，RCEP 区域价值链影响了美国在该地区的影响力，美国对此持负面态度。二是美国并不甘心 TPP 流产给 RCEP 带来的发展机遇，通过各种手段拉拢区内经济体，强化其在该地区的影响力。比如，美国正在拉拢日本加入美日欧“三零自由贸易区”，其通过强化美日合作来增强地区影响力的企图心昭然若揭；通过扩大对越南制造业的进口，有意培植“越南制造”取代“中国制造”，这与越南国内近年来兴起的“中国制造威胁论”不谋而合，这显然会削弱东盟凝聚力和区域价值链合作的共识。

其次，中国台湾地区的影响力不容小觑。虽然加入 RCEP 对中国台湾地区制造业的发展是重大利好，但因种种原因其并未加入谈判。近年来，中国台湾地区在东亚地区高端制造业生产网络中的影响力显著增强，与 RCEP 经济体有较为紧密的相互依赖关系。以光电设备制造业为例，2017 年中国台湾地区光电设备制造业显性比较优势指数跃居世界第一，且它与中国大陆、日本、韩国间的生产和市场依赖程度在不断增强，比如，中国大陆超过 2 成的光电设备制造业中间产品和最终产品流向中国台湾地区。这意味着中国台湾地区角色的缺失可能会影响 RCEP 区域价值链的合作成效，而 RCEP 区域价值链重构带来的“贸易转移效应”亦将冲击中国台湾地区制造业的发展。

再次，链主产业政策调整所带来的撤资和断供风险。撤资风险主要体

现在发达经济体的产业价值链调整和转移上。比如，在欧美产业政策调整和新冠疫情的双重影响下，日本计划全面调整在华制造业的产业链布局，一部分制造业撤回日本本土，另一部分制造业向东南亚国家转移。断供风险主要体现在以芯片制造为主的高端制造业关键技术和零部件的供应链断裂。

最后，美国主导全球产业链“去中国化”带来的负面冲击。当前，制造业全球产业链“去中国化”趋势被广泛关注。关于制造业产业链“去中国化”的话题始于制造业的“双转移”过程，在 2020 年的新冠疫情期间被一些国家政府、智库、媒体等放大，伴随日本和印度等国家明确提出降低制造业对中国依赖的现实背景下，产业链“去中国化”再次成为前沿话题。目前，国内专家学者关于全球产业链“去中国化”的态度主要分为两类，一类观点认为，“去中国化”仅代表部分西方政客的偏执观点，中国与西方国家的经济高度相互依赖关系意味着“去中国化”并不符合西方国家利益。不过，持谨慎态度的学者认为，产业链“去中国化”虽然难以一蹴而就，但这种趋势是一种危险的信号，随着产业链重构和转移步伐的加快，可能对中国制造业发展造成负面冲击。

第四节　案例研究 3：中国与东盟的区域价值链共建路径

后危机时代[①]的全球价值链体系深度调整，发达经济体为重塑制造业比较优势，利用全球价值链中的“链主”地位强化治理，促使全球价值链本身进入升级通道。这对正在全球价值链中攀升的中国制造业造成巨大影响，发达经济体提前布局新一轮科技革命，利用“双转移”牵制中国向价值链中高端攀升，通过强化产业链治理提高上游行业准入门槛，通过发动贸易战在下

① 后危机时代，指的是 2008 年国际金融危机以后相对平稳的时期，但在这期间危机的影响并未完全消除，而且世界经济的发展也充满不确定性。

游行业封杀中国“智造”。因此，中国制造正面临来自发达国家在战略、规则、科技、市场的全方位战略打压。为了有效应对，部分学者提出重构全球价值链的设想，认为可以通过重构国内价值链、区域价值链、全球创新链来突破“低端封锁”。还有部分学者认为应该通过技术创新、增加附加值、提高嵌入位置、扩大国际购买等方式深耕现有全球价值链，深度嵌入全球价值链体系并逐渐实现攀升。然而，在现阶段重构全球价值链还为时尚早，而且容易引起“链主”国家的警惕和压制，但是继续在当前全球价值链体系中发展又面临被“低端俘获”的巨大风险。在此背景下，重塑和共建区域价值链①将成为中国制造业突破链主“围追堵截”的务实选择，因此，“一带一路”与区域价值链构建成为当前研究的热门话题。学术界认为，通过主动寻求与周边国家的联系，借助“一带一路”平台推动全球要素资源的重新整合，利用比较优势实现优势产业组合，培育“链主”企业，这些措施将助力中国重构“一带一路”区域价值链。但是，共建“一带一路”国家众多，与中国经贸联系的紧密度也存在差异。本部分认为，通过打造地区合作范本，发挥区域价值链示范效应，循序渐进推动“一带一路”区域价值链建构是较为务实的选择。

在“一带一路”区域价值链示范区的对象选择上，东盟无疑成为首选。中国与东盟经贸合作有“黄金十年”和“钻石十年”的积淀，双边经贸关系发展势头良好，双方对升级经贸合作有强烈意愿。中国与东盟经贸合作的升级，除了能够在贸易领域加深依赖关系之外，更重要的是能够提高双边经贸合作的发展质量，即在投资和生产领域建立更为紧密的关系。同时，东南亚是“一带一路”倡议的重点区域，也是中国产业合作的重要伙伴，因此，作为提升双边经贸关系发展质量的有效路径，区域价值链的共建将成为当前中国和东盟“一带一路”国际合作的重要议题，其共建基础、挑战和路径是亟待研究和解决的重要问题。

---

① 一般认为，区域价值链是介于国家价值链和全球价值链之间的一种区域层面的产业分工体系。区域价值链的建立有赖于参与国家利用技术和市场优势，通过区域协调或制度安排等，强化区域内经济体间的产业合作，打造一个新的产业发展和价值链分工体系。

一、中国与东盟共建区域价值链的基础

在“黄金十年”“钻石十年”的合作进程中，中国和东盟的经贸关系发展势头良好，双方既有升级合作的共同意愿，又保持了区域合作内向化发展的有利局面，同时还有依赖性和互补性不断增强的现实基础，因此，共建区域价值链将为中国和东盟“一带一路”国际合作高质量发展奠定坚实基础。

（一）能动性：共建区域价值链的共同意愿

第一，中国与东盟共建区域价值链具有共同意愿。一方面，对中国来说，区域价值链不仅是中国制造摆脱发达经济体“围追堵截”的最佳出路，而且是国内产业结构转型升级的持续动力。当前，中国制造业的攀升与“链主”国家的反攀升成为全球价值链分工体系博弈的新常态，面对发达经济体在战略、规则、技术、市场等领域的全方位压制，中国制造业要实现全球价值链的重构并不现实，而如果继续嵌入当前的全球价值链体系又将无法摆脱被“低端俘获”的困境。因此，选择在区域层面调整产业分工模式、实现区域价值链的重构是务实的选择。区域价值链的建构不仅有利于扩大中国制造的出口市场，缓解对欧美市场过度依赖的现状，而且可在生产端促进国内制造业产业结构转型升级。另一方面，对东盟来说，区域价值链的建构有利于其找到经济发展新的增长点。虽然东盟一直都是亚太地区供应链和价值链的重要环节，但是其制造业的整体生产能力尚未向价值链的中高端转移，而且，在当前贸易保护主义抬头的背景下，欧美国家很难在进一步开放国内市场方面做出更大让步，这使东盟原有的制造业产业链和以出口贸易为主的经济增长方式陷入发展困境。因此，调整区域生产分工模式既能够为东盟制造业实现向中高端攀升提供动力，也能够为东盟经济增长走出发展困境寻找突破口，找到经济发展的新增长点。

第二，中国、东盟共建区域价值链具有共同的战略诉求。一方面，共建区域价值链有利于中国提升“一带一路”国际合作的质量。“高质量共建‘一带一路’”是第二届“一带一路”国际合作高峰论坛提出的新要求，论

坛联合公报明确提出，“我们支持各国在已有进展的基础上，继续建设经济走廊、经贸合作区和同‘一带一路’相关的合作项目，加强价值链、产业链、供应链合作”。联合公报重点推进的建设项目中，中国和东盟国家的共建项目既是重点又具发展潜力。以共建项目为契机，提升双边制造业产业合作水平，促进价值链地位升级，既有利于实现“高质量共建”的发展目标，又有利于为“一带一路”国际合作的深入推进提供重要的战略示范作用。另一方面，共建区域价值链是东盟经济共同体发展战略的关键。东盟经济共同体 2025 蓝图明确指出，要通过区域价值链和全球价值链来实现区域内规模经济和产业集聚效应，推动区域创新体系的形成，而且区域价值链的形成与发展是东盟提高一体化水平和增强凝聚力的关键。东盟经济共同体 2025 蓝图认为，区域价值链和全球价值链不是相互排斥的，落后的东盟国家能够通过区域价值链对接全球价值链，而发达的东盟国家能够通过区域价值链实现全球价值链分工地位的攀升。这说明打造区域价值链是东盟未来经济发展战略的重中之重，而且东盟提倡的模式是开放的价值链模式，这与中国“一带一路”的开放、共享、共建理念不谋而合，双边共建区域价值链有较强的战略基础。

第三，面对外部压力，中国、东盟需要共建区域价值链。中国和东盟的制造业都深度融入全球价值链分工体系，而且双方都主要通过较低附加值的人力资源、自然资源等比较优势参与全球价值链，因此，它们在全球价值链分工中均处于较为低端的位置。在后危机时代，以美国为首的发达经济体开启了再工业化道路，随着制造业“双转移”步伐的加快，全球价值链本身进入了升级通道，这对于原本处于低端的中国和东盟制造业来说是雪上加霜。因此，全球价值链升级带来的外部压力对处于价值链低端的国家的影响是弊大于利，中国和东盟制造业将面临被持续“低端锁定”的风险。

综上所述，面对共同的外部压力，具有共同的意愿和战略需要，共建区域价值链成为中国与东盟提升经贸合作水平的务实选择。

（二）区域性：贸易增加值来源的内向化趋势日益明显

第一，双边贸易增加值来源内向化。通过对中国和东盟制造业在全球价值链体系中的增加值来源进行分析发现，双边贸易增加值来源呈现区域内向化发展的特征。从中国来看，制造业参与全球价值链生产获得的国内增加值越来越多地源于区域内，出口产品中来自区域内的国外增加值也略有增加，这说明该区域成为中国制造业贸易增加值的重要来源地。从东盟来看，其制造业的增加值也越来越多地源于区域内，其 DVA 份额不断上升，同时出口产品中来自中国的 FVA 比重也越来越大。这说明中国和东盟制造业的贸易增加值越来越依赖于该区域。从区域视角来看，2017 年，有 40.84% 的区域内国内增加值和 34.71% 的区域内国外增加值来自本区域（见表 3.7），与 2000 年相比，有明显提升。以上分析说明，中国和东盟制造业的贸易增加值的区域来源比重越来越高，价值链的内向化发展特征明显。

表 3.7　　中国、东盟区内和区外贸易增加值比重变动（2000 年、2010 年、2017 年）

单位：%

年份	中国 DVA (A)	中国 FVA (B)	东盟 DVA (C)	东盟 FVA (D)	RDVA (A+C)	RFVA (B+D)	RVA (A+B+C+D)
2000	8.79	6.69	18.29	15.46	27.08	22.14	49.22
2010	11.97	6.42	27.46	23.00	39.43	29.42	68.85
2017	13.11	6.73	27.73	27.98	40.84	34.71	75.55

资料来源：笔者根据 ADB - MRIO 和 UIBE - GVC index 数据计算。

第二，东盟国家制造业发展得益于区域价值链的内向化。通过对东盟国家制造业 2000 年和 2017 年的国内增加值及国外增加值进行比较后发现，所有国家来自区域内的制造业国内增加值和国外增加值份额都在增加。一方面，从 RDVA 数据来看（见图 3.38），马来西亚、菲律宾、泰国、文莱、新加坡等国家的制造业发展明显得益于区域价值链的发展，它们在 2017 年的 RDVA 均比 2000 年有明显提升。另一方面，从 RFVA 数据来看（见图 3.39），东盟国家的区域内国外增加值比重都有明显上升。从 2017 年数据来看，马来西亚、菲律宾、越南、老挝、文莱、柬埔寨的 RFVA 都超过了 30%。这说明在东盟国家出口的制造业中间产品和最终产品中，由区域内贡献的增加值比重在增加，这也反映了该区域全球价值链的内向化发展特征。

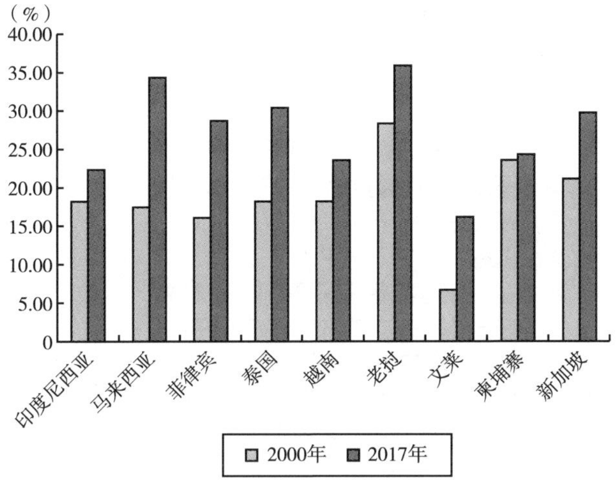

图 3.38　东盟国家制造业 RDVA 变化情况（2000 年、2017 年）

资料来源：笔者自制。

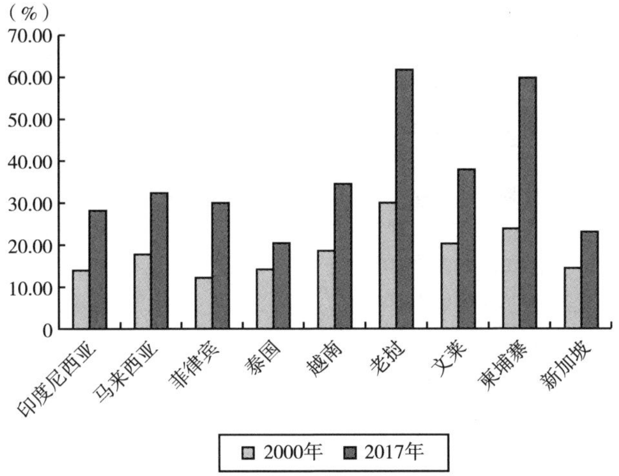

图 3.39　东盟国家制造业 RFVA 变化情况（2000 年、2017 年）

资料来源：笔者自制。

第三，中国对东盟国家的国内附加值贡献巨大。除老挝、文莱外，其余国家从与中国贸易中获得的制造业国内增加值比重均超过 10%（见图 3.40），其中马来西亚、新加坡和越南的比重超过 15%。同时，中国也在东盟国家制造业出口的国外附加值中占得一席之地。2017 年，在所有东盟国家出口的国外附加值中，中国的占比均超过 10%，提升幅度较大（见图 3.41）。

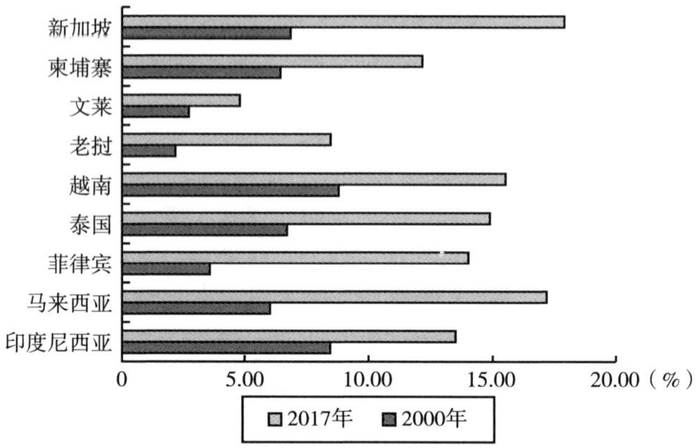

图 3.40　中国对东盟国家 DVA 贡献情况（2000 年、2017 年）

资料来源：笔者自制。

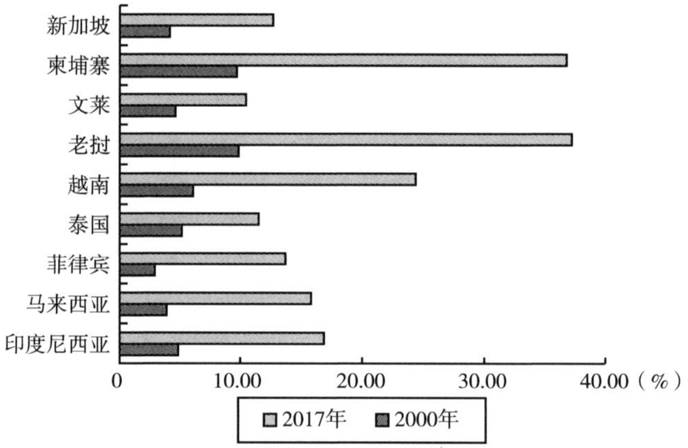

图 3.41　中国对东盟国家 FVA 贡献情况（2000 年、2017 年）

资料来源：笔者自制。

（三）依赖性：以中国为中心的紧密的生产网络和市场网络日渐成熟

第一，中国成为东盟制造业生产网络和市场网络的中心。中间产品和最终产品的流向能够准确反映出一国的生产网络和市场网络的发展情况，其中，制造业中间产品流向反映了一国制造业参与全球价值链分工的情况，根据其中间产品流向进行区域和国别份额计算后，以份额超过2%的国家为代表，就可以勾勒出该国的制造业生产网络。制造业最终产品流向反映了一国制造业的最终流向，通过相同的计算，可以勾勒出一国制造业的市场网络。通过对东盟制造业中间产品和最终产品的流向分析，对其制造业生产网络和市场网络进行可视化处理后得出东盟生产网络和市场网络模型（见图3.42）。此模型的中心点均为东盟，根据中间产品和最终产品的“国别份额数值越大越靠近中心”的原则进行绘制，越靠近东盟中心点的国家代表东盟对其生产或市场依赖性越强，虚线部分为2000年的东盟制造业生产网络和市场网络，实线部分为2017年的东盟制造业生产网络和市场网络。

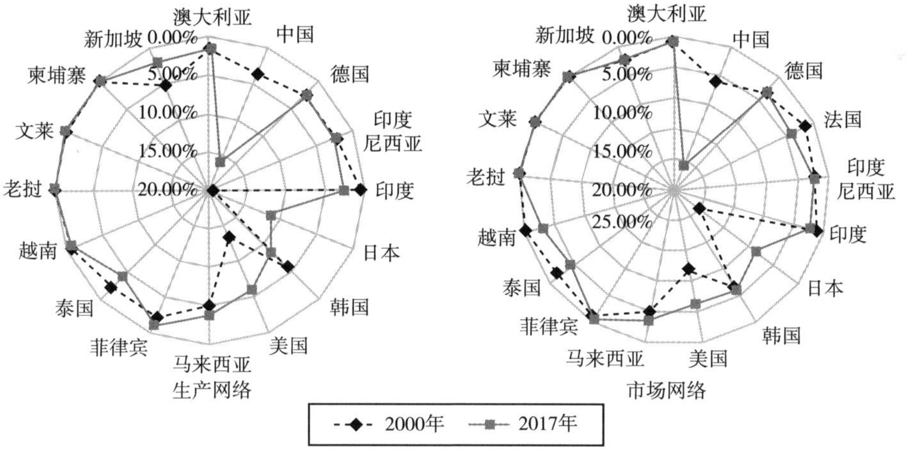

图3.42　东盟生产网络和市场网络变迁模型（2000年、2017年）

资料来源：笔者自制。

分析该网络模型可以发现，中国已经成为东盟制造业生产网络和市场网络的中心。从东盟生产网络来看，2000年东盟制造业与日本、美国的联系非常紧密，份额分别达到19.6%和13.13%，这说明当时的东盟生产网络以日本和美国为核心。但在2017年，东盟生产网络与日本和美国的关系开始逐渐疏远，份额下降至11.51%和6%，与中国的生产网络变得非常紧密，份额从2000年的3.82%上升至2017年的16.25%。东盟市场网络的变化趋势与生产网络基本一致，目前中国市场吸收了东盟制造业超过两成的最终产品，成为东盟制造业最大的市场。

第二，东盟国家制造业对中国生产和市场的依赖程度都在增加。从东盟国家的视角来看，中国几乎是所有东盟国家制造业中间产品和最终产品的最大出口市场。通过对东盟国家的中间产品和最终产品出口国别份额的变迁情况的分析，可以将东盟与伙伴国之间关系的发展分为依赖程度上升和依赖程度下降两组，①从中可以发现以下情况：其一，所有东盟国家制造业对中国市场的依赖程度在增加，且增长幅度和趋势显著；其二，东盟与日本、美国等经济体的生产和市场联系开始疏远；其三，东盟国家制造业生产网络的核心出现变化，从以美国、日本为核心转向以中国为核心。

综上所述，以中国为中心的东盟制造业生产、市场网络成型，东盟国家制造业对中国市场的依赖程度稳步上升，这为共建区域价值链奠定基础。

（四）互补性：结构互补为区域产业布局与重构提供空间

通过显性比较优势指数②对制造业出口增加值在全球价值链中的竞争力进行计算后发现，中国和东盟优势产业之间具有较强的层次互补性，具备共建区域价值链的基础。

---

① 以东盟制造业生产网络为例：印度尼西亚依赖程度上升的经济体有中国、泰国，下降的经济体有日本、韩国、美国、澳大利亚等；马来西亚依赖程度上升的经济体有中国、德国、印度、泰国等，下降的经济体有日本、韩国、美国、菲律宾、新加坡；菲律宾依赖程度上升的经济体有中国、德国、印度、马来西亚、泰国、越南，下降的经济体有日本、韩国、美国等；泰国依赖程度上升的经济体有中国、韩国、澳大利亚、智利，下降的经济体有日本、德国、美国、马来西亚、菲律宾、新加坡等；越南依赖程度上升的经济体有中国、韩国、美国、马来西亚、泰国，下降的经济体有日本、新加坡等；老挝依赖程度上升的经济体有中国、越南、泰国，下降的经济体有韩国、马来西亚等；文莱依赖程度上升的经济体有中国、韩国、泰国、德国、印度尼西亚、意大利，下降的经济体有英国、日本、美国、马来西亚、新加坡；柬埔寨依赖程度上升的经济体有中国、越南、泰国，下降的经济体有印度尼西亚、日本、韩国等；新加坡依赖程度上升的经济体有中国、印度尼西亚、印度、韩国、泰国等，下降的经济体有日本、美国、马来西亚、德国。

② 根据全球价值链的前项参与度来计算 S 国的行业增加值显性比较优势指数 RCAf，公式为：$RCA-f_i^s=\frac{dva\_f_i^s/\sum_i^n dva\_f_t^i}{\sum_i^G dva\_f_i^s/\sum_i^G\sum_i^n dva\_f_s^i}$，$RCAf_i^s$指数代表 S 国 i 行业在全球价值链分工体系中的竞争力。以纺织品（C4）行业为例，越南和柬埔寨利用劳动密集型比较优势，使其在区域乃至全球价值链中都具有较强竞争力，具有成为该行业区域价值链“链主”的潜力。

第一，中国和东盟优势产业之间具有较强的层次互补性。从整体来看，东盟国家的制造业优势产业集中在低端和中低端领域，而中国制造业的优势产业集中在中低端和中高端领域。在东盟国家中，印度尼西亚、菲律宾、越南、老挝、柬埔寨的竞争优势产业均集中在低端制造业领域。通过对后危机时代东盟制造业的发展特点进行分析后发现，东盟低端制造业发展得益于发达经济体的“双转移”战略，但中高端制造业存在明显的被边缘化迹象。[①]中国的竞争优势行业集中在中低端和中高端领域，这与马来西亚、新加坡和泰国的优势产业结构相似，这种趋势主要得益于中国制造业在全球价值链的攀升。

第二，产业结构的差异化发展有利于区域内产业分工的重塑。根据《国家创新驱动发展战略纲要》，中国将着重发展信息技术、工业机器人、航空设备、高铁设备、新能源汽车、电力装备、生物医药等中高端技术行业。可以预见，相对于东盟制造业的低端化和边缘化发展趋势，中国制造业向高端攀升的动能充足，未来在中高端制造业领域的竞争优势也会越发突出，这种产业结构的差异化发展将有利于双方建立稳定的分工关系，也有利于实现区域内产业分工的重构。

综上所述，中国和东盟的制造业在全球价值链分工体系中的优势产业层次结构不同，且在中国中高端制造业发展战略的动力牵引下，未来双边制造业的互补性将不断增大，有利于双边建立稳定的制造业产业分工体系，为区域价值链的共建奠定基础。

二、中国与东盟共建区域价值链的挑战

中国与东盟共建区域价值链的道路并非一路坦途，外部力量在区域内的博弈加剧、区域内经济体间产业发展的结构性矛盾以及产业持续升级的阻力将成为双边经贸关系深化的三大障碍。

---

① 笔者对后危机时代东盟国家制造业的发展趋势进行评估后发现，“低端强、高端弱”的发展特征与发达国家低端转移东南亚、高端回流发达国家的“双转移”的逻辑保持一致。

（一）外部性：外部力量在区域内的博弈加剧

第一，中国制造业对外部市场的依赖性增强。对中国来说，制造业中有超过 60% 的商品为最终产品，因此，中国主要以最终产品参与制造业全球价值链分工。然而，东盟国家并非中国制造业最终产品的重要市场（2017 年流入东盟的份额仅占 3.93%），中国最终产品的市场集中在区域外。从图 3.43 中可以发现，中国的制造业最终产品流向欧洲和美洲的比重在不断增加，其中流入欧洲市场的比重增长最为明显。从国别来看，德国、美国和韩国市场对于中国制造业的重要性显著上升。以上数据表明，对于以最终产品为主要方式参与全球价值链分工的中国来说，制造业对区域外部市场的依赖性在增加，这也意味着中国制造业容易受到区域外力量的干扰。

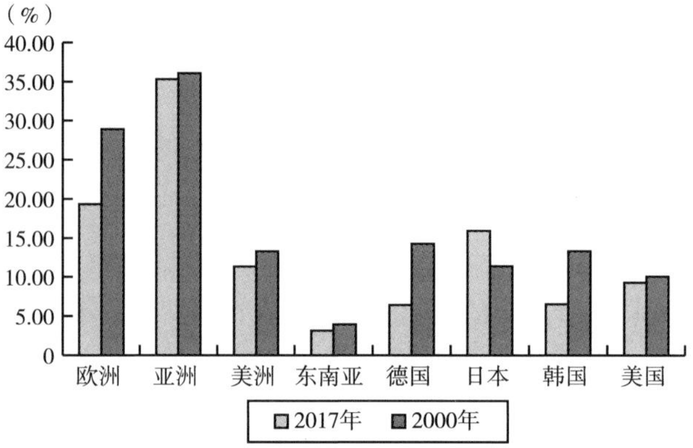

图 3.43 中国制造业中间产品区域国别流向（2000 年、2017 年）

资料来源：笔者自制。

第二，外部力量与东盟国家制造业产业集群的发展关联性非常强。部分东盟国家的制造业发展具有很强的产业集群效应，这主要是由外国直接投资的产业产生的聚集效应所致，这些国家中有代表性的产业集群包括新加坡的生物医药集群、电子产业和石化产业集群，马来西亚的电子产业和汽车产业集群，泰国的汽车产业集群。这些产业集群的主导者都是外部力量。[①]实际

① 例如，日本的本田、丰田、日产、马自达、索尼、东芝、松下、住友化学等；韩国的三星、LG、起亚、现代；荷兰的飞利浦；美国的英特尔、戴尔、惠普、IBM、埃森克美孚、仙灵葆雅等。

上，新加坡、马来西亚、泰国在中高端制造业领域具有竞争优势的行业与外资产业所形成的产业集群行业是一致的，这意味着制造业产业集群效应可以促进这些国家的制造业国际竞争力的提升，同时也说明外部力量对东盟制造业的介入很深，两者之间形成了较为稳定的相互依赖关系。

第三，后危机时代外部力量在东盟制造业的介入加深、博弈加剧。一方面，东盟战略地位的提升促使外部力量介入。TPP 的最终目的是重构有利于美国的东亚分工模式，弱化中国在东盟的影响力，在对待 TPP 的态度上，东盟国家间确实出现了明显的分化。而美国希望通过挑起贸易摩擦达到“一石二鸟”的效果，一是弱化中国在该地区的影响力，二是强化美国与东盟国家的经贸联系。另一方面，通过对后危机时代东盟国家制造业在全球价值链体系中的发展情况进行评估后发现，泰国、越南、老挝、文莱的制造业发展较快，且其全球价值链的参与度上升、地位上升。但是，这些国家制造业的发展实际上也反映了中国、美国、日本、韩国在该地区的博弈加剧。例如，老挝的制造业发展与中国持续增加的中间产品和最终产品进口有直接联系；日本与泰国制造业根深蒂固的关系以及美国加强对其中间产品、最终产品进口是泰国制造业发展的重要原因；越南制造业的发展虽然与中国市场有密切关系，但也与美国增加对其制造业中间产品、最终产品的进口有直接关联；文莱制造业的发展基本上是由韩国所推动的。

综上所述，外部力量在中国、东盟区域生产网络中的介入程度不断加深，竞争博弈日益激烈，这成为中国和东盟共建区域价值链的一个障碍。

（二）竞争性：共建区域价值链的结构性矛盾

互补性是区域价值链共建的基础，而竞争性则可能成为区域价值链共建的障碍。中国与东盟在区域价值链共建过程中的竞争性问题就是结构性矛盾，包括产业结构竞争、产业升级竞争两方面。

第一，双方的竞争性主要体现在低端制造业领域。当前，中国与部分东盟国家在产业结构上有一定的相似性，从而导致部分产品出口竞争性增强。中国与东盟国家间竞争性较强的制造业产业主要集中在低端制造业领域，具有代表性的包括中国、越南、老挝在纺织品领域的竞争，中国、印度尼西亚、越南在皮革和鞋类领域的竞争，中国、印度尼西亚、越南在木材制造领域的竞争，等等。这说明中国与印度尼西亚、越南、老挝等东盟国家在劳动密集型产业上具有较强的竞争性。而且，随着中国人力资本的不断提升，东盟国家人力资源和自然资源的优势更加明显，这也是东盟国家在低端制造业领域迅速发展的重要原因，从而导致产业间的竞争加剧。实际上，劳动密集型产业在全球价值链体系中的分工地位较低，该类行业的国际贸易获利能力较弱，容易被“低端锁定”，因此竞争性也较大。

第二，中国转型升级与“双转移”之间的逻辑矛盾。实现制造业转型升级是中国制造摆脱全球价值链“低端锁定”的重要动力，而低端制造业向劳动力丰裕的东南亚地区转移是中国产业升级的首选，既有利于提升中国制造业的地位，也有利于促进区域价值链的形成。然而，发达国家“双转移”步伐的不断加快，使原本布局在中国的国外低端制造业也在加速向东南亚地区转移，这就形成了制造业转移的逻辑矛盾。该矛盾体现在两个方面：一方面，中国和发达国家的低端制造业都在向东南亚地区转移，这必然会导致该类产业出现竞争；另一方面，东盟部分国家利用当前的有利局面，正在促进形成制造业国家品牌，与中国制造存在较强的竞争。例如，制造业发展势头良好的越南就有意利用人力资源优势，计划打造“越南制造”品牌，从而在国际市场上取代“中国制造”。

综上所述，中国与东盟共建区域价值链存在结构性矛盾，产业结构竞争、产业升级竞争成为双方共建区域价值链的第二个障碍。

（三）动力性：区域内制造业的可持续升级动力存在内生、外生障碍

中国的创新驱动发展战略将为区域价值链升级提供强大的动力，但是，该动力的持续性和有效性还有待观察，这是因为东盟国家的制造业发展遇到的内生、外生障碍可能会对区域价值链的建构形成阻力。

第一，东盟国家制造业内生动力不可持续问题。一是东盟国家参与全球价值链的程度参差不齐。通过对后危机时代东盟国家制造业的全球价值链参与程度的研究发现，这些国家制造业的发展可以分成两个梯队，第一梯队包括新加坡、文莱、马来西亚、泰国、越南，它们的制造业深度嵌入全球价值

链体系；第二梯队包括印度尼西亚、菲律宾、老挝、柬埔寨、缅甸，这些国家的制造业参与全球价值链的程度明显较低。第二梯队国家的制造业基础薄弱，发展动力明显不足，增加了中国与其实现产业对接的难度。二是部分东盟国家的基础设施严重落后。亚太经合组织（APEC）的一份研究报告认为，基础设施建设是实现区域价值链建构的关键，它不仅能够促进互联互通，也能够降低生产成本，促进区域一体化。部分东盟国家的基础设施建设明显滞后，不利于区域价值链的发展。以第一梯队的泰国为例，虽然泰国政府计划实施“泰国工业4.0”，但是就目前来看，作为工业4.0核心要素的数字化基础设施建设严重滞后，甚至有日本研究机构认为，泰国在该领域的基础设施建设还未达到工业3.0的标准。处于第二梯队的国家在基础设施建设方面的问题更多，以印度尼西亚为例，由于其为岛屿国家，国内基础设施建设严重滞后，岛屿之间的互联互通面临很大困难，这是印度尼西亚参与区域价值链建设的“硬伤”。因此，价值链参与度参差不齐和基础设施建设严重滞后，都是东盟国家制造业发展可持续动力不足的内生性问题。

第二，东盟制造业产业协同发展的外生困境。东盟经济共同体2025蓝图为东盟制造业的发展指明了方向，即在区域品牌、区域市场、贸易便利化、接轨国际标准、互联互通等方面同步发展。然而，从东盟国家制造业发展的实际来看，要实现统一步调、协同发展的难度非常大。其中，外部因素对东盟制造业产业协同发展影响最大。东盟国家制造业的发展严重依赖外部经济体，也反映了中国、美国、日本、韩国等在东盟制造业领域的博弈加剧。在这一背景下，东盟国家在选择制造业发展行业、发展布局以及发展战略方面受到的外部因素影响就会很大。例如，美国不仅将制造业转移至越南，而且加大美国市场吸收越南制造业最终产品的力度，这一趋势必然影响越南未来的产业政策制定和产业发展方向。又如，日本与泰国在汽车制造业方面根深蒂固的联系，将影响未来泰国制造业的发展方向。因此，这种外部依赖性会严重削弱东盟国家在整体产业布局和协同发展中的领导力，也将大大影响东盟经济共同体建设的效率。

综上所述，由于东盟的制造业发展存在内生和外生的困境，中国创新驱动这一区域价值链的“新引擎”和“牵引力”可能会被削弱，这成为双边共建区域价值链的第三个障碍。

三、中国与东盟共建区域价值链的路径

以美国为首的“链主”国家开启了再工业化进程，对中国的全球价值链升级战略进行全方位、立体式施压，从图 3.44 可以发现，“链主”国家的立体式施压路径主要有三种。一是生产端：扼杀技术创新。例如，华为和中兴等具有代表性的技术领先企业遭到美国的科技围堵。二是市场端：市场围追堵截。例如，美国发动的贸易战，通过关税和禁入等手段对中国制造业进行精准打击。三是规则端：提高准入门槛。例如，从 TPP 到 CPTPP 再到“美日欧三零自贸区”①都延续了从规则上排除中国的施压逻辑。

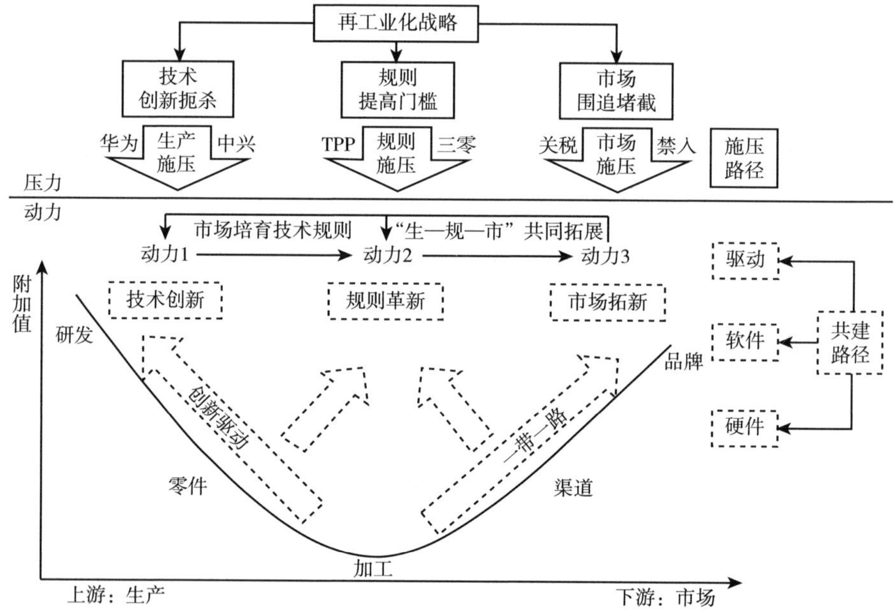

图 3.44　应对“链主”立体施压的区域价值链共建路径设计

资料来源：笔者自制。

---

① 2018 年，特朗普提出了所谓的“零关税、零壁垒、零补贴”的美欧自由贸易协定，由于欧盟与日本在此前签订了史上最大的“自由贸易区”协定，有观点认为美国的举措旨在建立更为广泛的发达国家间的联盟，即美日欧自由贸易联盟。参见吴正龙．冷静看待当前国际贸易形势［EB/OL］．（2018－08－17）．https：//opinion. huanqiu. com/article/9CaKrnKbud3.

面对“链主”的立体式施压，中国应当通过建构区域价值链进行有效应对。作为“一带一路”区域价值链的“试验田”，中国—东盟区域价值链的共建路径十分重要。笔者认为，中国与东盟共建区域价值链，需要从认知、原则、路径三个方面完善顶层设计，特别是按照硬件、软件、驱动“三位一体”的路径进行有效建构。

（一）认知：从全球价值链向区域价值链转变

中国制造业的价值链战略认知从全球转向区域是区域价值链体系顶层设计的第一步，值得注意的是，价值链战略认知转型的过程是一个复杂的系统过程，包括国家战略、产业政策、企业实务三个层次。在国家战略层面，应重视中国制造业所面临的嵌入价值链被“低端锁定”、重构价值链还为时尚早、攀升价值链被“围追堵截”这三大发展困境，加快推动并形成具有中国特色的“一带一路”区域价值链战略。在产业政策层面，一方面应加强对新形势下制造业产业政策调整问题的综合研判，特别是加强对“一带一路”沿线制造业产业发展、投资、布局的政策研究；另一方面，应通过政策来培育具有区域价值链“链主”潜质的高端制造业，鼓励并引导这些企业利用自身的技术和渠道优势，与沿线国家企业建立紧密的生产和市场网络。在企业实务层面，从中兴和华为遭受“链主”打压的情况中可以看到，高端制造业企业应从技术（生产端）和品牌（市场端）两方面同时发力，既致力于在设计、研发等上游环节对“卡脖子”技术进行有效突破，又能够借“一带一路”倡议开拓沿线国家的市场渠道，打造具有国际视野、民族特色的跨国品牌企业。

（二）原则：协商共建、开放共享、示范共赢

中国与东盟共建区域价值链，既要注重传承已久的“东盟方式”，又要兼顾区域合作的开放性，还要考虑区域价值链的示范效应，因此，中国的区域价值链战略需树立协商共建、开放共享、示范共赢的“三共原则”。一是协商共建原则。一方面，考虑到协商一致是东盟合作的核心原则之一，尊重和保持“东盟方式”是中国与东盟开展深入合作时始终坚持的重要原则；另

一方面，以“共建”代替“重构”和“主导”，既考虑到部分东盟国家与中国在产业结构上有一定的竞争性，又减少部分国家对“一带一路”倡议的误解。因此，协商共建是中国区域价值链战略的重要原则之一。二是开放共享原则。开放共享是中国“一带一路”国际合作的重要原则，中国的区域价值链战略也应坚持这一原则，即以开放性区域价值链取代封闭性区域价值链。一方面，考虑到日本、美国、韩国等外部力量与东盟国家制造业有着较为密切的联系，封闭性区域价值链显然不切实际；另一方面，东盟的体量还不足以成为中国制造业最终产品的最大市场，开放性的区域价值链有利于中国制造业开拓更广阔的海外市场。三是示范共赢原则。对“一带一路”国际合作来说，中国与东盟建构区域价值链具有重要的战略意义。一方面，中国和东盟具有建构区域价值链的地缘优势，也具备开展深度产业合作的基础；另一方面，打造一个具有成功示范效应的区域价值链示范区，有利于推动“一带一路”区域价值链的形成和发展。本书认为，中国东盟区域价值链建设应该以“一带一路”区域价值链为核心目标，通过中国与东盟区域价值链—RCEP 区域价值链—“一带一路”区域价值链的逐级建构，最终建立以中国为主导的区域价值链生产、分工体系。

（三）硬件：共建区域价值链的战略对接

当前，推动国家创新驱动发展战略、“一带一路”倡议和中国东盟区域价值链建设的战略对接大有可为。一方面，国家创新驱动发展战略指出，聚焦国家区域发展战略，实现跨区域整合创新资源并打造区域创新示范引领高地，特别强调要推动优势地区（如北京、上海、广东等）建立具有全球影响力的科技创新中心，这将为中国与东盟区域价值链建设注入强大的发展动力，在以国际科技创新中心引领区域内制造业产业升级的同时，推动更为紧密的区域内生产、分工体系的形成。另一方面，实现互联互通是区域价值链建设的首要条件，“一带一路”国际合作在推动中国与东盟国家间互联互通上作出了突出的贡献。可以预见，随着“一带一路”国际合作的不断深入，中国与东盟实现互联互通后，区域内生产和交易成本将大幅降低，新的区域生产、分工模式和区域价值链将被重塑。

（四）软件：共建区域价值链的技术对接

根据全球价值链理论，实现价值链重构的关键在于提升产业分工地位，利用产业比较优势实现体系内生产关系的重组，进而实现区域价值链的重构。从具体路径来看（见图 3.44），区域价值链的建构路径主要有两条，即生产端建构和市场端建构。从生产端来看，获得技术比较优势是提高产业分工地位的关键。因此，中国只有在中高端制造业领域有所突破，形成明显的技术比较优势，才有能力实现区域价值链的重构。中国应以创新驱动发展战略为契机，推动国家科学创新中心与东盟国家中具有中高端制造业基础的国家如新加坡、马来西亚、泰国等进行深度合作，重点突破信息技术、工业机器人、新能源汽车、农机装备、生物医药等“工业 4.0”重点产业，占据区域价值链生产端的制高点，推动区域价值链的形成和延伸。从市场端来看，品牌和渠道是区域价值链建构的重点环节。一是要实现从“中国制造”向“中国创造”转变，二是要拓展和控制区域内制造业最终产品的市场渠道。市场渠道是“链主”国家实现全球价值链治理的重要手段，也是“链主”与“参与国”之间紧密生产关系的重要影响因素。根据这一经验，中国可以通过进一步向区域内制造业开放国内市场以及开拓共建“一带一路”国家市场，实现区域内“自产自销”和“自产外销”的“购买者驱动”模式，从市场端助力中国—东盟区域价值链的形成。

除此之外，规则也是区域价值链建构的重要内容之一。多拉尔等（2016）认为，区域内的制度质量与价值链的形成有直接关系，这说明高标准的区域合作制度有利于区域价值链的建构。建构更高质量的区域合作规则是中国、东盟经贸合作升级的重要内容，有助于克服当前“意大利面碗效应”“灵活性大于高质量”等区域合作制度的弊端。中国、东盟应该立足 RCEP，重点对双边贸易便利化规则、投资规则、原产地规则等有利于促进区域价值链形成的规则进行突破。

（五）驱动：共建区域价值链的模式和层次对接

第一，以购买力驱动的区域价值链模式更适合中国与东盟。过去，日本与东盟国家建立的分工关系完全以技术作为驱动力，利用东盟国家的自然和人力资源优势，建构自上而下的垂直分工体系，但由于中国并没有形成绝对的技术优势，而且与部分东盟国家还存在一定的产业结构竞争，因此，日本雁阵分工“先发展生产，后培育市场”的“生产者驱动”模式并不适用于当前的中国和东盟。对中国来说，以市场作为驱动力，建构以市场培育技术，生产、市场共同拓展的区域价值链分工模式更为实际。一方面，中国应该利用强大的国内市场，发挥“购买者驱动”模式的优势，通过制定相关规则，强化国内市场对源自中国—东盟区域制造业中间产品和最终产品的购买，以此在需求端促进区域价值链的形成。另一方面，通过培育“链主”跨国公司，强化对东盟国家重点产业的投资，逐步形成制造业产业集群，进而通过拓展国内、区域内、“一带一路”沿线的市场，在生产和市场两端促进区域价值链的形成。

第二，共建区域价值链还需要中国与东盟国家进行有层次的产业对接。一方面，在产业对接的对象选择上应有所侧重。东盟国家制造业的发展可以分为三个层次，第一层次为新加坡、马来西亚，第二层次为泰国、越南、印度尼西亚和文莱，第三层次为老挝、柬埔寨、菲律宾、缅甸。在中高端制造业的产业对接对象选择上，应该以东盟第一层次和第二层次国家为主；在低端制造业的产业对接上，应该以第三层次国家为主。另一方面，产业对接应该充分考虑国别产业优势。以中高端制造业为例，在电气设备和电子行业，中国应加强与马来西亚和印度尼西亚的产业合作，例如，马来西亚政府就明确表示，希望与华为共建 5G 网络。在生物医药、工业机器人、石油化工等行业，中国应该加强与新加坡、文莱等国家的产业合作。在新能源汽车行业，中国应利用泰国汽车产业集群优势，强化与泰国在新能源汽车研发与生产方面的产业合作，例如，在日本、泰国的汽车生产网络中，新能源汽车是一个“真空地带”，当前比亚迪、吉利、北汽新能源、超威集团等品牌都已经进入了东南亚市场，引导这些企业与泰国共建新能源汽车研发基地和生产网络将大有可为。以低端制造业的纺织业为例，考虑到越南在该领域的发展潜力以及中越产业结构竞争性问题，中国应当促进越南成为该领域的“链主”，并通过“购买力驱动”模式来强化与越南的生产联系，以此减少产业结构竞争，培育良性的区域生产分工模式。

第五节　案例研究 4：RCEP 下中日韩高端制造业的区域价值链合作

2020 年 11 月 15 日，由东盟提出的区域全面经济伙伴关系（Regional Comprehensive Economic Partnership，RCEP）终于在第八个年头尘埃落定，可谓“山重水复疑无路，柳暗花明又一村”。RCEP 谈判进程之所以荆棘载途，关键在于中日韩合作中的两组矛盾。一是战略矛盾——区内合作还是区外合作？中国和大部分东盟国家倾向于 RCEP 合作，但 RCEP 并非日本和韩国的唯一选项。以日本为例，其既表态参加 RCEP，又对中国保持戒心（赵全胜等，2019），积极倡导 CPTPP。二是规则矛盾——灵活性还是高标准？把 RCEP 打造成高标准的区域合作框架还是兼具灵活性的自由贸易区？不同类型的国家各有各的“算盘”。经济发展水平较高的国家倾向于建立高标准的区域合作框架，而经济发展水平较为落后的国家则希望 RCEP 能够兼顾灵活性原则。

从产业经济学视角来看，两组矛盾的根源在于亚洲制造业产业价值链体系的脆弱性。首先，区外依赖导致战略选择困境。从需求—市场角度来看，亚洲制造业价值链体系对欧美市场过度依赖（沈铭辉，2018），容易受到欧美政策调整的影响是脆弱性的重要根源。如受疫情影响欧美国家采取的限制措施，这就从需求上对东亚产业链造成了负面冲击（陈继勇和杨格，2020）。其次，合作水平不高导致规则困境。从供给—生产角度来看，亚洲制造业价值链体系的合作水平不高是脆弱性的重要根源。过去的 RCEP 谈判侧重于市场领域，即促进贸易自由化，对投资领域的投资促进和外资开放等涉及高质量合作的议题并不重视（全毅等，2017），日韩等发达国家的利益诉求难以得到满足（肖琬君和冼国明，2020），从而导致区内凝聚力不足、离心力增大等问题（王彦芳等，2019）。

因此，以中日韩高端制造业合作为例，重构具有区域特色（减少外部依赖）和高质量发展（提高合作水平）的区域价值链分工体系，既有助于为 RCEP 的可持续发展探寻纾困解难之策，亦有利于为构建国内—区域双循环大格局探索先行经验。

一、中日韩高端制造业区域价值链合作的可行性

（一）外部机遇：全球高端制造业生产网络的变迁与调整

首先，全球制造业国际竞争力内涵转变，中间产品增加值成为核心竞争力。全球价值链深入发展的今天，各国产业和贸易发展的独立性边界被打破，中间产品贸易成为国家间经济相互依赖关系不断深化发展的重要纽带。当前，中间品贸易成为制造业全球贸易的主要形式。从图 3.45 中可以看到，制造业全球贸易结构出现调整，2017 年中间产品贸易和最终产品贸易的比重接近 6∶4，这意味着以中间产品贸易为主要形式的制造业全球价值链分工体系在不断深化和发展。因此，制造业产业竞争力的内涵发生了变化，最终产品的重要性在下降，对中间产品附加值的控制能力成为国家产业竞争力的新内涵。

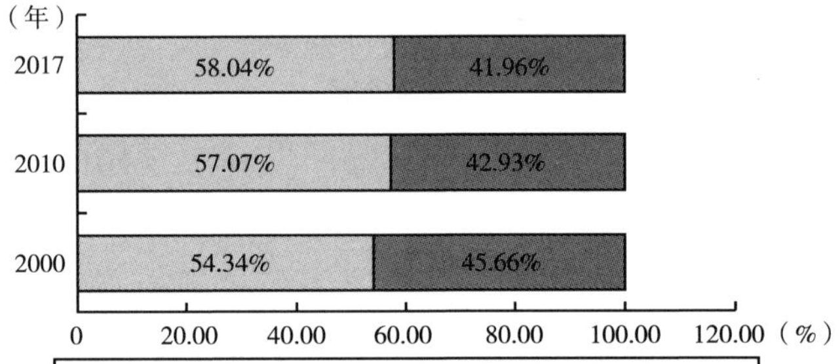

图 3.45　全球制造业中间产品和最终产品份额变迁

资料来源：笔者根据 ADB - MRIO 和 UIBE - GVC index 数据计算。

其次，全球制造业生产网络重心向亚洲倾斜。有学者对 20 世纪 90 年代的全球生产网络变迁进行研究后发现，相较于世界其他地区，以中间产品和零部件贸易为主的东亚生产网络的重要性在显著提升（Kimura and Ando，2003）。

不仅如此，我们研究 2000 ~ 2017 年的制造业全球生产网络变迁情况时发现，该趋势在不断延续和发展，欧洲和美洲制造业总贸易份额和中间产品贸易份额都在不断减少，亚洲份额稳步增加，从 2000 年的 26% 上升至 2017 年的 36%，制造业生产网络的重心逐渐从欧洲、美洲等国家转移到了亚洲。其中，中日韩制造业生产网络的兴起是制造业全球生产网络变迁的重要原因。

最后，中日韩成为全球三大高端制造业生产网络的核心驱动力量。从高端制造业的全球生产网络布局情况来看（见图 3.46），欧洲地位稳定、中日韩与美洲地位“此消彼长”是当前全球高端制造业生产网络变迁的重要特征。2000 年，世界高端制造业流入中日韩的比重仅为 16.93%，2017 年该比重迅速上升至 26.18%，但美洲的重要性在下降，份额从 23.69% 下降到 15.31%。因此，以中日韩为核心的亚洲高端制造业生产网络重要性凸显，已经成为世界高端制造业三大分工网络的重要组成部分。

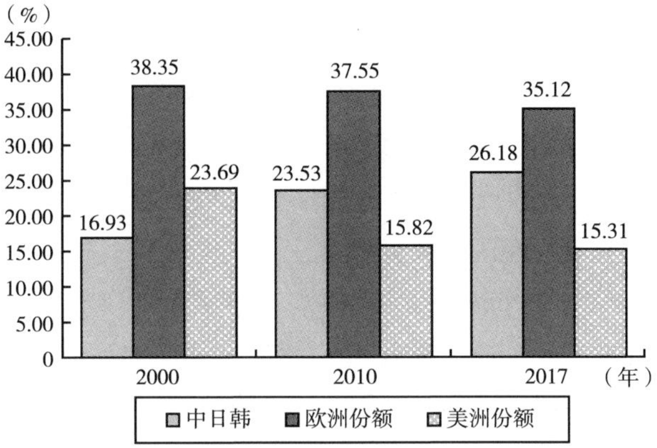

图 3.46　高端制造业的全球生产网络布局

资料来源：笔者根据 ADB – MRIO 和 UIBE – GVC index 数据计算。

（二）内部动力：高端制造业区域价值链合作的共同意愿

首先，高端制造业发展和合作的内在需求。当前以科技为核心的国际竞争“如火如荼”，为抢占新一轮科技革命的先机，中日韩于 2019 年签订《中日韩合作未来十年展望》，指明了“引领科技革命，推进科技创新合作”的高端制造业合作方向，营造“三赢局面”。从中国来看，《国家创新驱动发展战略纲要》明确把类人智能、自然交互与虚拟现实、微电子和光电子、新能源汽车等作为重点扶持和发展的产业。这些恰好也是日本和韩国的优势产业，亦与中国有较强的合作基础，因此合作有利于中国制造业实现高端攀升。日本和韩国都面临新旧动能转换问题，必须依靠创新培育新动能。有韩国学者指出，第四次工业革命所带来的新产业将对韩国制造业带来影响，未来仅靠一个国家的努力是无法实现制造业的转型发展的（李钟宪，2018）。

其次，第三方市场合作的先行经验。在第三方市场合作备忘录框架下，中日韩开展了第三方市场合作，探索了先行合作经验。其中，中国与日本的合作项目较多，经验较为丰富。根据《中华人民共和国国家发展和改革委员会和商务部与日本国外务省和经济产业省关于中日企业开展第三方市场合作的备忘录》，当前正在开展的第三方市场合作项目达到 52 项，涉及高端制造业领域的合作超过一半，具有代表性的项目包括新材料与新能源投资领域（与伊藤忠商株式会社合作）、光伏发电领域（与丸红株式会社合作）、机电产品领域（与日中经济协会、SOMPO 控股公司合作）、医药与医疗技术设备领域（与丸红株式会社、ViewSend ICT、日中医疗技术交流协会等合作）。另外，虽然中韩间的合作项目较少，但两国在秘鲁地铁项目（与韩国 DOWHA 工程公司）中的技术与管理相结合的典型经验表明，未来高端技术与高端管理服务相结合模式将大有可为。

最后，应对外部环境变化的共同诉求。美国对华贸易限制必然对中日韩产业链产生明显的制衡效应，呈现出“贸易合作则多赢，贸易限制则俱损”的特点（张丽娟，2019）。而且在美国“贸易霸凌”与“产业转移”双重战略的压制下，亚洲地区的制造业产业链、供应链、价值链势必出现深度调整，这既影响原本亚洲制造业产业价值链的稳定性，也会影响三国在其中的既得利益。在第七次中日韩领导人峰会中，时任日本首相安倍晋三和韩国总统文在寅曾经形象地将未来的中日韩合作比喻成“新三国关系”，即不做“魏、蜀、吴”，要做“刘、关、张”（江瑞平，2020），这说明外部环境的变化让中日韩增强了区域合作的共同诉求。

（三）现实基础：高端制造业的区域化发展趋势

首先，宏观层面是高端制造业的区内发展。由于出口的国内增加值

（DVA）反映了出口国的附加值获利能力，对某国的 DVA 的流向进行追踪可以发现该国增加值获利的区域和范围。研究发现，中日韩区域是三个国家高端制造业增加值获利的重要来源地，这也说明了中日韩高端制造业发展的内向化趋势（见图 3.47）。亚洲是中日韩高端制造业 DVA 的主要来源地，其中，来自中日韩区域的 DVA 占据了亚洲的绝大部分。以交通运输（C15）为例，中日韩在该行业的国内增加值来源非常集中，来自亚洲的 DVA 达到 7 ~ 8 成，其中绝大部分来自中日韩三国。因此，中日韩高端制造业增加值获利范围集中在区域内部，是实现区域价值链合作的重要现实基础之一。

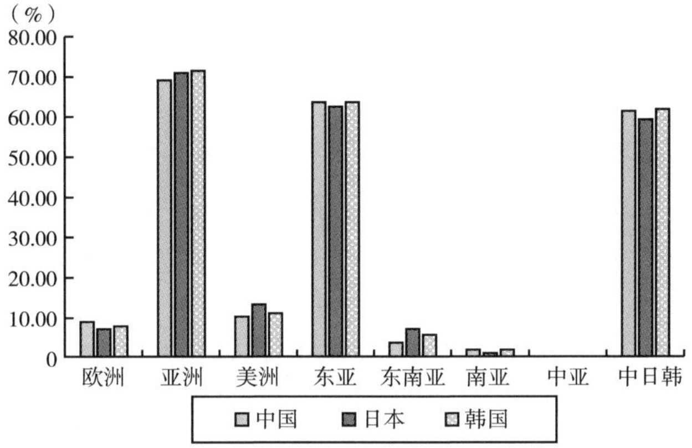

图 3.47　中日韩高端制造业中间产品出口增加值的区域来源

资料来源：笔者根据 ADB – MRIO 和 UIBE – GVC index 数据计算。

其次，中观层面是高端制造业生产网络的区内聚集。一方面，高端制造业生产网络区内聚集趋势明显。中日韩的化工制造、机械制造、光电设备、交通运输等高端制造业的生产网络都在向区域聚集。以光电设备制造业（C14）为例，2000 年中日韩流入区域内部的中间产品份额分别为 26.35%、21.87%、37.75%，2017 年该份额上升为 30.60%、49.61%、50.81%（见图 3.48）。另一方面，日韩高端制造业的区域聚集变化显著。日本高端制造业流向中日韩区域的中间产品份额都显著增加，韩国原本流入区域的中间产品份额就比较高，不过近年来生产网络也有较为明显的聚集趋势，比如，光电设备制造业在 2017 年流入中日韩区域的中间产品份额达到 50.81%。

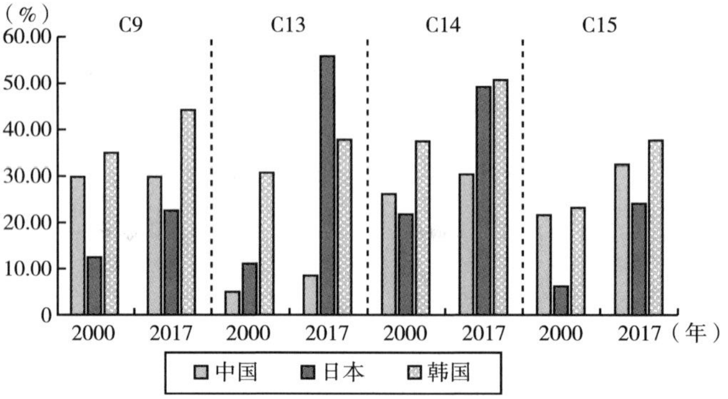

图 3.48　分类高端制造业中间产品的中日韩区域流向

资料来源：笔者根据 ADB – MRIO 和 UIBE – GVC index 数据计算。

最后，微观层面是高端制造业企业布局的区域聚拢。跨国公司是价值链分工体系的核心元素，对制造业跨国公司布局的考察，有助于从微观上了解产业相互依赖程度。2015 年日本政府公布的海外商业调查数据显示，日本高端制造企业主要布局在亚洲（见表 3.8），绝大部分集中在东亚和东南亚地区（Hayakawa，2017）。从日本高端制造业海外分支机构的数量可以发现，中韩两国的日本企业分支机构占比超过 5 成，这说明其投资区域主要集中在中日韩区域内部。以机械制造企业为例，日本该类行业的海外分支机构总数为 1612 个，其中在中国的企业数达到 894 个，韩国达到 89 个，中韩的占比超过 6 成。企业布局的微观数据表明，中日韩高端制造业之间具有较高的产业相互依赖度。

表 3.8　　　日本高端制造业企业的亚洲海外分支机构数量（2015）

行业	总数/个	中国/个	韩国/个	中韩占比/%
化工企业	831	338	68	49
机械制造企业	1612	894	89	61
光电设备企业	881	443	33	54
交通运输企业	1489	599	40	43

资料来源：根据日本海外商业调查数据计算整理。

（四）发展潜力：日益增长的国际竞争力

首先，中国高端制造业攀升趋势明显，竞争力日益增长。一方面，中国高端制造业的分工地位显著提升。虽然从总体来看，中国制造业在全球价值链中的分工地位仍然较为低下，但是近年来高端制造业的发展成效显著。2000～2017 年，中国化工制造（C9）、机械设备（C13）、光电设备（C14）等行业的全球价值链分工地位显著提高。另一方面，中国高端制造业的国际竞争力亦显著提高。从出口增加值的显性比较优势指数来看（见图 3.49），中国所有高端制造业的国际竞争力水平都有显著提高。高端制造业中的化工制造业（C9）和光电设备制造业（C14）的国际竞争力最为明显，均高于世界平均水平，其中光电设备制造业的国际竞争力最强，从2000 年的1.2 上升至2017 年的1.72。

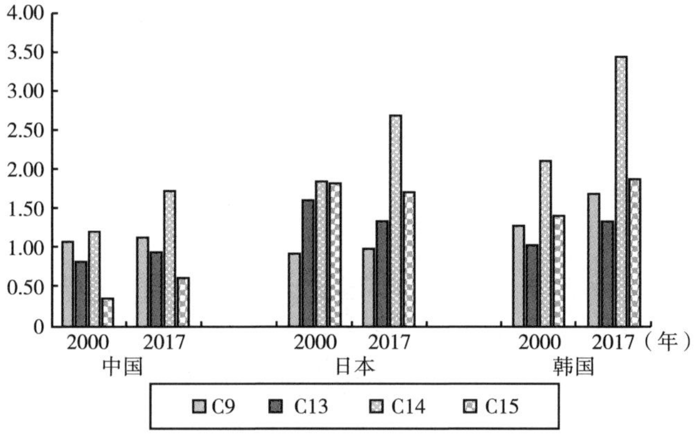

图 3.49 中日韩高端制造业国际竞争力变迁情况（2000～2017 年）

资料来源：笔者根据 ADB－MRIO 和 UIBE－GVC index 数据计算。

其次，日本和韩国的高端制造业具有较强的竞争优势和基础。“参与度高、位置度高”是日本和韩国高端制造业发展的基本特征。对日本和韩国来说，高端制造业是它们的优势产业，系具有较高国际竞争力的行业。2000～2017 年，日本和韩国高端制造业的全球价值链参与程度保持在较高的水平，而且有上升趋势，其中最具有发展潜力的是化工制造业（C9）和光电设备制造业（C14）。如日本 C9 的前项参与度从 2000 年的 20.15% 上升至 2017 年的 35.39%（见表 3.9），其后项参与度也从原来的 10.42% 上升至 26.07%，其 C14 的前项参与程度也很高，从原来的 25.35% 上升至 2017 年的 38.66%。由于日本和韩国的高端制造业以前项参与作为全球价值链的主要参与方式，所以其在全球价值链中的位置度也比较高。

表 3.9 中日韩高端制造业的参与度和位置度比较

国家/行业		前项参与度（%）		后项参与度（%）		位置度（%）	
		2000 年	2017 年	2000 年	2017 年	2000 年	2017 年
中国	C9	17.48	14.95	16.05	13.66	1.09	1.09
	C13	9.20	11.84	15.36	14.06	0.60	0.84
	C14	23.15	20.21	24.80	19.96	0.93	1.01
	C15	10.16	6.86	15.57	13.07	0.65	0.52
日本	C9	20.15	35.39	10.42	26.07	1.93	1.36
	C13	11.06	19.48	8.85	16.96	1.25	1.15
	C14	25.35	38.66	10.59	19.90	2.39	1.94
	C15	18.29	19.81	8.75	19.03	2.09	1.04
韩国	C9	46.75	51.03	32.88	39.14	1.42	1.30
	C13	14.24	22.91	24.11	29.66	0.59	0.77
	C14	40.45	47.95	33.01	34.72	1.23	1.38
	C15	13.63	18.39	25.43	32.11	0.54	0.57

资料来源：笔者根据 ADB - MRIO 和 UIBE - GVC index 数据计算。

最后，光电设备制造业是中日韩区域价值链合作的重要突破口。光电设备制造业已经成为中国创新驱动发展战略重点培育且最具发展潜力的高端制造业之一。同时，该制造业又是日本和韩国的优势产业，其发展势头良好。因此，中国、日本和韩国通过光电设备制造业来推动三边产业合作升级有坚实的现实基础。一方面，中日韩在该领域的合作具有较强的互补性。由于中国该产业与日本和韩国相比仍然存在一定的差距，这种产业互补性将成为三国合作的重要基础。另一方面，日本和韩国在该行业的竞争优势主要集中在上游，即生产端，而中国在该行业的竞争优势主要集中在下游，即市场端。这种差异性的竞争优势将为三边合作的稳定性打下坚实基础。因此，中日韩应以此为契机，推动三边产业合作的深化和升级。

二、中日韩高端制造业区域价值链合作的关键问题

（一）“链主”地位之争

首先，相互依赖关系调整导致“权力转移”。新自由制度主义认为，不

对称相互依赖关系是权力产生的源泉，而关系的调整则会出现权力的"此消彼长"。从中日韩三国情况来看，经济相互依赖关系调整导致的"权力转移"是显著特征。一方面，中国权力增大，日韩权力减小。从贸易份额的角度来看（见表 3.10），2000～2017 年，中国与日本、中国与韩国间的贸易份额出现了"此消彼长"的显著变化。如中日贸易占日本对外贸易的份额从 2000 年的 9.68% 上升至 2017 年的 22.13%，但中日贸易占中国对外贸易的份额却从 17.53% 下降至 7.38%。从双边贸易的 GDP 贡献度也可以发现，中国在日本、韩国经济发展中的重要性越发凸显，而日韩贸易对中国的重要性则明显下降。另一方面，日韩间的权力出现"双降"特征。从贸易份额来看，韩国和日本双边贸易占各自贸易总额的份额在减少，韩日贸易占韩国贸易总额的份额从 2000 年的 15.72% 下降至 2017 年的 7.79%，占日本贸易总额的份额也从 6.09% 下降至 5.98%。中国和日韩间贸易份额的"此消彼长"及韩日之间贸易份额的"双降"表明，中日韩的经济相互依赖关系在调整中，中国的重要性凸显。

表 3.10　　中日韩的经济相互依赖关系变迁情况

（贸易的经济贡献度、贸易份额）

单位：%

年份	中日贸易的 GDP 贡献度		韩日贸易的 GDP 贡献度		中韩贸易的 GDP 贡献度		中日韩贸易的国别 GDP 贡献度		
	中国	日本	韩国	日本	韩国	中国	中国	日本	韩国
2000	6.87	1.70	9.31	1.07	5.56	2.58	13.76	3.41	29.68
2010	4.89	5.22	8.45	1.62	17.21	3.10	9.51	10.15	52.87
2017	2.50	6.24	5.35	1.69	15.68	1.98	5.15	12.86	40.83
年份	中日贸易的国别份额		韩日贸易的国别份额		中韩贸易的国别份额		中日韩贸易的国别份额		
	中国	日本	韩国	日本	韩国	中国	中国	日本	韩国
2000	17.53	9.68	15.72	6.09	9.39	6.59	35.15	19.41	50.10
2010	10.01	20.34	10.37	6.32	21.13	6.34	19.46	39.53	64.90
2017	7.38	22.13	7.79	5.98	22.81	5.84	15.22	45.63	59.40

资料来源：笔者根据 ADB – MRIO 和 UIBE – GVC index 数据计算。

其次，中国的核心地位凸显引发主导权易位。全球高端制造业的生产网络向中日韩聚集，中国开始成为高端制造业网络的中心。以光电设备制造业为例，中国在光电设备制造业东亚产业链中的核心作用凸显。从中间产品的生产网络来看（见图 3.50），2017 年日本在该行业的生产链条明显向中国集中，流入中国的中间产品份额从 9.62% 上升至 39.72%，这意味着日本光电设备制造业中间产品有将近 4 成流入了中国。另外，除了越南以外，日本与其他经济体（韩国、美国、马来西亚、菲律宾、新加坡以及中国台湾地区）的生产关系越发疏远。韩国光电设备制造业产业链也发生了明显的变化。从最终产品生产网络的变迁情况来看，中国市场的核心作用更加凸显。日本、韩国间的最终产品市场联系变得日益疏远，中国成为吸收三个国家光电设备制造业最终产品最大的市场，换句话说日韩关系在疏远，中日、中韩关系变紧密。

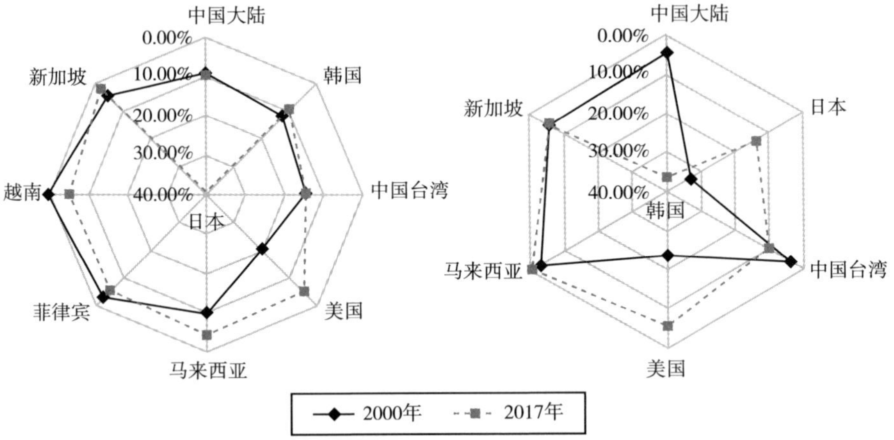

图 3.50　日本和韩国高端制造业的生产网络和市场网络变迁情况（2000～2017 年）

资料来源：笔者根据 ADB－MRIO 和 UIBE－GVC index 数据计算。

最后，面对“权力转移”，日韩存在“矛盾心理”。无论从贸易角度还是从生产角度均可以发现，中国的地位和作用显著提升，核心作用不断凸显。对此，日本和韩国产生了矛盾心理。一方面，日韩得益于中国制造业的发展。中日韩之间的中间产品贸易占总贸易比重超过 50%（韩剑，2020），而且日本和韩国的高端制造业中间产品和最终产品流入中国的比重非常高，这说明中国既是日韩生产网络的核心，又是日韩制造业产品的最大市场。对于中国制造业向高端攀升的局面，日本和韩国是乐见其成的。如亚洲开发银行对 1980～2009

年52个日本制造业进行考察后发现，中国进口的增加对日本制造业发展有促进作用，而且中国“向技术阶梯上迈进”对日本制造业的创新也有积极影响（Yamashita，2017）。另一方面，日韩对中国制造业的发展“心存戒心”。

综上所述，面对“权力转移”和“主导权易位”，日本和韩国既“乐享其成”又“心存疑虑”。日韩的“矛盾心理”说明它们既支持区域价值链合作，亦不会放弃对“链主”的争夺。因此，“链主之争”将成为中日韩区域价值链合作需要直面的关键问题。

（二）“竞合”关系调整

首先，中日韩高端制造业之间差距在缩小。近年来，随着中国创新能力的不断提升，高端制造业在全球价值链中显著攀升，与日本和韩国制造业之间的差距在不断缩小。从2000年、2017年高端制造业（C9、C13、C14、C15）的显性比较优势的发展变化情况来看（见图3.51），中国与日本、韩国之间的差距有明显的缩小。以光电设备制造业（C14）为例，2000年、2017年，该行业格局从“日韩中”调整为“韩中日”。中国的RCA指数从0.93上升至1.33，韩国的RCA指数从1.57上升至2.05，日本的RCA指数从1.50下降至1.17。以上反映了中国和韩国制造业在全球价值链中的竞争力显著攀升，同时亦表明日本在该行业竞争力出现一定程度的下降。

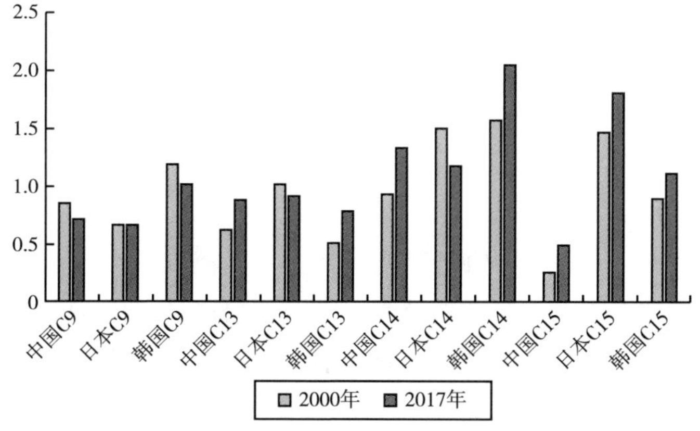

图3.51　中日韩高端制造业竞争力变迁情况（RCA）

资料来源：笔者根据ADB－MRIO和UIBE－GVC index数据计算。

其次，中日韩产业结构在调整，高端产业间的竞争性增大。通过对中日韩国内制造业竞争力结构发展情况进行比对后发现，三个国家间制造业的互补关系处于调整期。中国的优势体现在低端制造业领域（见图 3.52），日本的优势体现在中端和高端制造业领域，韩国的优势体现在个别制造业领域（低端的 C4、中端的 C8 和高端的 C14），这说明三个国家之间的竞争力结构各不相同，具有较强的互补性。从 2017 年的制造业竞争力结构来看，中国低端和中端制造业的竞争力基本都处于下降趋势，而高端制造业竞争力的上升趋势非常明显。韩国的情况与中国类似，高端制造业竞争力上升趋势也非常明显。刘文（2020）等人的研究也发现类似情况，研究表明中日韩三国在计算机、电子和电气设备，机械设备，运输设备等高端制造业领域具有显著的竞争性（刘文和徐荣丽，2020）。

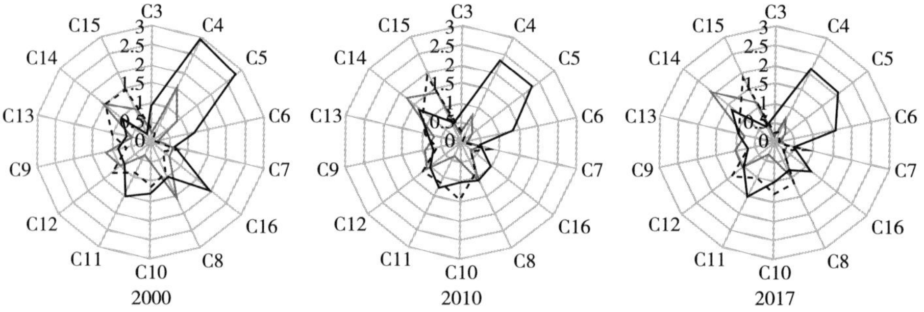

图 3.52　中日韩制造业产业结构变迁情况（2000 年、2010 年、2017 年）

资料来源：笔者根据 ADB - MRIO 和 UIBE - GVC index 数据计算。

最后，未来中日韩产业间的结构性矛盾。当前，中国意识到了在全球价值链分工体系中被长期“低端锁定”所带来的危害，通过创新驱动发展战略来摆脱这种束缚，实现制造业产业结构的调整和升级，具有强烈的“攀升诉求”。中国制造业的全球价值链攀升目标主要是高端和中高端制造业领域，而这恰好是日韩两国的优势产业范围。随着三国在生产技术、管理经验上差距的缩小，原先依靠比较优势的互补性的合作空间也会被压缩，日韩之间的优劣势产业也越来越具有同质性，不利于增进合作（关照宇和叶安琪，2020）。因此，中国制造业全球价值链攀升的过程可能会对日韩等国家的既得利益造成影响。一方面，可能带来产业结构的竞争。中日韩制造业的发展目标相似，那么应该如何应对未来产业结构相似的问题？而且，在区域价值链合作过程中，如果中日韩的产业分工出现了调整，那么三边合作的基础和稳定性会否受到冲击和影响？以上是未来中日韩合作必然会面临的两个关键问题。另一方面，可能造成生产网络的竞争。“参与国”是区域价值链合作的重要组成部分，“参与国”与“链主国”在产业分工中的错位发展构成了稳定的生产网络。当前，日本与韩国高端制造业都有较为稳定的生产网络，而中国发展高端制造业也需要建构稳定的生产网络，那么生产网络间是否会存在竞争性？比如，中国在与东南亚国家开展新能源汽车产业价值链合作的时候，如何处理与日本在东南亚建构的汽车制造生产网络之间的关系？

综上所述，三国间的差距缩小和竞争加剧是事实，由此引发的结构性矛盾，既不利于中国制造业的发展，也将成为中日韩区域价值链合作的重要阻碍。

（三）“外部”不确定风险

首先，外部趋势——经济相互依赖“武器化”的流行。美国的贸易霸凌主义开启了“武器化”和“工具化”使用经济相互依赖的进程。美国对华发动的贸易战“余波未平”，日本和韩国之间的贸易争端“硝烟又起”。美中和日韩贸易摩擦的先后爆发并非偶然，两者间有一定的内在联系。实际上，日韩贸易摩擦基本上就是中美贸易摩擦的“缩小版”，两者具有很强的相似性，其内在的逻辑关联有三点。一是贸易摩擦集中在高端制造业行业，特别是光电设备制造业领域。与中美贸易摩擦相似，日韩贸易摩擦集中在芯片制造和智能手机等光电设备制造业领域；二是贸易摩擦均反映了“守成国”对“挑战国”地位、竞争力和影响力提升的担忧和恐惧。无论是中美还是日韩贸易摩擦都反映了全球价值链中“链主国”和“攀升国”的攀升与反攀升的博弈，随着“攀升国”在全球价值链上的赶超与攀升，其与“链主”间的地位出现“此消彼长”的发展特征，贸易摩擦的加剧有内在的必然性，而且这种摩擦具有结构性、复杂性和长期性的特点（陈继勇，2018）。三是“武器化”使经济相互依赖成为“链主国”打压“攀升国”的重要工具。日韩贸易摩擦中，日本利用其对韩国的不对称依赖关系，打压作为韩国经济命脉的光电设备制造业，其本质就是“武器化使用经济相互依赖”。“攀升诉求”与“守成心态”之间的矛盾是客观存在的，不排除其成为未来中日韩区域价值链合作中最大的绊脚石的可能性，我们需要对此发展趋势保持警惕。

其次，外部力量——区域外部经济体经济发展政策的不确定性。来自美国的压力是影响中日韩合作进程的重要外生变量，也给日本和韩国的企业带来负面的影响。以日本跨国公司为例，中美贸易摩擦对日本在华跨国公司造成影响，特别是供应链严重依赖北美地区的企业损失惨重（SUN Chang et al.，2019）。因此，美国未来的经济政策发展极有可能对中日韩合作造成深远影响。

最后，外部环境——新冠疫情与逆全球化交织影响下的不确定性。新冠疫情的发展，加剧了逆全球化进程对中日韩区域价值链合作进程的潜在威胁。在新冠疫情影响下，日本政府已采取行动推行“改革供应链”项目，主导日本制造企业回撤，实现供应链的多元化布局（刘向东，2020）。实际上，早在疫情之前日本已经开始跟随欧美的步伐，着手调整产业价值链布局。比如，日本于 2019 年 11 月修订了《外汇与外国贸易法》，收紧了外商投资政策。此次修订主要目的是防止涉及“国家安全”的战略敏感和高端技术行业出现技术外流，这些行业是以信息科技（IT）和通信为重点的 20 个限制行业，包括集成电路、半导体制造、手机、软件开发、电脑、互联网服务业等。再如，2020 年 4 月日本政府出台“制造业撤离计划”，将拨款 22 亿美元协助制造业从中国撤出，或者转移到东南亚国家。虽然日本不太可能从中国撤回全部的高端制造业，就算撤回也并非一蹴而就之易事，但是这极有可能成为影响未来中日韩合作的不稳定因素。因此，无论从“收紧外商投资政策”还是从“协助制造业撤离计划”均可以看出，在新冠疫情和逆全球化的交织影响下，在技术、研发等领域享有优势的发达国家极力希望保护国内部分的优势产业，这可能会加剧未来高端制造业领域的竞争。

综上所述，中日韩区域价值链合作的外部潜在风险因素较多。经济相互依赖的“武器化”趋势、美国政策的变数、新冠疫情与逆全球化的交织影响，均有可能对中日韩区域价值链合作造成一定的冲击。

三、中日韩高端制造业区域价值链合作的对策与路径

中日韩三国应携手共绘“争做刘关张、避免魏蜀吴”的合作蓝图，探索制造业的高质量发展道路，提升三边合作水平，积极为 RCEP 合作的可持续发展“纾困解难”。基于此，本书提出探索“中日韩 + X”区域价值链“三位一体”合作的新框架”（见图 3. 53）。一是探索以“协同创新”“错位发展”“战略对接”为基础的“高融合”新理念；二是以“重点领域”“重点区域”“重点对象”为基础探索“多层次”新模式；三是探索“科技 + 双循环”“市场 + 双循环”“规则 + 双循环”为基础的区域价值链合作新路径。

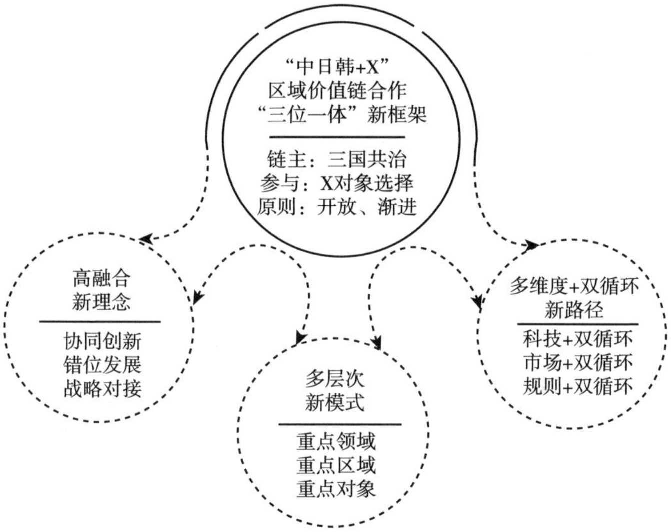

图 3. 53　“中日韩 + X”区域价值链“三位一体”合作新框架

资料来源：笔者自制。

（一）探索“中日韩 + X”区域价值链合作新框架

首先，探索“中日韩 + X”区域价值链合作中的“三国共治”。“三国共治”是指高端制造业区域价值链由三国共同主导，也就是中日韩共同作为区

域价值链的“链主”，共同主导价值链分工体系的重构与调整，共同对区域价值链进行治理。一方面，“链主”是区域价值链合作的关键。区域价值链的分工需要由“链主国家”和“参与国家”共同打造，在该区域价值链分工模式中，中国、日本、韩国系主导区域价值链的“链主国家”，共同打造和实现区域价值链治理。另一方面，“三国共治”模式有助于缓解主导权结构性矛盾。主导权结构性矛盾的存在，使中日韩合作中难以出现“一家独大”的局面。中国高端制造业的实力还不足以重构区域价值链，且日韩对此也持谨慎和警惕态度。而日本和韩国的市场体量也不足以支撑区域价值链的重构。因此，以高端制造业为基础探索“三国共治”区域价值链合作模式是必要的。

其次，探索“中日韩 + X”区域价值链合作中的“X 对象”选择。参与者是区域价值链合作的重要元素，“X 对象”的选择至关重要。由于生产网络和市场网络的形成和变迁需要较长的时间，建立全新的生产分工网络难度巨大，所以从地缘性、业缘性、可行性等多个方面考虑，“X 对象”的选择要充分。一方面要重点考虑 RCEP 和 CPTPP 成员国，另一方面要重点考虑中国、日本、韩国原本的制造业生产网络和市场网络。通过对三个国家的生产网络和市场网络进行追踪后发现，“X 对象”的范围涵盖了三大洲 23 个经济体。其中亚太地区的“X 对象”主要有东盟 10 国、印度、澳大利亚、新西兰、美国、加拿大、智利以及中国台湾 17 个经济体；欧洲“X 对象”主要有德国、法国、英国、意大利、荷兰、挪威。

最后，探索“中日韩 + X”区域价值链合作的原则。“开放”和“渐进”是中日韩区域价值链合作的重要原则。一是开放性，即构建“有限开放的区域价值链”。由于中日韩三个国家的生产网络和市场网络并非完全重合，因此打造完全封闭的区域价值链并不现实。“X 对象”可以从以上 23 个经济体中选择，重点对象包括中国台湾、东盟 10 国、印度、德国。二是渐进性。一方面，考虑到区域价值链形成的长期性和复杂性，渐进地推动区域价值链合作有利于实现区域分工模式的重构。另一方面，重点和优先选择具有优势的高端制造业开展合作，提升该领域行业在区域乃至全球的比较优势，打造“合作范本”并逐步推动其他高端制造业领域的合作。

（二）探索“高融合”的区域价值链合作新理念

首先，区域价值链合作的“协同创新”理念。探索建构中日韩“区域协同创新发展”体系，有利于区内创新要素的自由流动，提升区内高端制造业的核心竞争力，推动区域科技、经济和社会的协同发展。一方面，协同创新有助于扩大中日韩区域创新要素的吸附和辐射能力。科技竞赛如火如荼的现状表明，未来的世界科技格局将出现多极化和区域化的发展趋势，一国科技独霸全球的时代将成为历史。中日韩三国应顺应历史发展的潮流，探索“区域创新协同发展”体系，提升区域对世界创新要素的吸附和辐射能力。另一方面，协同创新有助于打破中日韩间的创新壁垒和隔阂。随着国际科技竞争的发展，“攀升诉求”与“守成心态”可能成为中日韩科技合作的最大障碍，其根源在于当前以“国家”为主体的科技创新体系，造成国家间科技实力“此消彼长”的变化。有观点认为，当前中日韩国内科技创新研究都集中在“如何支持本国的经济社会发展”领域（和春红，2020），外部化和区域化的创新思维比较少。而“区域协同创新发展”体系，以“区域”为单位建构协同发展体系，既有助于打破科技竞争“零和博弈”的局面，亦有助于探索中日韩“科技命运共同体”发展新路径。

其次，区域价值链合作的“错位发展”理念。作为“协同创新”的重要组成部分，“错位发展”也是中日韩高端制造业实现区域价值链合作的关键。通过对中日韩三国科技发展战略进行比对发现，中日韩在人工智能、3D打印、智能电网、无人机、高性能碳纤维、多晶硅半导体虚拟现实、智能机器人、量子计算、无人驾驶汽车等尖端科技领域的发展目标基本重合。如前所述，产业结构互补是当前中日韩高端制造业发展的基础，而高端制造业又是中日韩未来发展的关键目标。那么，这种发展战略的重叠导致的竞争性增大会否导致合作的稳定性基础出现动摇？因此，探索中日韩高端制造业的“错位发展”战略尤为关键。根据韩国科学和信息通信技术部的国际技术水平分析结果（Ministry of Science and ICT，2016），日本在纳米材料和基建交通领域处于技术领先地位，韩国在电子信息通信和机械工程制造领域处于技术领先地位，中国在航空航天领域处于技术领先水平，并且在电子信息通信、机械工程制造领域具有强劲的发展潜力。这说明中日韩在尖端技术领域具有不同的比较优势，这将为“错位发展”提供依据。

最后，区域价值链合作的“战略对接”理念。鉴于三个国家科技战略的侧重发展目标有所不同，这有利于探索中日韩科技发展战略的对接路径。比如，日本 2020 年版《制造业白皮书》就提出了制造业数字化转型的发展战略（马文秀和高周川，2021），其中促进人工智能与传统制造业相结合是其战略的重点。而且，日本的“振兴地方战略”提出了改变“地方农业发展与高端制造业发展结合不紧密”的现状（丁诺舟，2019）。这说明，人工智能在日本国内市场具有巨大的需求，而目前日本人工智能技术还不足以满足国内日益增长的需求，这是中国的人工智能行业发展的重大机遇，可以考虑与日本在“人工智能 + 制造业”和“人工智能 + 农业”等领域开展合作。又比如，受到疫情的影响，智能制造、医疗健康、无人配送等新兴产业对于东南亚国家来说有巨大的市场需求，这意味着中日韩在人工智能、生物医药、机器人等领域开展“第三方市场”合作将大有可为。因此，通过探索三国科技发展的战略对接，将为中日韩实现区域价值链合作找到契机和切入点。

（三）探索“多层次”区域价值链合作的新模式

首先，在重点领域推动区域价值链合作。一方面，从传统的高端制造业来看，光电设备和汽车制造可作为重点突破的产业。以光电设备领域的集成电路为例，作为中日韩最具发展潜力的行业，虽然受到美国的封堵，但中国 2020 年上半年的集成电路进口仍然强势增长 12.2%（丸川知雄，2020），强烈的市场需求给中日韩区域价值链合作提供动力支持。另一方面，从新科技革命类制造业来看，人工智能、新能源汽车、新一代信息技术等领域可作为重点突破的产业。以人工智能领域为例，日本和韩国已经对“人工智能 + 高端制造”进行了先行探索（殷勇，2020），在生物医药、无人驾驶、芯片制造等领域取得的成功经验和人才需求缺口，将为中国人工智能领域的发展提供动力。另外，通过积极拓展“一带一路”合作伙伴对人工智能技术的市场需求，将为中国与日韩开展区域价值链打开广阔的合作空间。

其次，在重点区域推动区域价值链合作。在 RCEP 和 CPTPP 框架内，拓展中日韩高端制造业的“第三方市场”合作。一方面，拓展“第三方市场”合作的领域。“第三方市场”正在成为中日韩合作的重要纽带，符合三国的利益诉求。未来的“第三方市场”合作中，除了大型基建类项目的合作外，可重点拓展高端制造业领域合作，建构基于“第三方市场”的区域产业链、价值链和创新链。另一方面，丰富“第三方市场”的资金和技术来源。RCEP 和 CPTPP 框架内，有不少是具有资金和技术的发达经济体（如新加坡、澳大利亚、中国台湾等），它们也是中日韩高端制造业生产网络中不可或缺的组成部分，拓展与它们的合作，为中日韩在高科技领域的合作提供充足的研发资金和技术支持。

最后，与重点对象推动区域价值链合作。在“中日韩 + X”中的“X”对象以及“一带一路”合作伙伴中拓展合作对象，将有利于推动中日韩高端制造业区域价值链合作的发展。一方面，“X”对象的拓展有利于在美国科技遏华战略中寻找突围方向。“X”对象中，有不少是美国科技遏华联盟成员（如德国、英国、法国、加拿大、澳大利亚等），但是它们在遏制中国科技发展方面的态度并不一致，这为中国突围提供可能。另一方面，“一带一路”沿线国家的市场，将为中日韩高端制造业区域价值链合作提供保障。“一带一路”合作伙伴的市场巨大、前景广阔，这也是日本和韩国对“一带一路”倡议态度改变的重要原因。因此，通过拓展与“一带一路”合作伙伴的合作，挖掘合作伙伴的市场潜力，将在需求端为中日韩高端制造业区域价值链合作提供驱动力。

（四）探索“多维度 + 双循环”区域价值链合作的新路径

首先，探索区域价值链合作的“科技 + 双循环”驱动路径。科技驱动也就是格里芬提出的技术驱动，即在价值链的生产端实现全球价值链合作和重构。而“科技驱动 + 双循环”即在中国“国内”、中日韩“区内”以“科技”作为驱动力构建区域价值链的双循环发展格局。一方面，探索国家层面“科技 + 双循环”新路径。以“国家”为单位的科技创新体系容易导致以邻为壑的发展困境，而以“区域”为单位的科技创新体系则有助于纾困解难。

因此，在未来的中日韩合作中提出并探索“区域科技创新体系”。另一方面，探索次区域层面“科技 + 双循环”新路径。如重视改善营商环境、吸引和留住日韩高科技企业，重点在粤港澳大湾区探索中日韩“科技创新合作试验区”，提升日本和韩国高科技行业的投资力度，加大吸引高端制造业产业和人才，形成产业集聚的优势，打造“大湾区 + 日韩”的次区域合作范本。

其次，探索区域价值链合作的“市场 + 双循环”驱动路径。市场是格里芬提出的全球价值链中另一个关键的驱动因素。在“双循环”战略背景下，在市场端推动创新驱动，构建“国内 + RCEP + ‘一带一路’”的“双循环”发展格局。一方面，以国内市场推动区域价值链合作。相对于日本和韩国国内的市场体量，中国国内市场容量巨大且极具潜力，为日韩高端制造业的发展提供保障。根据日本驻广州总领事馆联合华南地区日本商会的调查数据，91.7%的日本制造业企业无产业链转移计划，因为中国市场前景广阔，转移产业链得不偿失。另一方面，以 RCEP、“一带一路”市场推动区域价值链合作。世界经济的逆全球化发展和贸易保护主义抬头对日本和韩国高端制造业的发展带来了负面冲击，而 RCEP 和“一带一路”合作伙伴的市场需求对日本和韩国高端制造业来说无疑是具有巨大吸引力的。因此，中国可探索“国内 + RCEP + ‘一带一路’”的“双循环”发展格局，充分发挥市场端的驱动作用，推动中日韩高端制造业的区域价值链合作可持续发展。

最后，探索区域价值链合作的“规则 + 双循环”驱动路径。在当前的全球价值链体系中，以美国为首的“链主国家”正逐步推动“规则”领域“去中国化”的进程。如在新一代信息技术领域，2019 年美国主导的针对 5G 技术规则的“布拉格提案”通过（李括，2020），这实际上就是美国组建的“科技反华联盟”，计划在“规则”领域遏制中国的技术发展（张彦，2020），这足以说明“规则”在价值链合作中的关键作用。作为应对，中国一方面探索与日本、韩国的高端制造业发展规则和标准的国际对接，另一方面，利用“国内 + ‘一带一路’”市场优势，在 RCEP 合作框架下主动参与高端制造业发展的行业标准与规则制定，提升中国的国际规则话语权。

| 第四章 |

中国制造业区域价值链重构的对策与路径

第一节　应对全球价值链调整和"链主压制"的对策思路

一、"主动挂钩"与"独立自主"双轨并行的重构思路

首先，面对"脱钩威胁"，应有"主动挂钩"的战略定力。"脱钩"已经成为以美国为主的发达经济体遏制中国等发展中国家经济发展的重要战略手段，其"脱钩"思维已经从贸易领域扩散到科技、投资、人才交流等各个领域。我们应当客观清醒地应对未来可能出现的"脱钩"威胁。

一是认识到"脱钩"是手段而并非目的。特别是在科技领域，美国从白宫、国会到政府商务部、国务院等部门，通过立法、外交施压等方式，正试图削弱中国自主创新的体制优势，其中打压中国高科技领军企业成为美国对华科技战略的重要着力点。不过，对于美国来说"科技脱钩"并非最终目的，而是其遏制中国科技进步和实现美国科技霸权的重要手段。实际上，我们可以从美日贸易摩擦中发现规律，始于20世纪80年代的美日贸易摩擦中，日本高科技行业也成为美国遏制和打压的对象，不过从最终结果来看，科技脱钩并没有在美日之间发生，因为科技脱钩的代价非常昂贵，并不符合美国的利益。因此，我们应当"以史为鉴"，认识到"脱钩"是遏制手段而

不是最终目的。

二是“完全脱钩”难以实现，但“重点领域脱钩”存在可能。一方面，科技脱钩牵扯甚广，全面脱钩难以实现。在全球价值链深入发展的今天，“科技脱钩”并非仅涉及中美两国利益，亦会对世界经济造成不可估量的负面冲击，许多国家都将不可避免地卷入中美科技战的旋涡之中。而且，虽然美国能够利用其优势地位，影响其他发达国家加入对华科技遏制的阵营当中，但是由于利益交织和合作的盘根错节，其无法控制所有的发达国家对华进行“科技脱钩”，因为近年来发达经济体在中国建立的制造业产业价值链体系难以找到完美的替代者，而且中国的市场潜力巨大，以放弃中国市场的代价来实现“科技脱钩”对这些发达国家来说“并不划算”。另一方面，在一些重点领域，应当防范可能出现的“脱钩风险”。虽然完全脱钩不切实际，但发达国家在重点领域脱钩是存在可能的。有分析认为，美国可能优先选择脱钩收益大、成本低的行业，如医疗技术、药品、基础材料、特殊机器等。另外，在一些前沿和颠覆性领域，尽管美国在基础研究方面处于领先地位，但在产业化方面仍未取得大规模市场突破，如人工智能、无人驾驶、生物技术等，而且发展速度不及预期，陷入“科技高原”。因此，应当重点防范发达经济体在以上领域对华进行进一步科技遏制甚至“重点领域脱钩”的发展趋势。

其次，面对“脱钩威胁”，应有“独立自主”的战略魄力。如何在“主动挂钩”和“独立自主”中寻找中间路线，如何把握“独立自主”的程度，将成为中国未来战略决策面临的重大难题。

一是要认识到“过度依赖”的现状以及可能带来的潜在威胁。通过分析中国高端制造业对外资的依赖程度可以发现，外资在这些领域和行业的投资占比较高，特别是在计算机和通信设备制造业领域的占比超过了 80%。而且，中国高端制造业领域绝大部分的关键技术、关键部件、关键能力均掌握在发达经济体手中，这也是以美国为主的“链主国家”可以对中国进行“脱钩威胁”的重要基础。应当认识到，虽然“全面脱钩”难以实现，但是中美之间在科技领域的“攀升与反攀升博弈”将会在相当长的一段时间内存在。因此，如果中国没有在高科技领域实现独立和自主创新，那么将难以摆脱来自“链主”的“脱钩威胁”。

二是在某些重点行业领域实现逐步独立。通过中美高端制造业领域持有的专利数量对比可以发现，有部分领域美国持有专利的数量占据绝对优势，这说明在该类行业中国对美国的技术依赖程度非常高，但是也有部分领域中国与美国持有专利的数量旗鼓相当，这类行业可以作为中国逐步实现独立自主的重点行业。该类型行业包括信息技术管理方法、电信、基础通信程序、家具、游戏、视听技术、光学、纳米技术等。另外，数字通信、电气装置、机床、生物材料分析、环境技术等领域亦是中国有潜力实现独立自主的重点行业。

二、改善营商环境，吸引和留住优质跨国公司

虽然发达经济体基于国家利益促使全球价值链进入调整期，但是全球价值链的具体主导权和实施权仍掌握在跨国公司的手中，而且跨国公司亦有其自身的利益取向，也就是说，跨国公司的利益取向并不一定与其国家的利益取向完全一致。

一方面，跨国公司与母国利益可能存在不一致性。从新冠疫情以来，全球产业链和供应链“去中国化”的呼声在部分发达国家国内越发强烈，包括美国、日本的众多发达国家国内政界均呼吁“‘去中国化’是保障国家产业链供应链安全的重要途径”。不过，对于产业链和供应链的实施主体跨国公司来说，其态度却是截然相反的。比如，针对部分跨国公司的调研资料显示，对于很多跨国公司的决策者来说，“从中国撤资”并没有进入企业的决策议程，而对于多数跨国公司来说，目前最为紧要的任务就是“如何面对短期的企业运营和现金流稳定性问题”，换句话说，“去中国化”并非这些跨国公司关注的主要问题。另外，有部分跨国公司对“去中国化”表示明显的反对态度。

另一方面，产业链、供应链的转移和重构可能损害跨国公司的既得利益。虽然有部分发达经济体正在促进本国企业迁出中国，以减少产业链、供应链和价值链对中国的依赖，但是从部分跨国公司的反应来看，效果并不理

想，其根本原因是重构和转移产业价值链的成本高，不符合跨国公司的既得利益。对于在中国有业务的跨国公司来说，中国成熟的产业链体系和优质的供应链系统有助于跨国公司降低运营成本，而回到发达国家或向其他发展中国家转移，需要承担高额的“迁移费用和开张成本”，这显然是不划算的。对部分来自美国和欧盟涉及医疗、汽车和消费等领域的跨国公司的调研显示，48%的工程和制造业者、40%的汽车业者表示，面对母国主导的产业价值链调整，他们“束手无措”也并未有应对方案，而且有将近5成的跨国公司表示，由于对长期以来与中国工厂和供应商建立起来的网络难以割舍，搬迁成本和时间花费不可估量，因此他们倾向于留在中国本土。

综上所述，我们应该对发达国家主导的产业链迁移、企业回流的声音有理性的判断。应当认识到，政治口号和商业逻辑之间是存在差距的，政治口号代表了部分发达国家国内政客的政治意愿，这些意愿与跨国公司的利益诉求是有很大差距的，而跨国公司才是全球价值链的实施主体。因此，应对全球价值链的调整，中国应当积极改善国内的营商环境，留住和吸引优质跨国公司留在中国国内。

三、继续扩大开放，分类调整产业布局

面对世界经济的逆全球化发展趋势，中国应当继续扩大对外开放，优化和重构制造业产业价值链，应分类调整制造业的产业布局。应当认识到，全球价值链的调整对中国制造业的冲击和影响并非千篇一律，不同类型行业受到的波及和影响程度均不相同，因此，针对不同类型行业亦应有不同的应对举措。就目前来看，受全球价值链调整影响比较大的制造业行业可以分为三类：产业链向东南亚等国家转移的低端制造业；供应链以发达国家为主的各类制造业；发达国家主导的高端制造业。

一是产业链向东南亚等国家转移的低端制造业。中国近年来日益增长的劳动力工资水平是这部分制造业向东南亚等国家转移的根本原因。实际上，该类型制造业的产业转移既符合经济规律，亦有利于中国制造的发展。一方面，它有利于中国制造业实现产业结构转型升级。近二十年来，中国制造业

在全球价值链中的地位提升，主要源于低端制造业的发展。不过，要实现制造业总体向全球价值链高端攀升，主要还得依靠中高端制造业，因此，低端制造业的逐步向外转移也是中国制造业实现转型和升级发展的必经之路。另一方面，它亦有利于培育以中国为主导的区域制造业供应链网络体系。以制衣和鞋类制造业为例，该类制造业的产业链逐步向东南亚国家转移，越南在该类制造业生产上具有明显优势，该类行业是中国和越南在制造业产业结构出现竞争的主要行业。针对该类制造业，中国应当主动促进产业链的转移，主动帮助越南等国家该行业在全球价值链中的地位升级，并且利用国内市场以及区域市场的优势（即市场驱动优势），构建中国主导的区域供应链体系。这不仅有利于降低两国在该领域的产业结构竞争，而且有利于提升两国的经济依赖水平，为国家关系的稳定和谐奠定基础。

二是供应链以欧美等发达国家为主的各类制造业。受贸易摩擦以及贸易保护主义的影响，部分中国的制造业行业受到较严重的负面冲击。由于欧美等国家是中国制造业的最大消费市场，而受到关税税率提高的影响，有部分中国制造的产品面临较为严峻的形势。另外，受此影响，有部分外资投资企业（如电子制造业企业等）不得不将产业链转移至马来西亚等东南亚国家，因为这些国家出口至美国的关税水平较低。针对该类型制造业，一方面，产业链向外转移对于该类型行业来说并非最佳选择。另一方面，中国应当重点挖掘和开拓除美国以外的其他市场，拓展国内和区域市场，主动降低对美国市场的依赖。考虑到贸易战的长期性和复杂性，该类型制造业所受的影响最为严重，因此，逐步降低对美国市场的依赖是该类型制造业未来发展的关键。

三是欧美等发达国家主导的高端制造业。高端制造业是“链主国家”调整全球价值链的关键环节，也是“链主国家”对中国开展遏制的重点领域。针对这部分制造业，中国应当采取防范风险与自主创新相结合的应对策略。一方面，应当重视全球价值链调整下高端制造业的产业安全和产业风险。一是要建构国家产业安全动态评价体系。应建构科学的产业安全综合评价体系，对中高端制造业的发展和安全进行动态评价，特别是重点对装备制造业领域涉及高级数控机床、装备仪器、运载火箭、大飞机、航空发动机、汽车制造等“关键环节高度依赖发达经济体”的产业安全进行动态评估，研判和防范可能出现的技术断供、供应链断裂、资金撤离等风险。二是要加强对发达经济体产业政策和科技战略情报的综合分析和研判。对发达经济体产业政策调整和科技战略发展新动向的综合研判非常重要，将主导全球价值链的调整方向和趋势。应重点研判德国、美国、日本、欧盟等产业政策调整趋同性的问题，即是否会对全球化所导致的经济利益和国家安全利益间的背离进行修正，对现有的全球价值链进行割裂，对中国制造业造成传导风险。另一方面，培育自主创新体系，促进制造业向高端攀升。建构“规则、产业、科技、市场”四位一体的攀升路径，既有利于突破西方传统全球价值链理论中的二维驱动力框架（技术驱动和市场驱动），亦有利于有针对性地突破“链主”对中国制造业的战略压制。在规则端，要防范“链主”对中国制造业展开规则施压，应当积极推动以 RCEP 为核心框架的区域经济合作框架的建立，并且积极主动参加 CPTPP 谈判，防范美国借 CPTPP、美日欧自由贸易区在规则上排斥中国的企图。在重构区域价值链的同时，重视建立新技术、新产品的标准化和认证体系，对接国际技术标准。在产业端，重构区域产业价值链体系以应对“链主”的产业压制。重点防范“链主”转移产业价值链对中国制造业供应链、产业链、价值链、创新链等带来的负面冲击。以重构区域价值链为契机，重点强化与日本、韩国、东盟国家、“一带一路”合作伙伴的产业对接与产业合作。在科技端，以科技发展突破“链主”的创新围剿。要坚持独立自主创新，重点突破被“卡脖子”技术和颠覆性技术，只有在科技端有所突破，才能推动中国制造业的高端攀升和重构有利于中国的区域价值链。以粤港澳大湾区等创新试验区为基础，积极强化国际科技合作，发挥区域创新要素集聚效应，吸引国际创新人才和企业。在市场端，以新一轮对外开放突破“链主”的围追堵截。应防范过度依赖西方市场给中国制造业带来的风险，特别是在贸易保护主义盛行的背景下，应制定相关政策，以最大限度发挥国内市场的优势，以内需拉动制造业的发展。在“一带一路”国际合作基础上积极拓展合作伙伴的市场，扩大外需并发挥其在中国制造业攀升中的驱动作用。

第二节　中国制造业区域价值链重构的路径

一、战略路径：中国价值链战略的区域转型

首先，为什么要向区域价值链转型。当前，在发达经济体主导的全球价值链分工体系中，中国制造业陷入了“内外生发展困境”，从内生困境来看，如果持续保持过去的发展模式，那么必将面临被全球价值链体系“低端锁定”的局面；而从外生困境来看，出于对中国制造业升级的警惕和威胁，“链主”已经加强全球价值链治理，全方位遏制中国制造业的攀升。因此，从战略认知上来说，从全球价值链向区域价值链的转变是一个务实的选项，加快中国制造业区域价值链发展战略和产业布局是非常必要的。未来，区域价值链将会是中国制造业发展和布局的重点方向，不仅有利于中国制造业突破“链主”的围追堵截，也有利于为中国制造业分工地位的攀升提供外部条件，更有利于培育形成中国主导的区域价值链分工体系。

其次，需要怎样的区域价值链。这主要涉及区域价值链的性质和模式问题，即怎样的区域价值链更适合 RCEP 经济体，更有利于中国的发展。考虑到“一带一路”国际合作的战略对接以及区内市场体量需要扩容的现实，封闭的区域价值链分工体系并不适合 RCEP 区域价值链，但考虑到“开放性”可能会削弱区域价值链的合作成效，因此“有边界的开放性区域价值链”模式更加适合 RCEP 合作。开放性指应当考虑吸引“一带一路”合作伙伴参与 RCEP 区域价值链合作，进而培育以 RCEP 为主体的“‘一带一路’区域价值链分工体系”。有边界指应当考虑到建构区域价值链的经济体间需要有一定的合作基础，如生产分工和市场联系等。因此，除了“一带一路”沿线具有合作潜力的经济体以外，应当适量考虑吸引欧洲部分国家参与，比如德国、英国、意大利等。

最后，如何处理区域价值链与全球价值链之间的关系。RCEP 区域价值链是中国全球价值链战略的重要组成部分，中国制造业的全球价值链战略目标应分成三个阶段：嵌入阶段、攀升极端、重构阶段，即前期是利用劳动密

集型产业优势嵌入全球价值链体系，当前是通过创新驱动来推动制造业的全球价值链攀升，未来是利用技术比较优势重构由中国主导的全球价值链分工体系。因此，在当前全球价值链攀升路径受阻的现实下，通过 RCEP 区域价值链来培育新技术、新市场和新规则，探索中国制造业向高端攀升的新路径，为未来中国制造业积累技术比较优势和实现全球价值链重构打下基础。

二、技术路径：以“高水平技术”推动 RCEP 区域价值链重构

首先，技术创新和技术比较优势是区域价值链重构的关键。一方面，实现价值链分工体系重构的技术路径主要有两条：一条是自下而上，在现有价值链基础上实现分工位置的高端攀升，即沿着现有的价值链分工体系，按照“组装加工—配件生产—创新研发”的工序自下而上攀升，这也就是我们常说的通过突破“卡脖子”技术来实现技术升级；另一条是自上而下，通过研发新技术或新产品，直接占领技术高地，然后自上而下建立新的分工体系，也就是实现“科技革命”。因此，无论选择哪一种路径，其关键都在于通过激发创新来建立技术比较优势，最终才能实现价值链分工体系的重构。另一方面，就目前来看中国具有较强发展潜力的高端制造业也可以分成两类：一类是突破关键技术类，包括光电设备制造业、交通运输制造业、机械制造业，中国这三类高端制造业的国际竞争力水平显著提高，具有突破关键技术的基础。另一类是实现科技革命类，包括 5G 技术、人工智能、工业机器人、新能源汽车、智能电网等《国家创新驱动发展战略纲要》中重点培育和扶持的产业。因此，突破关键技术自下而上攀升和实现科技革命自上而下分工是 RCEP 区域价值链重构的两条重要技术路径，亦为中国高端制造业发展指明了前进的方向。

其次，RCEP 高端制造业区域价值链的重构空间与路径。一方面，RCEP 经济体间在高端制造业领域具有较为广阔的合作空间，以光电设备制造业为例，东亚已经成为该产业的全球生产网络中心，以中日韩为核心的光电设备制造业生产网络体系逐步成型，从图 4.1 可以看出，与 2000 年相比，2017 年中日韩光电设备制造业的重要性明显增加，其总贸易份额达到 42.75%，中间产品全球贸易份额达到 37.9%，最终产品全球贸易份额达到 49.13%。以

交通运输制造业为例，中国、日本、韩国、泰国之间在汽车制造领域建立了较为紧密的生产网络和市场联系，虽然日本和泰国汽车制造业生产关系紧密，但双方并未开展新能源汽车领域的合作，这给中国与泰国新能源汽车合作留下了广阔的合作空间。另一方面，“一带一路”沿线投资和科技创新需要大量的资金，中国、日本、韩国、澳大利亚等国家在高端制造业领域的投融资合作，既有利于解决资金缺口的问题，亦有利于分散投资风险，促进投资效率。

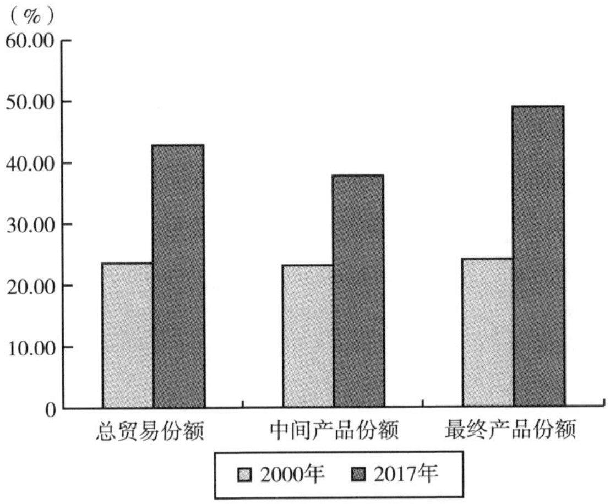

图 4.1　中日韩光电设备制造业的世界份额

资料来源：笔者根据 ADB - MRIO 和 UIBE - GVC index 数据计算。

三、市场路径：以“高容量市场”推动 RCEP 区域价值链重构

首先，通过市场来促进技术升级，推动区域价值链重构。在全球价值链分工体系中，市场是促进技术创新的重要力量，因此，要实现制造业价值链分工体系的重构，除了要在生产端实现技术创新以外，还需要在市场端实现销售渠道和品牌战略的突破。从图 4.2 中的原模式可以看到，在 B 国主导的产品价值链分工体系中，B 国利用生产和市场端优势，建构了“B 国产品流向 A 国市场，利用 A 国资金进行技术创新后，新产品（2.0、3.0）继续流向 A 国市场”的以市场促技术创新的循环路径，在该模式中，B 与 A 之间的技术差距越拉越大，这说明 A 容易被 B 主导的价值链体系所“低端俘获”。

这给 RCEP 区域价值链的重构带来的启示是：强化对市场端的把控有利于在生产端实现区域制造业的技术创新。根据原模式，我们设计了 RCEP 区域价值链重构的市场路径“新模式”（见图 4.2），在新模式中利用市场促进技术创新的原理，建构了以区域市场促区域制造业技术创新的市场路径。比如，在原模式中，中国国内的巨大市场为美国苹果手机的技术创新提供了强大的动力，在新模式中，中国可以利用国内市场优势扩大对 RCEP 区域内手机品牌（国产华为、韩国三星等）的消费，为区域产品的技术研发提供充足资金。另外，我们还可以通过“一带一路”不断拓展和培育区域外部市场，为区域产品找到更为广阔的市场渠道，为区内制造业实现技术创新或颠覆打下基础。

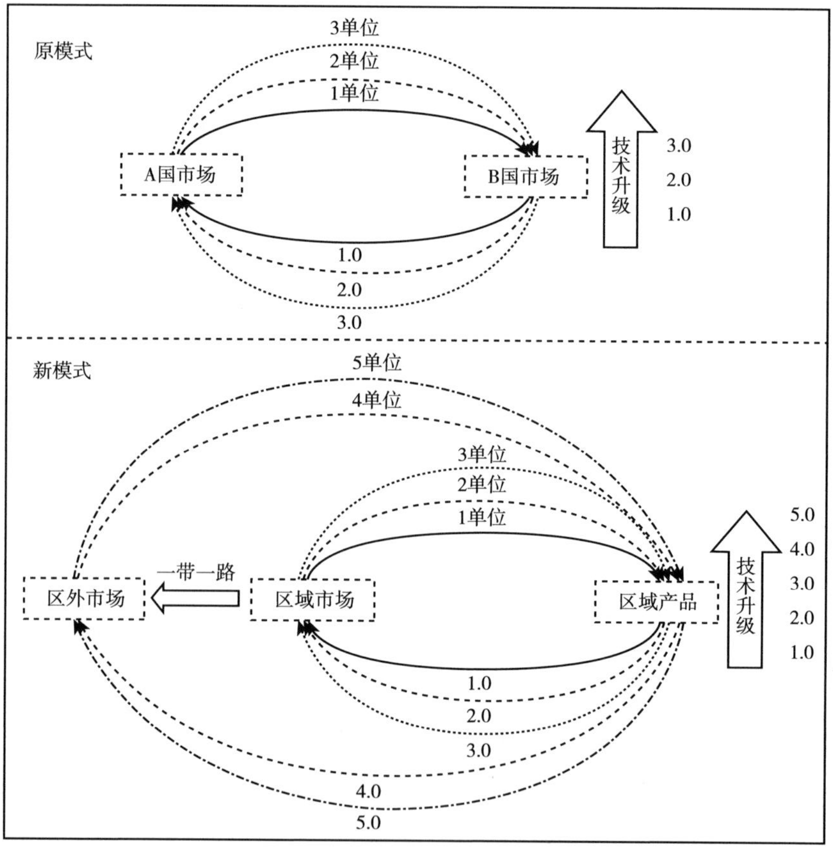

图 4.2　以市场促技术升级重构区域价值链的市场路径

资料来源：笔者自制。

其次，充分发挥中国市场在重构 RCEP 区域价值链中的潜力和动力。在市场端促进技术创新从而带动区域价值链的重构中，中国国内市场的作用巨大。一方面，中国国内市场的作用已经开始出现从“自产外销”向“自产自销”的积极转变，从图 4.3 可以发现，与 2007 年相比，2017 年中国制造业出口贸易占总产出的比重下降趋势明显，特别是光电设备制造业，2007 年的出口占比达到 55%，在 2017 年该比重下降至 28%，这说明国内市场对中国光电设备的需求增加迅速，“自产自销”的良性模式正在建立。另外，纺织品等其他制造业的发展趋势与光电设备制造业类似。另一方面，中国市场具有促进“南北贸易”和“南南贸易”的潜力和动力。从图 4.4 可以看出，与 2000 年相比，2017 年世界制造业“中北贸易”和“中南贸易”份额都有明显提高，分别从 13%、6% 提升至 19%、20%，而在不包括中国的“其他南南贸易”和“其他南北贸易”中，份额增长不明显甚至出现大幅下降，比如，其他南北贸易份额从 2000 年的 56% 下降至 2017 年的 34%。这说明中国市场对世界制造业发展具有非常显著的拉动作用。

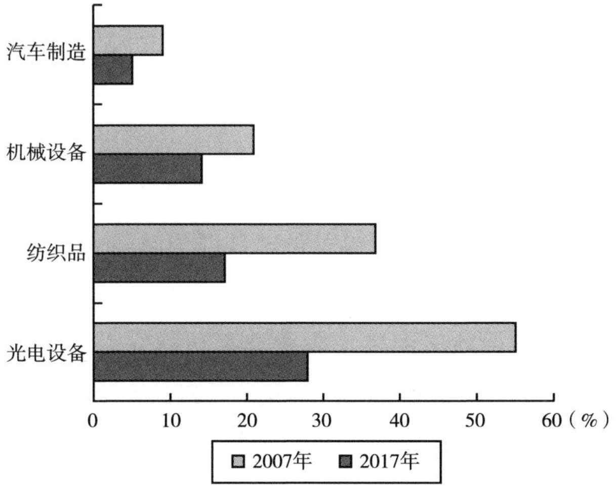

图 4.3　中国部分制造业出口贸易的总产出占比

资料来源：笔者根据 ADB – MRIO 和 UIBE – GVC index 数据计算。

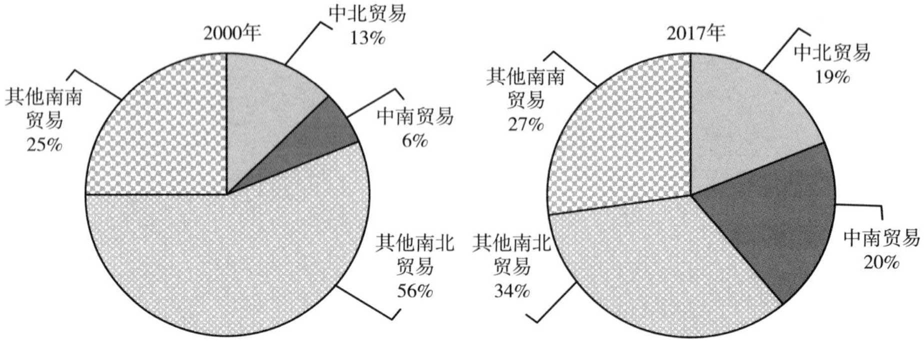

图 4.4　中国市场在世界制造业中的地位变化情况

资料来源：笔者根据 UN Comtrade Database 数据计算。

综上所述，中国应当利用市场优势，逐步推动“自产自销—区产自销—自产区销—区产区销—区产外销”市场路径新模式的形成，促进区内制造业技术升级的同时，为实现区域价值链重构打下基础。

四、制度路径：以“高质量规范”推动 RCEP 区域价值链重构

首先，通过区域价值链来建构 RCEP 合作规范，构建新型良性竞合关系。如前所述，RCEP 经济体的制造业间既有互补性又有竞争性，如何“增补降竞”是 RCEP 区域价值链重构中应重点考虑的制度性问题。一方面，我们要尊重 RCEP 区域价值链重构中合作竞争并存的客观现实。当前，RCEP 区域价值链重构中主要的矛盾关系包括中日韩高端制造业价值链主导权之争、中国和部分东盟国家低端制造业价值链主导权之争。另一方面，在人类命运共同体建设背景下，通过正确“义利观”来树立合作规范，构建新型良性竞合关系。一是要重视和充分了解经济体各自的“利”，即这些经济体能够在 RCEP 区域价值链重构中得到什么好处，它们的核心利益诉求是什么。“利”是 RCEP 经济体参与区域价值链重构的重要物质基础，从日本、韩国、澳大利亚、新加坡等发达经济体来看，“高标准、高质量”的地区合作规范符合它们的利益诉求；从东盟其他国家来看，通过区域价值链实现经济发展、经济增长和产业升级等符合它们的利益诉求。二是要坚持“义利统一”。

在尊重“利”这一物质基础以外，还要重视“义”在区域价值链重构中的作用。比如，弱化个体主导，强化集体共建，应主动寻求与日本、韩国的合作，发挥中日韩在高端制造业区域价值链重构中的核心作用；对于印度尼西亚、越南等在低端制造业领域与中国有较大产业竞争性的国家，中国要做到“义利并举、以义为先”，合作中应强调主动放弃在纺织服装业、鞋类制品等行业的比较优势，并支持和帮助这些国家获得其优势产业的“链主”地位，通过开放国内市场和开拓“一带一路”市场拉动对这些产品的消费，从而务实有效地做到“增补降竞”，探索新型良性竞合关系的建构路径。

其次，通过区域价值链重构提升中国的制度性话语权。“制度性话语权缺失”是中国制造业在全球价值链分工体系中受制于人的重要原因，因此，在 RCEP 区域价值链重构过程中积极参与规则制定将有助于增强中国的制度性话语权。一是要重视高效的贸易便利化和投资自由化规则。贸易便利化、投资自由化是区域价值链重构的关键，中国应发挥信息技术数字化方面的优势，在探索贸易便利化新规方面做积极尝试，同时，积极参与投资自由化规则的制定，特别是在外国投资者保护、知识产权保护、竞争政策等方面提升区内投资便利化、自由化的水平。二是要重视建立新技术、新产品的标准化和认证体系。比如，在当前中国最具潜力实现突破的 5G 技术、新能源汽车等领域，中国应当重点研究并推进新技术和新产品的区域标准化和认证体系。除此之外，应当在区域合作中主动参与甚至主导新一代数字贸易规则的制定。

| 第五章 |

总结与展望

一是要准确识变。百年大变局背景下，全球价值链体系进入深度调整期，“链主”与“参与国”围绕“攀升与反攀升”间的博弈也将成为未来全球价值链体系中的新常态，发达经济体的“守成心态”与新兴经济体的“攀升诉求”亦将同步交织、相互激荡。

二是要科学应变。一方面是当下如何应对，应认识到“卡脖子”技术、过度依赖西方市场、制度性话语权缺失这三大问题既是我国高端制造业在全球价值链中被“链主”围追堵截的根源，亦是中国区域价值链合作中应集中重点突破的三个方向。另一方面是未来如何布局，“开放性”是中国区域价值链合作的重要特征，这意味着该价值链分工体系的建立是中国全球价值链战略的新起点，应发挥区域价值链的“示范效应”推动 RCEP 区域价值链、“一带一路”区域价值链的逐级建构，促使中国制造业沿着“嵌入—攀升—区域—全球”的路径发展，最终实现全球价值链体系的重构。

三是要主动求变。第二届“一带一路”国际合作高峰论坛对中国与合作伙伴经贸合作提出了新要求：高质量发展。面对东盟等合作伙伴强烈的经济发展意愿和对世界经济不确定性发展的担忧，我们应当主动寻求提升与它们的经贸合作质量，为新兴和发展中经济体应对不确定性世界经济发展所带来的冲击提供“中国方案”。

参考文献

［1］蔡勇志．“再工业化”背景下中国产业向全球价值链升级的路径思考［J］．求实，2015（5）：37－44.

［2］陈继勇，杨格．新冠疫情对东亚产业链的影响分析［J］．亚太经济，2020（2）：12－20.

［3］陈继勇．中美贸易战的背景、原因、本质及中国对策［J］．武汉大学学报，2018（5）：72－81.

［4］陈鹏．构建人类命运共同体对全球价值链的影响探析［J］．青海社会科学，2020（1）：13－19.

［5］陈淑梅，高敬云．后TPP时代全球价值链的重构与区域一体化的深化［J］．世界经济与政治论坛，2017（4）：124－144.

［6］陈晓珊．中日两国在全球价值链上分工地位的演进特征及差异比较：基于行业上游度测算的视角［J］．当代财经，2017（7）：103－113.

［7］成新轩．东亚区域产业价值链的重塑——基于中国产业战略地位的调整［J］．当代亚太，2019（3）：29－46.

［8］戴翔，宋婕．“一带一路”有助于中国重构全球价值链吗［J］．世界经济研究，2019（11）：108－121.

［9］丁诺舟．日本“振兴地方”策略与中日产业合作机遇［J］．现代日本经济，2019（3）：1－13.

［10］杜传忠，杜新建．第四次工业革命背景下全球价值链重构对我国

的影响及对策［J］．经济纵横，2017（4）：110－115.

［11］杜大伟，若泽·吉勒尔海·莱斯，王直．全球价值链发展报告（2017）全球价值链对经济发展的影响：核算与分析．北京：社会科学文献出版社，2017.

［12］高玉伟．国际贸易规则调整与价值链重塑［J］．国际金融，2019（1）：12－13.

［13］葛阳琴，谢建国．全球化还是区域化——中国制造业全球价值链分工及演变［J］．国际经贸探索，2017（1）：17－31.

［14］关照宇，叶安琪．新冠疫情下“中日韩＋X”区域合作的机遇与挑战［J］．当代韩国，2020（2）：37－47.

［15］管传靖．霸权异化与贸易政策的选择［J］．世界经济与政治，2020（2）：123－154.

［16］管传靖．全球价值链扩展与多边贸易体制的变革［J］．外交评论，2018（6）：31－71.

［17］韩剑．加快中日韩高标准自贸区谈判：路径与对策－基于命运共同体视角的分析与思考［J］．学术前沿，2020（9）：62－69.

［18］何宇，张建华，陈珍珍．贸易冲突与合作：基于全球价值链的解释［J］．中国工业经济，2020（3）：24－43.

［19］和春红．中国与日韩的科技合作：现状与趋势［J］．经济问题探索，2020（8）：50－62.

［20］黄先海，余骁．以“一带一路”建设重塑全球价值链［J］．经济学家，2017（3）：32－39.

［21］黄燕芬．德国工业战略 2030：背景、内容及争议［J］．学术前沿，2019（10）：76－91.

［22］黄永明，潘安琪．美国再工业化对中国制造业全球价值链分工地位的影响［J］．区域经济评论，2018（4）：61－68.

［23］江瑞平．中日韩合作：重回良性互动轨道［J］．世界知识，2020（1）：28－30.

［24］荆林波，袁平红．全球价值链变化新趋势及中国对策［J］．管理

世界，2019（11）：72－79.

［25］柯静．WTO 电子商务谈判与全球数字贸易规则走向［J］．国际展望，2020（3）：43－62.

［26］雷少华．超越地缘政治——产业政策与大国竞争［J］．世界经济与政治，2019（5）：131－154.

［27］李滨，陈怡．高科技产业竞争的国际政治经济学分析［J］．世界经济与政治，2019（3）：135－154.

［28］李大光．全球化背景下的总体国家安全研究［J］．学术前沿，2018（4）：6－19.

［29］李大伟．中日韩产业在全球价值链中的位势比较［J］．宏观经济管理，2015（4）：86－89.

［30］李丹，董琴．全球价值链重构与“引进来”“走出去”的再思考［J］．国际贸易，2019（9）：63－69.

［31］李括．美国科技霸权中的人工智能优势及对全球价值链的重塑［J］．国际关系研究，2020（1）：26－50.

［32］李强．全球价值链与产业结构调整［M］．北京：经济管理出版社，2017.

［33］李焱，原毅军．中国装备制造业全球价值链构成特征及发展对策［J］．国际经济合作，2017（7）：53－56.

［34］李媛，金殿臣．中美制造业国际竞争力比较：基于 GVC 参与指数及 GVC 地位指数的分析［J］．商业研究，2017（12）：79－87.

［35］李钟宪．当前国际形势与中日韩合作［J］．国际关系研究，2018（6）：144－149.

［36］梁经伟，毛艳华，文淑惠．东亚地区嵌入全球生产网络的演变路径研究——基于生产分割的视角［J］．国际贸易问题，2019（3）：56－70.

［37］刘斌，宫方茗，李川川．美日欧 WTO 补贴规则改革方案及其对中国的挑战［J］．国际贸易，2020（2）：57－63.

［38］刘德学，钟湘玥．自主创新、技术引进与增加值贸易网络地位［J］．统计与决策，2020 年（18）：119－122.

［39］刘洪铎，曹瑜强．中美两国在全球价值链上的分工地位比较研究：基于行业上游度测算视角［J］．上海经济研究，2016（12）：11－19.

［40］刘磊．全球价值链嵌入与我国制造业技术含量提升［J］．科学学研究，2019（10）：1786－1796.

［41］刘文，徐荣丽．"双轮驱动"自贸区战略与中日韩贸易合作研究［J］．山东社会科学，2020（10）：144－151.

［42］刘向东．新形势下中日韩应共同维护世界自由贸易秩序［J］．学术前沿，2020（9）：52－61.

［43］刘志彪．从全球价值链转向全球创新链：新常态下中国产业发展新动力［J］．学术月刊，2015（2）：5－14.

［44］刘志彪．中国参与全球价值链分工结构的调整与重塑［J］．江海学刊，2018（1）：77－84.

［45］陆长平，张凯．中美贸易争端的深层次思考及应对策略［J］．江西社会科学，2019（2）：77－84.

［46］吕越，马嘉林，田琳．中美贸易摩擦对全球价值链重构的影响及中国方案［J］．国际贸易，2019（8）：28－35.

［47］罗伯特·杰克逊．国际关系学理论与方法［M］．天津：天津人民出版社，2008：107.

［48］马骊．中美竞争背景下华为 5G 国际拓展的政治风险分析［J］．当代亚太，2020（1）：4－29.

［49］马文秀，高周川．日本制造业数字化转型发展战略［J］．现代日本经济，2021（1）：27－42.

［50］马晓东，何伦志．融入全球价值链能促进本国产业结构升级吗——基于"一带一路"沿线国家数据的实证研究［J］．国际贸易问题，2018（7）：95－107.

［51］毛蕴诗．重构全球价值链－中国企业升级理论与实践［M］．北京：清华大学出版社，2017：13.

［52］毛蕴诗．重构全球价值链［J］．清华管理评论，2016（6）：34－39.

［53］孟祺．基于“一带一路”的制造业全球价值链构建［J］．财经科学，2016（2）：72－81.

［54］孟夏，李俊．RCEP 框架下的服务贸易自由化［J］．南开学报（哲学社会科学版），2019（1）：156－166.

［55］潘安，郝瑞雪．全球价值链分工视角下日韩贸易摩擦的原因分析［J］．现代日本经济，2020（2）：33－44.

［56］潘晓明．国际数字经济竞争新态势与中国的应对［J］．国际问题研究，2020（2）：93－106.

［57］彭波．基于全球价值链的外贸发展新模式［J］．国际经济合作，2018（9）：4－10.

［58］全毅，沈铭辉，仇莉娜．如何构建区域全面经济伙伴关系（RCEP）：中国视角［J］．和平与发展，2017（5）：86－102.

［59］沈铭辉．RCEP 谈判中的区域合作博弈与东北亚国家的新角色［J］．东北亚学刊，2018（9）：23－29.

［60］宋国友．中美贸易战：动因、形式及影响因素［J］．太平洋学报，2019（6）：64－72.

［61］孙瑾，卫平东，王云霞．中国在东亚区域生产网络的地位和比较优势研究［J］．区域与全球发展，2018（5）：66－86.

［62］丸川知雄．中美贸易摩擦下的中日韩集成电路产业生态［J］．学术前沿，2020（9）：22－29.

［63］王翠文．从 NAFTA 到 USMCA：霸权主导北美区域合作进程的政治经济学分析［J］．东北亚论坛，2020（2）：19－31.

［64］王厚双，王柏．后安倍时代中日经贸合作的走势［J］．现代日本经济，2021（1）：15－21.

［65］王孝松，吕越，赵春明．贸易壁垒与全球价值链嵌入——以中国遭遇反倾销为例［J］．中国社会科学，2017（1）：108－124.

［66］王彦芳，陈淑梅，高佳汇．“一带一路”贸易网络对中国贸易效率的影响——兼论与 TPP、TTIP、RCEP 的比较［J］．亚太经济，2019（1）：49－55.

[67] 王耀东，宋一淼，樊茂清，等．全球价值链分析：中日国际比较视角［J］．宏观经济研究，2016（8）：140-148.

[68] 王义桅，崔白露．日本对“一带一路”的认知变化及其参与的可行性［J］．东北亚论坛，2018（4）：95-111.

[69] 魏龙，王磊．从嵌入全球价值链到主导区域价值链——“一带一路”战略的经济可行性分析［J］．国际贸易问题，2016（5）：104-115.

[70] 魏龙，王磊．全球价值链体系下中国制造业转型升级分析［J］．数量经济技术经济研究，2017（6）：71-86.

[71] 吴建新，刘德学．全球价值链中治理与升级的关系［J］．山西财经大学学报，2008（6）：58-63.

[72] 吴妍．德国产业政策新动向——走向保护主义［J］．国别和区域研究，2020（1）：161-181.

[73] 肖琬君，冼国明．RCEP 发展历程：各方利益博弈与中国的战略选择［J］．国际经济合作，2020（2）：12-35.

[74] 许志瑜，张梦，马野青．全球价值链视角下中国服务贸易国际竞争力及其影响因素研究［J］．国际贸易，2018（1）：60-66.

[75] 薛力．韩国“新北方政策”“新南方政策”与“一带一路”对接分析［J］．东北亚论坛，2018（5）：60-69.

[76] 闫云凤．中日韩服务业在全球价值链中的竞争力比较［J］．现代日本经济，2018（1）：48-59.

[77] 闫云凤．中日韩在全球价值链中的地位和作用：基于贸易增加值的测度与比较［J］．世界经济研究，2015（1）：74-80.

[78] 殷勇．中日韩人工智能合作现状与优势分析［J］．东北亚经济研究，2020（8）：89-96.

[79] 尹伟华．中、美两国服务业国际竞争力比较分析：基于全球价值链视角的研究［J］．上海经济研究，2015（12）：41-51.

[80] 余珮．美国再工业化背景下中美制造业嵌入全球价值链的比较研究［J］．经济学家，2017（11）：88-96.

[81] 余莹．大国产业竞争视阈下美欧推动的国际产业补贴新规则——

中国的立场与对策［J］．中国流通经济，2020（1）：21－29.

［82］余振，周冰惠，谢旭斌，等．参与全球价值链重构与中美贸易摩擦［J］．中国工业经济，2018（7）：24－42.

［83］袁平红．如何应对全球价值链下的不确定性变革［J］．清华管理评论，2020（3）：94－103.

［84］原倩．萨缪尔森之忧、金德尔伯格陷阱与美国贸易保护主义［J］．经济学动态，2018（10）：50－59.

［85］张杰，郑文平．全球价值链下中国本土企业的创新效应［J］．经济研究，2017（3）：151－165.

［86］张丽娟，郭若楠．百年变局下的中日韩经贸合作［J］．当代世界，2019（11）：18－24.

［87］张彦．RCEP 区域价值链重构与中国的政策选择［J］．亚太经济，2020（5）：14－24.

［88］张彦．RCEP 下中日韩高端制造业的区域价值链合作［J］．亚太经济，2021（4）：11－22.

［89］张彦．从“流散”到“重塑”：主导国权力嬗变与全球价值链重构［J］．当代亚太，2022（1）：4－39.

［90］张彦．美国贸易霸凌主义对中国国家安全的影响与应对［J］．当代世界与社会主义．2018（6）：167－173.

［91］张彦．全球价值链调整下的东盟制造业发展［J］．东南亚研究，2020（2）：16－39.

［92］张彦．全球价值链调整与中国制造业的攀升风险：总体国家安全观的视角［J］．情报杂志，2020（12）：40－49.

［93］张彦．新冠肺炎疫苗的“政治化”：本质、溯源与影响［J］．当代世界与社会主义，2021（12）：149－157.

［94］张彦．中美日制造业在全球价值链体系的国际竞争力变迁与博弈研究——基于中间品和增加值的视角［J］．经济问题探索，2019（5）：107－118.

［95］张玉来．全球价值链重塑与东亚－中日合作的空间与潜力［J］．

东北亚论坛，2019（3）：40－54.

［96］赵江林．大区域价值链：构筑丝绸之路经济带共同利益基础与政策方向［J］．人文杂志，2016（5）：21－28.

［97］赵龙跃．全球价值链时代如何更好统筹国际国内规则——中国积极参与全球治理的战略路径分析［J］．学术前沿，2017（7）：58－69.

［98］赵全胜，等．海外华人学者笔谈：RCEP 的积极进展及其战略意义［J］．日本研究，2019（4）：1－10.

［99］赵玉焕，李彦敏．中国光电设备制造业出口增加值及在全球价值链中的地位研究［J］．国际贸易问题，2018（1）：71－82.

［100］周永生．中日韩自由贸易的现实障碍与前景展望［J］．学术前沿，2020（9）：70－81.

［101］朱锋．贸易战、科技战与中美关系的“范式变化”［J］．亚太安全与海洋研究，2019（4）：1－14.

［102］ASEAN-Japan Centre. Global Value Chains in ASEAN：Thailand［R］．ASEAN-Japan Centre Research Paper No. 10，2019.

［103］Dan Blumenthal. Economic Coercion as a Tool in China's Grand Strategy. American Enterprise Institute（AEI）Research Paper［R］．2018.

［104］Fukunari Kimura，Mitsuyo Ando. Fragmentation and Agglomeration Matter：Japanese Multinationals in Latin America and East Asia［J］．North American Journal of Economics and Finance，2003（14）：287－317.

［105］Henry Farrell，Abraham L. Newman. Weaponized Interdependence：How Global Economic Networks Shape State Coercion［J］．International Security，2019（1）：42－79.

［106］Jeremy White，et al. Japanese Government Revises Rules on Foreign Investment. 2019.

［107］Johnson R. C.，Moxnes，A. GVCs and Trade Elasticities with Multi-stage Production［R］．NBER Working Paper No. 26018，June 2019.

［108］Johnson，R. C. Measuring Global Value Chains［J］．Annual Review of Economics，2019：207－236.

[109] Jones, L., Demirkaya M., Bethmann. Global Value Chain Analysis: Concepts and Approaches [J]. Journal of International Commerce and Economics, 2019.

[110] Kazunobu Hayakawa, Kohei Shiino. Impact of TPP – 11 on Japanese Manufacturing Affiliates in ASEAN [R]. ISEAS Economy Working Paper, No. 4. 2017.

[111] Koopman R, Powers W, Wang Z, et al. Give Credit Where Credit Is Due: Tracing Value Added in Global Production Chains [R]. NBER Working Papers, 2010.

[112] Koopman R, Wang Z. Tracing Value-added and Double Counting in Gross Exports [J]. Social Science Electronic Publishing, 2014: 459 – 494.

[113] Lai W. J., Zhong Z. H. China's Position in Global Value Chains Compared with the EU, U. S. and Japan [J]. China Economist, 2017, 12 (6): 86 – 99.

[114] Lammi M., Pantzar M. The Data Economy: How Technological Change Has Altered the Role of the Citizen Consumer [J]. Technology in Society, 2019.

[115] Lopez, A Pasuini P. and Ramos, A. Climbing the Space Technology Ladder in the South: The Case of Argentina [J]. Space Policy, 2018: 53 – 63.

[116] Lukasz A. The CEECS in Global Value Chains: The Role of Germany [J]. Acta Oeconomica, 2018 (1): 1 – 29.

[117] Mehta, S. Tilting Towards South: Pattern and Determinants of Global Value Chains [J]. Seoul Journal of Economics, 2018 (1): 63 – 97.

[118] Ministry of Science and ICT. The Science and Technology Evaluation of 2016 [R]. Ministry of Science and ICT, 2016.

[119] Peter A Petri, Michael G. Plummer, Fan Zhai. The Trans-Pacific Partnership and Asia-Pacific Integration: A Quantitative Assessment [R]. East-West Center Working Paper, No. 119. 2012.

[120] Robert Koopman, Zhi Wang, Shang-Jin Wei. Tracing Value Added

and Double Counting in Gross Exports [J]. The American Economic Review, 2014 (12): 459-494.

[121] Rodrik, D. New Technologies, Global Value Chains and Developing Economies [R]. NBER Working Paper No. 25164, 2018.

[122] SUN, Chang, TAO, Zhigang, YUAN, Hongjie, et al. The Impact of the US-China Trade War on Japanese Multinational Corporations [R]. RIETI Discussion Paper Series 19-E-050, July 2019.

[123] Szalavetz, A. Digitalization, Automation and Upgrading in Global Value Chains-Factory Economy Actors versus Lead Companies [J]. Post-Communist Economies, 2019 (5): 646-670.

[124] The White House. Ensuring U. S. Leadership and Innovation in Semiconductors [R]. January 9, 2017.

[125] Timmer, M. Productivity Measurement in Global Value Chain [J]. International Productivity Monitor, 2017: 182-193.

[126] Wang Zhi, Shang-Jin Wei, Xinding Yu, et al. Characterizing Global Value Chains [R]. UIBE Working Papers, 2016.

[127] Wood, D., Weigel, A. Charting the Evolution of Satellite Programs in Developing Countries the Space Technology Ladder [J]. Space Policy, 2012 (1): 15-24.

[128] Zhi Wang, Shang-Jin Wei, Xinding Yu, et al. Characterizing Global Value Chains: Production Length and Upstreamness [R]. NBER Working Paper 23261, 2017.

[129] Zhi Wang, Shang-Jin Wei, Xinding Yu, et al. Measures of Participation in Global Value Chains and Global Business Cycles [R]. NBER Working Paper 23222, 2017.